本书得到国家社会科学基金一般项目"知识产权保护对中国企业创新和企业绩效的影响机理及政策选择研究"（项目批准号：17BJY086）资助。

Study on the Impact of Intellectual

Property Rights Protection on Chinese
Enterprises' Innovation and Performance

知识产权保护对中国企业创新
和企业绩效的影响研究

余长林 /著

中国财经出版传媒集团

经济科学出版社
Economic Science Press

图书在版编目（CIP）数据

知识产权保护对中国企业创新和企业绩效的影响研究/
余长林著. ——北京：经济科学出版社，2022. 11
ISBN 978 - 7 - 5218 - 4187 - 9

Ⅰ. ①知… Ⅱ. ①余… Ⅲ. ①知识产权保护 - 影响 -
创业创新 - 研究 - 中国②知识产权保护 - 影响 - 企业绩效
- 研究 - 中国 Ⅳ. ①F279. 23

中国版本图书馆 CIP 数据核字（2022）第 205631 号

责任编辑：初少磊 赵 芳
责任校对：王肖楠
责任印制：范 艳

知识产权保护对中国企业创新和企业绩效的影响研究
余长林 著
经济科学出版社出版、发行 新华书店经销
社址：北京市海淀区阜成路甲 28 号 邮编：100142
总编部电话：010 - 88191217 发行部电话：010 - 88191522
网址：www. esp. com. cn
电子邮箱：esp@ esp. com. cn
天猫网店：经济科学出版社旗舰店
网址：http://jjkxcbs. tmall. com
北京季蜂印刷有限公司印装
710 × 1000 16 开 16 印张 260000 字
2022 年 12 月第 1 版 2022 年 12 月第 1 次印刷
ISBN 978 - 7 - 5218 - 4187 - 9 定价：76. 00 元
（图书出现印装问题，本社负责调换。电话：010 - 88191545）
（版权所有 侵权必究 打击盗版 举报热线：010 - 88191661
QQ：2242791300 营销中心电话：010 - 88191537
电子邮箱：dbts@ esp. com. cn）

前　言

　　当今世界正面临百年未有之大变局，深刻变化的国内外形势对科技创新提出了更加迫切的要求。从国内看，我国已转向高质量发展阶段，支撑发展的条件正在发生变化，要素成本上升，传统发展动力减弱，必须培育新动力、新模式和新优势，科技创新对发展的重要性更为突出。从国际上看，一方面，新一轮科技革命和产业变革加快推进，科技创新作为核心竞争力愈益成为国家之间竞争的焦点。谁在科技创新方面占据优势，谁就能够掌握未来发展的主动权。另一方面，国际力量对比正在发生深刻调整，单边主义、保护主义上升，关键核心技术是买不来、要不来、讨不来的，要依靠自主创新，把国家发展和安全的主动权牢牢掌握在自己手里。无论是构建新发展格局和推动经济高质量发展，还是建设世界科技强国和社会主义现代化国家，都需要科技创新的强劲支撑。党的十九届六中全会明确提出，"坚持创新在我国现代化建设全局中的核心地位，把科技自立自强作为国家发展的战略支撑"。企业作为技术创新活动的主体，激励企业加大研发投入，提升企业自主创新能力是实现创新驱动发展的关键所在。提升中国企业自主创新能力对于"十四五"时期推动中国经济高质量发展至关重要，也是2035年中国能否迈入创新型国家前列的关键。

　　如何激励中国企业自主研发和创新能力？一方面，在激励企业创新的众多制度安排中，知识产权保护是极其重要的一环。习近平总书记主持中共中央政治局第二十五次集体学习会议时强调，"知识产权保护工作关系国家治理体系和治理能力现代化……保护知识产权就是保护创新"。知识产权保护是保证企业获得创新的预期收益、提升企业研发和创新能力的重要制度保障。另一方面，研发投资和创新的长期性和高风险性使得企业的研发和创新投资容易存在较为严重的融资约束问题，缓解企业融资约束对于激励企业创新也至关重要。

如果说良好的融资体系为企业研发和创新提供了资金上的有效支撑，而完善的知识产权保护则为企业获取创新的预期收益提供了法律上的制度保障。知识产权保护可以通过提升企业外部融资能力、缓解企业所面临的融资约束对企业创新产生间接影响，加强知识产权保护有利于企业获得更多的融资和吸引研发合作伙伴，进而促进企业创新。然而，现有研究尚未讨论这一影响机制，鲜有文献讨论知识产权保护如何通过缓解企业融资约束对中国企业创新产生间接影响。加强知识产权保护力度不仅能够直接促进企业加大研发投入，提升创新能力，而且还可能通过提升企业的外部融资能力和缓解企业所面临的融资约束而对企业创新产生间接影响。同时，知识产权保护还可以通过提升企业创新能力和缓解企业融资约束进而对企业绩效产生影响。为此，本书旨在探讨知识产权保护对中国企业创新和企业绩效的影响机理，并提出激励企业创新的政策方略和具体对策建议。为此，本书以中国上市公司数据、中国工业企业数据和中国专利数据库为主要研究样本，从理论和实证两个层面深入探讨知识产权保护对中国企业创新和企业绩效的影响效应及其作用机理，在此基础上，提出促进企业研发和创新、缓解企业融资约束的政策方略。

本书重点解决以下三个关键问题。

（1）从理论和实证两个层面考察知识产权保护对中国企业创新的影响机理。首先，基于中国上市公司数据，实证考察知识产权保护对中国企业融资约束的影响，探讨知识产权保护对企业融资约束的缓解效果和作用机理，为本书考察知识产权保护对中国企业创新和企业绩效的作用机制提供理论和实证分析基础。其次，基于中国上市公司数据和中国工业企业数据，从理论和实证两个层面深入考察知识产权保护如何通过缓解企业融资约束而激励企业创新，并通过区分不同类型企业考察这种缓解作用的异质性。再次，将国家知识产权示范城市设立视作知识产权保护的政策冲击，采用渐进的双重差分法进一步实证检验知识产权保护对企业创新的影响及其传导机制，并考察知识产权示范城市对企业创新影响的异质性。最后，将专利质押融资试点作为知识产权体系"大保护"的政策冲击，对专利质押融资试点的政策实施效果进行考察，运用双重差分法实证研究了专利质押融资对企业创新的影响，考察了知识产权保护对专利质押融资效果和企业创新的影响及其异质性。

（2）从理论和实证两个层面考察知识产权保护和产品市场竞争的交互作用对中国企业创新的互补效应或替代效应。本书通过构建理论模型分析了知识产权保护、产品市场竞争以及两者的交互作用对企业创新的影响，以考察知识产权保护和产品市场竞争对企业创新的互补或替代效应；在理论分析基础上，基于中国上市企业数据，实证考察知识产权保护、产品市场竞争以及两者的交互作用对中国企业创新的影响机理及其异质性。

（3）基于中国上市企业的微观数据，实证考察知识产权保护如何通过激励企业创新和缓解企业融资约束而提升企业绩效，揭示知识产权保护对中国企业绩效的影响机理。

基于上述研究问题，本书研究内容主要包括以下几个方面。

第一章，引言。本章首先介绍本书的研究背景和研究意义，在此基础上，提出了研究内容、结构框架和具体研究思路，并分析了本书所采用的主要研究方法，最后指出了本书的主要创新之处。

第二章，文献综述。本章主要从五个方面对相关文献进行综述：一是知识产权保护对企业融资约束的影响；二是融资约束对企业创新的影响；三是知识产权保护对企业创新的影响；四是市场竞争程度对企业创新的影响；五是知识产权保护、技术创新和融资约束对企业绩效的影响。

第三章，知识产权保护与中国企业融资约束。本章选择了中国上市公司 2007～2017 年的数据作为样本，构建了衡量上市企业融资约束程度的 KZ 指数，并基于国家、省份和行业的相关数据，构建了省级—行业知识产权保护指数，在提出知识产权保护影响企业融资约束的研究假说的基础上，实证考察了知识产权保护对融资约束的缓解效果和作用机制。

第四章，知识产权保护、融资约束与中国企业创新——基于中国上市企业数据的实证检验。本章首先从理论上考察知识产权保护与融资约束对企业研发投入的影响，以揭示知识产权保护如何通过缓解企业融资约束这一微观作用机制提高企业研发投入。在理论分析基础上，运用 2008～2016 年中国 A 股上市企业数据实证研究知识产权保护能否通过缓解融资约束进而促进企业研发投入，并通过区分不同类型企业考察这种缓解作用的异质性。

第五章，知识产权保护、融资约束与中国企业创新——基于中国工业企业数据的再检验。本章首先提出知识产权保护和融资约束影响企业创新的四个研究假说，在此基础上，运用 2001～2007 年中国工业企业数据实证考察了知识产权保护和融资约束对中国企业创新的影响及其所有制差异。具体而言，本章重点研究三个方面的内容：一是知识产权保护和融资约束对中国企业创新的影响；二是知识产权保护如何通过缓解企业的融资约束对中国企业创新产生影响；三是知识产权保护和融资约束对中国企业创新影响的所有制差异。

第六章，知识产权保护与中国企业创新——基于知识产权示范城市的准自然实验。本章基于中国 1520 家 A 股上市公司 2008～2019 年非平衡面板数据，将国家知识产权示范城市设立视作知识产权保护的政策冲击，采用渐进的双重差分法（DID）实证检验了知识产权保护对企业创新的影响及其传导机制。

第七章，知识产权保护、专利质押融资与中国企业创新——基于专利质押融资试点的准自然实验。本章基于中国 2009 年以来分批进行的专利质押融资试点，以 2007～2017 年中国沪深 A 股上市企业为样本，对专利质押融资试点的政策实施效果进行考察，运用多期双重差分法实证研究了专利质押融资对企业创新的影响，并考察了知识产权保护对专利质押融资效果的影响。

第八章，知识产权保护、产品市场竞争与中国企业创新。本章先从理论上分析了知识产权保护、产品市场竞争以及两者的交互作用对企业创新的影响。在此基础上，运用 2007～2016 年中国 A 股上市企业数据实证考察了知识产权保护、产品市场竞争以及两者的交互项对中国企业创新的影响，以验证知识产权保护和产品市场竞争对中国企业创新影响的互补或替代效应。

第九章，知识产权保护、技术创新与中国企业绩效。本章在提出知识产权保护影响企业绩效的研究假说基础上，选取 2009~2018 年中国上市公司数据，实证考察了知识产权保护如何通过提高技术创新能力和缓解企业融资约束而提升企业绩效。

第十章，研究结论与政策建议。本章在全面总结本书主要研究结论基础上，从完善知识产权保护制度、加强知识产权保护执法力度、推进知识产权示范城市建设、制定行业知识产权保护战略、推进专利质押融资、缓解企业融资约束、促进市场有序和公平竞争、加大对高科技企业的研发补贴等方面提出了促进企业创新和企业绩效的政策建议。

通过对上述问题的研究，本书得到以下主要研究结论。

（1）我国知识产权保护能够缓解企业融资约束问题，这种缓解作用在无形资产多、中小型企业和融资约束程度高的企业中更加明显；知识产权保护缓解融资约束的机制是通过使企业形成更多的无形资产而实现的，且这种机制在我国无形资产多、中小型企业和融资约束程度高的企业中更加明显。

（2）加强知识产权保护显著激励了企业研发投入，融资约束显著抑制了小规模企业、融资约束较强企业、民营企业和高新技术企业的研发投入，知识产权保护能够通过缓解融资约束这一作用机制提高企业研发投入。加强知识产权保护缓解了融资约束对企业研发投入的抑制作用，且这种缓解作用在融资约束程度较高企业、高新技术企业、民营企业中更加显著。

（3）总体来看，知识产权示范城市创建显著地促进了企业创新，该结论在通过将基督教堂数量作为工具变量缓解政策内生性问题、安慰剂检验、排除其他政策干扰及调整研究样本等一系列稳健性检验的基础上依然成立；异质性研究发现，知识产权示范城市促进了高新技术行业技术创新，未促进非高新技术行业企业创新，对国有企业和非国有企业研发投入均有促进作用，但仅促进了国有企业的研发产出，知识产权示范城市促进了制造业企业创新水平提升，而未对非制造业企业创新水平产生积极影响，知识产权保护促进了中东部和高级别城市企业创新，而对西部和低级别城市企业创新的影响并不显著；机制研究发现，知识产权示范城市通过缓解企业所面临的融资约束、降低交易成本及完善法制环境等机制促进了企业技术创新。

（4）专利质押融资政策的实施提高了企业的专利申请数量，知识产权保护对专利质押融资政策的实施效果有较大的影响。专利质押融资政策可以促进企业专利申请数量的增加，并且对于技术含量较高的发明专利和实用新型专利的促进作用最大。缓解企业面临的融资约束是专利质押融资促进企业专利申请数量增加的一个重要作用机制。相比较非技术密集型行业而言，专利质押融资政策对技术密集型行业的影响更大，相比较面临较弱融资约束的企业而言，专利质押融资政策对面临较强融资约束的企业影响更大，而对国有企业的影响与非国有企业相比无显著差异。

（5）知识产权保护激励了企业创新，知识产权保护与产品市场竞争对企业创新的交互影响是互补的，即知识产权保护越强，市场竞争对企业创新的激励效应也越强。异质性分析发现，东部地区的知识产权保护和产品市场竞争都能够促进企业创新，知识产权保护和产品市场竞争的交互作用对企业创新具有互补性，中部地区的产品市场竞争促进了企业创新，知识产权保护和产品市场竞争的交互作用对企业创新的影响显著为正。知识产权保护和产品市场竞争对技术密集型企业创新的影响均显著为正，且两者的交互作用对企业创新的影响具有互补性。知识产权保护和产品市场竞争均能够促进民营企业的创新，且两者的交互作用对民营企业创新的影响是互补的。

（6）知识产权保护对企业绩效具有正向影响。机制分析发现，加强知识产权保护，不仅可以提高企业创新的能力，还能缓解企业融资约束，进而影响企业绩效。异质性分析发现，对于规模较大、融资约束较强和非国有高科技上市公司而言，加强知识产权保护对提升企业绩效的作用更加明显。

基于上述理论和实证研究结论，本书从完善知识产权保护制度、加强知识产权执法力度、制定行业知识产权战略、因地制宜推进知识产权示范城市建设、发展知识产权质押融资、拓宽企业融资渠道、促进市场有序和公平竞争、加大创新活动补贴等多个层面提出了相应的政策建议。

目录 contents

第一章

引 言

第一节　问题的提出

近年来，经济增长的动力越来越依赖于技术创新。党的十九届六中全会通过的《中共中央关于党的百年奋斗重大成就和历史经验的决议》强调："必须实现创新成为第一动力、协调成为内生特点、绿色成为普遍形态、开放成为必由之路、共享成为根本目的的高质量发展，推动经济发展质量变革、效率变革、动力变革。"这充分说明创新已成为中国经济高质量发展的核心推动力。对于中国而言，摆脱资源投入型增长，促进经济高质量发展是全球经济增长放缓背景下面临的关键问题。实现技术创新驱动型经济增长不仅可以减少对自然资源的消耗和浪费，减少环境污染和资源破坏，促进经济可持续发展，尽快实现"碳达峰、碳中和"目标，还有利于降低全球产业链分工给中国带来的"低端锁定"风险。中国当前的经济增长应该更加注重科技创新以提升全要素生产率，培育科技创新驱动型经济增长方式。要培育科技创新驱动型经济增长模式，关键在于提升中国企业的自主创新能力，核心在于提升中国企业的自主研发能力。提升中国本土企业的自主研发和创新能力对于"十四五"时期推动中国经济高质量发展至关重要，也是 2035 年中国能否迈入创新型国家前列的关键。

第一，自熊彼特（Schumpeter，1934）提出创新理论以来，经济学家普遍认为，持续的研发和创新投入是提升企业自主创新能力的根本保证（史宇鹏、顾全林，2013）。如何才能保证企业愿意进行持续的研发和创新投资呢？一般而言，研发投资和创新存在两个重要特征。一是研发和创新的长期性和高风险特征。企业研发和创新往往伴随着高风险的长期投资项目，是一个需要大量资金投入的长期持续的过程，资金投入不足容易导致企业研发由于融资约束而被迫终止或失败（李春涛等，2015；康志勇，2013）。由于研发和创新行为的高风险性，使得企业研发和创新往往具有明显的异质性特征，因而，企业的研发和创新投资容易存在较为严重的融资约束问题（Holmstrom，1989）。已有研究表明，融资约束对企业研发和创新投资具有重要影响（张杰等，2012；赵伟等，2012；卢馨等，2013；Hall & Levner，2009；David et al.，2008；Brown et al.，2009、2011）。二是研发的外部性和创新产出的公共物品特征。研发投资的外部性会导致研发投资的私人收益小于社会收益（Hejazi & Safarian，1999；Keller，2004；史宇鹏、顾全林，2013）；而创新产出的公共物品特征使得企业创新成果很容易被竞争对手偷盗和模仿，如果没有对创新成果进行知识产权保护，企业创新的预期收益难以弥补企业的研发和创新投入，这会降低企业进一步进行研发和创新投资的积极性，从而会抑制企业创新。因而，知识产权保护是保证企业获得创新的预期收益、提升企业研发和创新能力的重要制度保障（史宇鹏、顾全林，2013；李春涛等，2015）。已有研究表明，知识产权保护对企业创新存在重要影响（宗庆庆等，2015；史宇鹏、顾全林，2013；尹志锋等，2013；李春涛等，2015；刘思明等，2015；Katz & Shapiro，1987；Licht & Zoz，1988；Pazderka，1999）。

如果说良好的融资体系为企业研发和创新提供了资金上的有效支撑，而完善的知识产权保护则为企业获取创新的预期收益提供了法律上的制度保障。上述已有相关研究虽然从理论和经验上表明，融资约束和知识产权保护对企业创新均存在显著影响，然而，现有研究存在两个明显的不足之处。一方面，现有研究文献主要聚焦于知识产权保护和融资约束单方面对企业创新的影响效应，鲜有研究同时结合这两个因素系统考察知识产权保护和融资约束对企业创新的影响机理。研发投资的两个特征决定了我们只有同时考虑融资约束和知识产权保护这两个重要因素，才能够真正解释制约中国企业创新能力提升的真实原因。另一方面，在考虑知识产权保护的情况下，融资约束对企业创新的影响效应将变得更为复杂。这是因为，知识产权保护可以通过提升企业外部融资能力、缓解企业所面临的融资约束对企业创新产生间接影响，这说明融资约束对企业创新的影响受到知识产权保护的制约。阿伦德尔（Arundel，2001）运用1993年欧洲创新联盟企业调查数据、霍尔（Hall，2004）基于美国1980~1989年的上市企业数据、海斯勒等（Haeussler et al.，2009）基于德国和英国的企业数据研究均发现，加强知识产权保护有利于企业获得更多的融资和吸引研发合作伙伴，进而促进了企业创新。然而，现有研究尚未讨论这一影响机制，鲜有文献讨论知识产权保护和融资约束的交互作用（知识产权保护和融资约束的交互项）对中国企业创新的影响，因而未能揭示知识产权保护如何通过融资约束对中国企业创新产生间接影响，从而也就不能揭示融资约束对中国企业创新的影响如何受到知识产权保护的制约。

因此，本书认为，加强知识产权保护力度不仅能够直接促进企业加大研发投入，提升创新能力，而且还可能通过提升企业的外部融资能力和缓解企业所面临的融资约束而对企业创新产生间接影响。那么，融资约束和知识产权保护是促进还是抑制了中国企业研发投资和创新能力？加强知识产权保护是否能够缓解融资约束对中国企业创新的抑制作用，即知识产权保护是否能够通过缓解企业所面临的融资约束而激励企业研发和创新？融资约束和知识产权保护对中国企业创新的影响是否因不同所有制而呈现显著的差异？解析这些问题对于厘清知识产权保护对中国企业创新的影响机理尤为关键。

第二，"十四五"规划明确提出，坚持创新在我国现代化建设全局中的核心地位，全面塑造发展新优势。其中，激励企业加大研发投入、完善企业创新服务体系，形成以企业为主体、市场为导向、产学研用深度融合的技术创新体系是实现创新发展的关键所在。在激励企业创新的众多制度安排中，知识产权保护是极其重要的一环（龙小宁等，2018）。中共中央政治局2020年11月30日就加强我国知识产权保护工作举行第二十五次集体学习。习近平总书记主持中共中央政治局第二十五次集体学习时强调，"创新是引领发展的第一动力，保护知识产权就是保护创新……知识产权保护工作关系国家治理体系和治理能力现代化"。[①] 新发展格局背景下，知识产权保护从宏观层面来看能够激发经济高质量发展的潜能，提升城市创新质量（纪祥裕、顾乃华，2021）；从微观层面来看，知识产权保护能够促进企业创新，提升企业绩效（吴超鹏、唐菂，2016），甚至能够提升作家创造力（Giorcelli & Moser，2020）。总体而言，中国知识产权保护工作取得了历史性成就，2015年，中国知识产权保护社会满意度为68.72分，2020年上升至80.05分。[②] 国家知识产权局知识产权发展研究中心发布的《2019年中国知识产权发展状况评价报告》显示，从国际比较来看，2014～2018年，我国在40个评价样本国家中，知识产权发展总指数排名从2014年的第20位快速跃升至第8位，平均每年提升近3个位次。然而，不容忽视的是中国与"知识产权强国"仍有很大差距，近年来，我国侵犯知识产权犯罪案件数量持续攀升，如全国检察机关2015～2020年来公诉侵犯知识产权犯罪23000余件，涉及45000余人，[③] 推动中国由知识产权引进大国向创造大国转变仍然面临严峻考验。

第三，为积极推动知识产权保护体系建设，构建知识产权"大保护"工作格局，相关部门实施了专利质押融资等知识产权保护举措。国家知识产权局于2008年首次批复专利质押融资试点，此后分批次逐步推广，目的

---

① 全面加强知识产权保护工作激发创新活力推动构建新发展格局 ［OL］. 光明网，2021 - 01 - 31.

②③ 国家知识产权局网站。

是缓解企业创新的融资约束，促进企业创新，专利质押融资试点的设立为评估知识产权体系"大保护"的政策效应提供了绝佳的机会。作为技术创新的活动主体，近年来，企业的研发创新和转型升级受到政府越来越多的关注，如2019年推行的科创板，其目的就是促进科技型中小企业获得融资，为科技型中小企业开辟新的融资途径。由于研发创新具有前期投入大、研发产出不确定性强和研发成果具有公共品性质等特征，很多企业不愿进行自主研发，或者即使有意愿进行研发创新，但受制于自有资金不足的约束，研发创新不足。尤其对于中小企业来说，融资约束一直是我国中小企业发展中面临的并且尚未有效解决的问题，融资约束抑制了企业进行研发创新的积极性。为了缓解企业研发投入不足的问题，一方面，需要加强对研发创新的激励（如加强知识产权保护），使企业确实能够从研发成果中获得益处，提高企业研发创新的积极性；另一方面，需要加大对创新型企业的资金支持，尤其是要引导资金流向技术创新型企业，缓解企业因资金约束而导致创新投入不足的问题，提高资金的使用效率。为此，我国推出了专利质押融资这一新型融资方式以缓解科技型企业的融资约束，促进企业研发创新，推动企业转型升级。专利质押融资是指通过对企业所拥有的专利进行价值评估，并将其作为质押品向金融机构进行融资，这不仅直接促进了企业研发成果的价值实现，而且有利于促进金融资源更加合理地配置，提高企业研发创新的积极性，推动我国向创新驱动型经济转变。

那么专利质押融资在实施过程中的实际效果如何？知识产权保护会影响到专利质押融资政策的实施效果吗？专利质押融资能否通过缓解企业融资约束激励企业创新？专利质押融资对不同类型企业创新的影响是否具有异质性？这些问题亟待更多的理论探讨和经验总结，但对于相关问题的深入研究并不多见。

第四，由于企业创新对提升一国自主创新能力和实现经济的高质量发展具有重要影响，因而，探究企业创新的影响因素一直是学术界关注的重要课题。一方面，由于研发投资的正外部性和创新产出的公共物品特征，因而，知识产权保护是保证企业获得创新的预期收益和促进企业创新的制度保障。严苛的知识产权保护有助于降低技术创新的风险，激励企业将创新资源从模仿转向自主创新，不断提高自主创新能力。已有较多研究从理论和经验上均表明，知识产权保护对企业创新均具有显著影响（Lee, 1980; Mansfield, 1986; Denicolo, 1996; Gangopadhyay & Monda, 2012）。另一方面，产品市场竞争也是激励企业创新的重要因素（Gilbert, 1982; Aghion & Howitt, 1992; Tishier & Milstein, 2009; Aghion et al. , 2015）。产品市场竞争在知识产权激励企业创新过程中起到什么作用？知识产权保护和产品市场竞争对中国企业创新的影响存在互补效应还是替代效应？探讨知识产权保护、产品市场竞争以及两者的交互作用对中国企业创新的影响，能够为激励中国企业创新提供丰富的政策含义。

第五，现有文献大多数仅研究企业创新（周煊等，2012）、融资约束（叶建木等，2015）对企业绩效的单一影响，或者仅仅研究知识产权保护与研发投入等因素对企业绩效的交互影响（Kanwar & Evenson, 2001），或者研究其他因素如激励机制（李增泉，2000）、股权结构（陈晓悦等，2001）等因素对企业绩效的影响，而鲜有文献研究知识产权保护对企业绩效的影响，以及同时将知识产权保护与企业创新和融资约束结合起来研究知识产权保护对公司绩效的影响机制。并且在已有的相关文献中，大多研究聚焦于国外或者是针对某一行业的情况，而很少有学者专门针对中国国情进行研究。知识产权保护如何影响了企业绩效？知识产权保护能否通过激励企业技术创新和缓解企业融资约束而提升企业绩效？解析这些问题对于厘清知识产权保护对中国企业绩效的影响机理尤为重要。

基于上述研究问题，本书旨在探讨知识产权保护对中国企业创新和企业绩效的影响机理，并提出激励企业创新的具体政策建议。因此，本书主要聚焦于以下几个主要问题：知识产权保护是否能够缓解中国企业的融资约束？知识产权保护对中国企业融资约束的影响是否具有异质性？知识产权保护能否通过缓解企业融资约束激励企业创新？存在异质性吗？知识产权示范城市设立能否促进企业创新？知识产权示范城市对企业创新的影响是否存在异质性？知识产权示范城市设立通过哪些传导机制影响企业创新？知识产权保护会影响到专利质押融资政策的实施效果吗？专利质押融资能否通过缓解企业融资约束激励企业创新？知识产权保护和产品市场竞争的交互作用对企业创新的影响是互补的还是替代的？知识产权保护如何通过提高企业技术创新能力而提升企业绩效？知识产权保护如何通过缓解企业融资约束而提升企业绩效？等等。为此，本书以中国上市企业数据和中国工业企业数据为主要研究样本，从理论和实证两个层面深入探讨知识产权保护对中国企业创新和企业绩效的影响效应及其作用机理。

第二节　研究思路和结构框架

本书的研究思路为：第一，对本书的相关研究文献进行综述；第二，考察知识产权保护如何缓解企业融资约束及其异质性，为研究知识产权保护如何通过缓解企业融资约束而促进企业创新奠定分析基础；第三，从理论和实证两个层面考察知识产权保护如何通过缓解企业融资约束激励企业创新；第四，利用中国工业企业数据对知识产权保护、融资约束如何影响企业创新进行再检验；第五，从知识产权保护示范城市设立的视角，运用DID实证考察知识产权保护对企业创新的影响及其作用机制；第六，从知识产权保护、专利质押融资的视角考察知识产权保护、专利质押融资对企业创新的影响及其异质性；第七，从理论和实证两个层面考察知识产权保护和产品市场竞争程度对企业创新的交互作用，以验证二者对企业创新的互补或替代效应；第八，实证考察知识产权保护如何通过激励企业创新和缓解企业融资约束而提升企业绩效；第九，总结结论，并提出了促进企业创新的政策方略和具体对策建议。

本书的结构框架如图 1-1 所示。

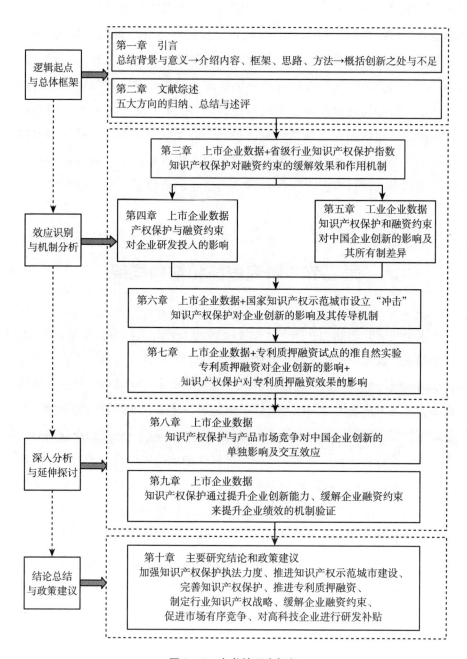

图 1-1　本书的研究框架

第三节 研究方法

一、理论建模方法

本书在戈罗德尼琴科和施尼策尔（Gorodnichenko & Schnitzer，2013）的研究基础上，将知识产权保护引入模型中，考察知识产权保护如何通过缓解企业融资约束对企业研发投入产生影响，以此揭示知识产权保护是否能够缓解融资约束对企业研发投入的抑制作用。我们与戈罗德尼琴科和施尼策尔（2013）研究不同的是，他们只考察了融资约束对企业创新的影响，而本书将知识产权保护纳入模型，考察了知识产权保护如何通过缓解企业融资约束进而激励企业创新。

本书在阿吉翁等（Aghion et al.，2015）提出的熊彼特分步创新（step by step innovation）增长模型的基础上，研究知识产权保护、产品市场竞争对企业创新的影响，同时探讨两者对企业创新的交互作用，为后面的实证分析提供坚实的理论基础。我们与阿吉翁等（2015）研究的不同之处在于：本书同时考察了在平等行业和非平等行业情形下知识产权保护、产品市场竞争以及两者的交互作用对企业创新的影响，而阿吉翁等（2015）只分析了平等行业情形下知识产权保护和产品市场竞争以及两者的交互作用对企业创新的影响。

二、计量分析方法

1. 面板数据估计方法

为了验证知识产权保护对缓解企业融资约束、提升中国企业创新能力和企业绩效的影响机理，本书构建了中国上市公司和中国工业企业层面的微观面板数据，并运用了面板数据的固定效应模型等估计方法实证考察知识产权保护对中国企业创新和企业绩效的影响机理。

2. 工具变量估计方法

本书采用的知识产权变量主要是省际层面的变量，而企业创新和企业绩效是微观层面的变量，两者的反向因果关系可能并不是太强，因而，知识产权保护的内生性问题不是太严重。尽管如此，本书仍然寻找知识产权保护的工具变量，采用工具变量两阶段最小二乘法（2SLS）考察知识产权保护对中国企业创新和企业绩效的影响机理。本书重点采用知识产权保护滞后一阶、法律规则等变量作为知识产权保护变量的工具变量进行估计，以增强估计结果的精确度和可信度。

3. 双重差分方法（DID）

为了解决知识产权保护的内生性，本书以知识产权示范城市设立和专利质押融资试点作为天然的政策冲击，运用渐进的双重差分方法实证考察了知识产权保护对中国企业创新的影响及其作用机理，进一步提高了本书估计结果的精确度和可信度。

第四节　主要贡献与不足

一、主要贡献

本书的边际贡献分布于第三章至第九章各章的主要内容中，因而，本书按照各章的创新点阐述本书的主要贡献，具体体现在以下几个方面。

第一，本书利用中国上市企业数据实证考察了知识产权保护缓解中国企业融资约束的作用机制及其异质性。边际贡献主要体现在：一是与以往知识产权保护的测度方法不同，本书在构造国家层面的知识产权保护指数和省级层面的知识产权保护指数的基础上，结合行业专利密集度指标，重新构建了中国省级—行业知识产权保护指数，为本书的实证分析提供了可靠的数据基础；二是本书实证考察了省级—行业知识产权保护对中国上市企业融资约束的影响和作用机制，验证了知识产权保护缓解企业融资约束的作用机制是通过使企业形成更多的无形资产而实现的；三是本书还从不同无形资产、不同企业规模和不同融资约束程度等角度分别讨论了省级—行业知识产权保护对上市企业融资约束的影响和作用机制的差异。

第二，本书从理论上考察了知识产权保护与融资约束对企业研发投入的影响，揭示了知识产权保护如何通过缓解融资约束这一微观作用机制提高企业研发投入。在理论分析的基础上，本书利用中国上市公司数据和中国工业企业数据库实证考察了知识产权保护如何通过缓解企业融资约束对企业创新产生影响，从而不仅验证了知识产权保护对企业融资约束的影响及其作用机制，而且检验了知识产权保护对中国企业创新的影响机理。边际贡献具体体现在两个方面。一是通过构建一个简化的理论模型，从理论上考察了知识产权保护和融资约束对企业研发投入的影响，揭示了知识产权保护如何通过缓解融资约束这一作用机制激励企业研发投入。已有关于知识产权保护和融资约束对企业研发和创新的影响的研究文献基本上是平行展开，鲜有研究将两者结合起来，从理论上考察知识产权保护如何通过缓解企业融资对企业创新产生影响，因而，本书的研究在一定程度上填补了现有理论研究的不足。二是在构建企业融资约束指数和省际层面的知识产权实际保护强度指数的基础上，利用中国上市公司数据和中国工业企业数据，验证了知识产权保护如何通过缓解融资约束这一作用机制对企业创新产生影响，并考察了这种缓解作用的异质性影响和稳健性，因而，本书的研究成果进一步丰富了现有的关于知识产权保护与融资约束对企业研发创新影响的经验证据。

第三，本书将国家知识产权示范城市设立视作知识产权保护的政策冲击，采用渐进的双重差分法实证检验了知识产权保护对企业创新的影响及其传导机制。边际贡献具体体现在四个方面。一是研究视角上，现有研究关注到了知识产权示范城市对城市层面产业结构、创新质量的影响，但鲜有涉及知识产权示范城市设立对微观企业创新的影响，知识产权示范城市能否促进企业创新有待检验。二是识别策略上，本书基于"国家知识产权示范城市"创建这一"天然"的政策冲击，构造双重差分法识别知识产权保护对企业创新的影响，与以往采用吉纳特和帕克（Ginarte & Park，1997）构建的知识产权保护指数（GP指数）、韩玉雄和李怀祖（2005）在

GP 指数基础上引入立法和执法因素形成的新测度方法（余长林，2016），以及从立法制规保护、司法保护、行政保护构建综合指标体系（龙小宁等，2018）等研究相比，避免了测量误差。同时，本书还关注到了由于政策的非随机性而导致的估计偏误问题，并进一步将城市基督教堂数量作为国家知识产权示范城市设立的工具变量，使研究结论尽可能精准科学。三是机制探讨上，本书从企业融资约束、交易成本的降低以及法制环境的改善方面出发，厘清了国家知识产权示范城市影响企业创新的作用机理。四是实践意义上，为进一步借力知识产权示范城市建设，贯彻执行习近平总书记"保护知识产权就是保护创新"战略部署提供契机，并为知识产权示范城市的进一步"扩容"工作提供直接现实的依据。

第四，本书对专利质押融资试点的政策实施效果进行考察，运用双重差分法实证研究了专利质押融资政策在促进企业创新的过程中如何受到知识产权保护力度的影响，并定量估计了知识产权保护对在专利质押融资促进企业创新增加中作用的大小。边际贡献具体体现在两个方面。一是已有考察专利质押融资政策对企业创新影响的研究文献，并未考虑知识产权保护力度对专利质押融资政策实施效果的影响。知识产权保护力度越大，专利的价值越能够得到保护和实现，企业研发创新的积极性越高，银行等金融机构进行专利质押贷款的积极性也越高，因此，知识产权保护力度对专利质押政策实施效果有着重要影响。本书研究对我国专利质押融资政策实施的进一步发展以及知识产权保护制度的进一步完善具有重要的参考意义。二是本书不仅对专利质押融资政策促进企业创新的作用机制进行了研究，还研究了专利质押融资对不同类型企业创新的异质性影响，专利质押融资政策的实施对象主要是创新能力较强的科技型企业以及面临较强融资约束的中小型技术密集型行业企业，因此，专利质押融资政策对不同技术密集型行业企业和面临不同融资约束的企业作用效果存在显著差异。在我国，企业的所有权属性对于企业获得金融资源的能力有着较大影响，从而影响着企业的融资约束水平，对不同所有制企业在专利质押融资政策实施过程中创新水平变化的异质性影响同样值得进一步研究。因此，本书的研究进一步丰富了现有关于专利质押融资与企业创新之间关系的经验证据，为我国专利质押融资政策的进一步实施提供经验依据和政策启示。

第五，本书不仅从理论上分析了知识产权保护、产品市场竞争以及两者的交互作用对企业创新的影响，而且运用中国上市企业数据实证考察了知识产权保护、产品市场竞争以及两者的交互项对中国企业创新的影响。边际贡献具体体现在两个方面。一是在阿吉翁等（2015）的研究基础上，运用分步创新增长模型研究了知识产权保护、产品市场竞争以及两者的交互作用对企业创新的影响，证明了知识产权保护与产品市场竞争对企业创新具有交互作用，从而丰富了与企业创新有关的理论研究。二是利用中国上市企业数据实证考察了知识产权保护与产品市场竞争的交互作用对中国企业创新的影响，通过区分不同地区、不同行业和不同所有制的上市公司数据考察了知识产权保护与市场竞争度对企业创新的交互影响，具有针对中国国情进行研究的优点，富有现实意义。

第六，本书运用中国上市公司数据实证考察了知识产权保护对中国企业绩效的影响机理。边际贡献具体体现在两个方面。一是同时运用企业创新和融资约束作为中介变量，对知识产权保护影响企业绩效的作用机理做了全面深入的研究，尤其是尝试性地用融资约束作为中介变量，现有研究尚未考察知识产权保护如何通过缓解企业融资约束而提升企业绩效。二是运用中国上市公司数据实证考察了知识产权保护对中国企业绩效的影响机理及其异质性。

二、不足之处

一是本书尚未考察知识产权保护和融资约束对企业研发投资决策的影响。本书在统计中国工业企业数据库时发现，在样本期间内很多企业的研发投入和新产品产值数据均为0，这说明很多企业根本不进行创新或创新能力很低，因此，深入考察知识产权保护和融资约束对中国企业研发投入决策的影响也是重要的研究课题。本书尚未对这一问题进行深入探讨，这也是我们以后进一步研究的方向。

二是本书在采用专利申请量测度企业创新能力时，以中国上市企业数据为主要样本进行实证考察，囿于数据缺失的原因，本书尚未将中国工业企业数据库和中国专利申请数据库进行匹配开展研究。因此，将中国工业企业数据库和中国专利申请数据进行匹配，从异质性企业的视角考察知识产权保护对中国企业创新的作用机理可能使得研究更加全面和细化，这也是我们未来进一步拓展的方向。

三是为了更加全面地评估知识产权保护对中国企业创新和企业绩效的影响效应及其作用机理，同时为了较好地解决知识产权保护变量的内生性问题，我们需要更多地对近年来国家实施的知识产权保护政策效果进行综合定量评估，如2008年的专利法改革、2012年专利执行保险试点、2014年成立地方知识产权法院等，评估相关知识产权保护政策对企业创新和企业绩效的影响机理也是很重要的研究课题，这也是我们进一步研究的方向。

第二章

文献综述

第一节　知识产权保护与企业融资约束

一、理论研究

国外关于知识产权保护对企业融资影响的文献相对较为丰富。以专利为代表的知识产权资产与企业的价值评估是正相关的关系，这是知识产权融资的理论基础。通过潜藏价值理论，贝尔曼（Berman, 1999）证实了知识产权经济能够为企业带来收益，而且也定量地说明了知识产权与企业增值的关系。曼恩和萨格尔（Mann & Sager, 2007）通过实证研究，证实了创立时公司的专利行为与公司存续期业绩的 6 组正相关关系。此外，布莱西和埃卡特（Blaxill & Eckardt, 2009）也证实了知识产权对公司经营管理的重要性，知识产权和管理战略能够为公司扩大市场规模，通过不断地改革创新以维持成本优势，同时还有可能带来直接的收入。反之，没有知识产权优势的公司产品只能通过价格竞争以维持相应的市场份额。由此可知，知识产权可以提升公司的竞争力和投资者的估值，从而有利于融资渠道的拓宽，为公司带来更多的投资，加强知识产权保护对企业获得投资人青睐将有不可小觑的作用。

海斯勒等（Haeussler et al.，2009）阐释了专利作为引导投资者注资的信号对创新企业的融资具有显著作用。投资者面临投资项目的不确定性时，公司的发展潜力往往是不可观测的，因此，当投资者面对投资机会时会将专利作为区分项目质量的信号。质量越高的专利越容易获得融资，但是，专利引证往往发生在投资之后，这说明投资者可以在早期区分良莠不齐的专利发明。也就是说，最终专利被批准并没有对融资时间有新的作用。与此同时，申请专利过程中出现竞争对手也会提高融资的概率，因为这可以作为公司商业潜力的信号。许和齐多尼斯（Hsu & Ziedonis，2008）证实专利对投资人估值半导体新兴公司有正向影响。他们发现，在信息不对称最严重的时期即融资的开始阶段，这种影响更大。同时，一些杰出的投资人也能对专利进行估价。他们发现，专利存量提高了投资人对公司的估值，尤其是对没有首次公开募股（IPO）或还没有被其他投资人主导投资的公司。勒纳（Lerner，1994）认为，专利对公司的估值有正的影响。曼恩和萨格尔（Mann & Sager，2007）研究了专利和绩效指标之间的正相关性，比如融资轮数、得到总投资和融资期限等。鲍姆和西尔弗曼（Baum & Silverman，2004）提出投资者善于挑选新兴的企业。专利的申请对筹集的资金具有显著影响，但是，专利的审批效果很小。赫尔墨斯和罗杰斯（Helmers & Rogers，2011）通过研究中高科技产业发现，专利的申请对公司的成长和存续期都有正向影响。恩格尔和基利巴赫（Engel & Keilibach，2004）得出了专利申请伴随着后续的公司融资，但是，专利批准过程与融资的相关性不显著的结论。霍宁等（Hoenen et al.，2014）发现，专利申请对第一轮融资的影响高于第二轮融资，当不考虑专利申请时，专利批准对第二轮融资可能有影响。还有研究表明，高科技公司的专利存量对风险融资（Mann & Sager，2007；Hsu & Ziedonis，2008 ；Hoenig & Henkel，2015）、投资人的估值（Lerner，1994；Greenberg，2013）、投资的可能性（Hsu & Ziedonis，2008）、公司的成长和存续期（Helmers & Rogers，2011）、被收购方对投资者的吸引力（Cockburn & Wagner，2007）和企业绩效（Mann & Sager，2007）都有正向影响。

布朗温（Bronwyn，2018）通过理论分析后得出，专利权可以通过至少三种方式降低融资的成本：一是专利权可以提高项目的期望收益；二是专利可以作为企业创新质量的信号；三是当企业失败或退出行业时，专利权可以提高公司的余值。虽然企业失败对专利价值高低的影响不得而知，但是，有大量的证据表明公司倒闭时大多会利用它们的专利资产（如摩托罗拉和诺基亚）。史宾斯（Spence，1973）通过理论分析证明专利的信号作用。史宾斯（1973）假设存在一个市场，有足够多的企业家和投资者。投资者不能准确区分不同投资项目的质量，相反，企业家对自己项目了解得更多。史宾斯（1973）证明了，如果存在一种信号使得融资成本和项目质量负相关，则存在均衡。其中，一种均衡是高质量的项目发出信号，低质量的项目因成本过大而不发出信号，这也使得高质量的项目通过信号得到了投资者的融资。

相比较而言，国内鲜有文献将知识产权保护与企业融资约束关联起来，大多是探讨知识产权融资。同时，提及知识产权保护和融资约束的文献也是关于两者分别对创新研发的影响（李春涛，2015）。褚杉尔和高长春（2018）通过实证研究发现，我国民营文化创意上市公司普遍面临融资约束，地区知识产权保护可以缓解融资约束。

二、实证研究

现有的文献大多支持专利权可以缓解企业融资约束的结论，进而出现了加强知识产权保护也能缓解企业融资约束的观点。

海斯勒等（2009）通过对190个1989年后成立的需要融资的德国和英国生物科技公司研究后发现，一个专利申请可以降低得到第一笔融资的时间的76%。许和齐多尼斯（2008）用固定效应模型研究了风投支持的半导体企业中专利申请存量的变化对每轮融资前公司价值的影响，他们发现，公司的专利申请存量会提高公司的价值，尤其是在早期的融资、公司没有IPO经历或者还没有被某个投资者主导。这表明，当没有其他可用的信号时，专利将成为公司发展潜力的信号。赫尔墨斯和罗杰斯（2011）选择了英国的中高技术行业中的中小企业作为样本，得出申请专利的公司会提高公司的增长率和存续期。每增加一个专利存量，公司存续期会增长

26%~27%。格林伯格（Greenberg，2013）研究发现，以色列的公司专利存量至少会影响两轮融资，因为在每轮融资中专利申请数会提高公司的价值（除了软件行业）。在美国的不同行业，公司价值和专利申请数的弹性变化范围很大，从软件行业不显著的 0.08 到生物科学的 0.71，这一结果基本与勒纳（1994）对美国的研究结果一致。与孔蒂等（Conti et al.，2013）的结论类似，当考虑专利申请时，专利批准对公司的估值没有附加作用。

通过回顾这些国外的文献我们可以得出三个结论：第一，投资人会倾向于投资有专利申请的公司，即便是专利申请还没有被批准；第二，许多文献支持投资在第一轮融资中会对专利更加敏感，因为这个时候信息不对称的程度最大；第三，关于专利如何影响投资决策尚未定论，一些学者认为，专利是公司创新品质量的信号，另一些学者认为，专利是纯信号。

第二节　融资约束与企业创新

企业的融资渠道主要有内源融资和外源融资。企业的内源融资是指企业的自有资金及其在生产经营中累积的留存收益。企业的外源融资主要指债权融资、股权融资和政府补贴等。企业在寻求外源融资时必然面对投资者的投资评估和投资决策。而投资者往往认为，对企业进行研发投入蕴含着高风险，有可能投资失败，且由于信息不对称，或导致投资决策错误及承担道德风险等。因此，企业的研发活动受到了融资约束和资金不足的制约。

一、国外相关研究

从外源融资与企业研发投入的角度看，乌赫托（Ughetto，2008）研究发现，由于资本市场不完善及研发成果难以成为抵押品等原因，企业研发投入与债务融资不存在显著相关性。大卫和布里安（David & Brien，2008）从债务融资的异质性角度进行研究，发现关系型债务融资与企业研发投入呈显著的正相关关系，而交易型债务融资则不显著。法扎里和彼得森（Fazzari & Petersen，1988）认为，在企业的内源融资不足、需要外源融资时，由于投融资方信息不对称、资本市场不透明等，导致企业的外源融资成本居高不下，结果是企业难以筹集到足够的资金满足研发投入项目的需要。世界银行对全球 80 多个国家的企业投资环境进行调查比较，结果发现，中国企业面临的融资约束问题最为严重（Claessens & Tzioumis，2006）。艾伦等（Allen et al.，2005）通过调查发现，中国银行信贷对不同所有制企业存在明显的歧视待遇，即外资和国有企业获得的信贷资源较多，而大部分民营企业很难从银行获得信贷资金。阿亚加里等（Ayyagari et al.，2011）研究发现，银行融资对企业创新存在显著的正向影响，而且在某年进行过银行借贷的企业，其创新活动要明显多于未向银行借贷的企业。

二、国内相关研究

一些国内学者实证考察了融资约束对中国企业研发投资和创新能力的影响。唐清泉等（2009）根据企业研发投资与内部资金的关系进行研究，发现因为企业和投资者面临严重的信息不对称问题，而很难从外部获取债券融资，所以只能依赖于企业内部资金。张杰等（2012）从转型背景的角度分析了融资约束与融资渠道对企业研发的影响，结果表明，融资约束对我国民营企业的研发投入呈显著的限制作用。康志勇（2013）基于 2001 ~ 2007 年中国工业企业数据的研究表明，融资约束对中国企业研发投资的影响显著为负，说明融资约束显著抑制了中国企业的研发投资。

第三节 知识产权保护与企业创新

国外有关知识产权保护对企业创新的影响，无论是理论还是实证研究，并没有取得一致的结论。一是部分学者认为，知识产权保护对企业创新具有促进作用。古川（Furukawa，2010）认为，知识产权保护是影响企业创新的重要因素，并通过理论模型给出了证明。克拉默（Krammer，2009）通过对 16 个东欧转型国家的实证研究表明，知识产权保护对企业创新具有促进作用。卡茨和夏皮罗（Katz & Shapiro，1987）研究发现，企业创新强度会受到创新成果保护力度的影响，当创新保护力度较大时，企业会增加对创新活动的投入。李（Lee，1980）、德尼科洛（Denicolo，1996）研究均发现，知识产权保护与企业技术创新产出呈正相关关系。安东（Anton，2006）的研究则证实，在专利保护力度较弱的条件下，技术模仿和专利侵权的可能性会增加，从而极大地降低企业的创新热情并减少创新投入。阿伦德尔（Arundel，2001）、霍尔（Hall，2004）、海斯勒等（2009）利用企业数据研究均发现，加强知识产权保护有利于企业获得外部创新融资和吸引研发合作伙伴，因而促进了企业创新。

二是一些学者认为，知识产权保护会抑制创新。甘戈帕德亚伊和蒙达（Gangopadhyay & Monda，2012）结合了知识产权保护可能阻碍科学知识从标准内生增长模式创新中自由流动的观点，认为知识产权保护水平有可能会减小企业加大研发投入的动力。胡和马修斯（Hu & Mathews，2008）对 1991～2005 年的数据进行实证研究发现，知识产权保护会抑制中国企业创新。榊原和布兰施泰特（Sakakibara & Branstetter，2001）通过审查 1988 年日本专利改革，对"专利范围的扩大是否会引起企业更多的创新努力"这个问题作出回应，研究发现，没有证据证明专利改革可能增加研发支出或者创新产出。

古川（2010）证明了在没有规模效应的内生增长模型中，专利权保护和创新之间的关系是倒"U"型的，这种倒"U"型来自学习驱动和创新驱动技术的相互作用。甘戈帕德亚伊和蒙达（2012）研究认为，知识产权保护与企业创新呈倒"U"型关系，认为存在一个知识产权保护的最优水平，使得企业创新水平达到最高。

一、理论研究

有关知识产权保护对企业创新作用的理论研究并没有一致的结论。有的学者认为，知识产权保护对企业创新有促进作用。莱和马斯库斯（Lai &

Maskus，1998）等研究不同国家知识产权保护对企业创新的影响，认为发展中国家可以通过技术扩散来提高自身的创新水平，南方国家可以通过加大国际技术溢出对南方国家企业的正面影响来加强知识产权保护，从而促进国家创新。李蕊和沈坤荣（2014）借鉴了陈和普蒂塔努姆（Chen & Puttitanun，2005）的研究思路，在此基础上放宽了模型限制的条件，使该模型更加适合发展中国家创新的现状，得到两个有关知识产权对企业创新作用有关的命题。

　　一些学者认为，知识产权保护会抑制创新。甘戈帕德亚伊（2012）结合了知识产权保护可能阻碍科学知识从标准内生增长模式创新中自由流动的观点，认为知识产权保护水平有可能会减小企业加大研发投入的动力。有的学者认为，知识产权保护对企业创新的关系呈现倒"U"型关系。古川（2010）证明了在没有规模效应的内生增长模型中，专利权保护和创新之间的关系是倒"U"型的，这种倒"U"型来自学习驱动和创新驱动技术的相互作用。奥多诺霍和茨威米勒（O'Donoghue & Zweimuller，2004）、甘戈帕德亚伊和蒙达（2012）以及余长林和王瑞芳（2009）都得出了知识产权保护与企业创新之间的倒"U"型关系，认为存在一个在知识产权保护的最优水平，使得企业创新水平达到最高。

　　另一些学者认为，知识产权保护对企业创新的影响在不同情况下有不同的表现。赫普曼（Helpman，1993）、格拉斯和萨吉（Glass & Saggi，2002）基于南北框架研究南方国家和北方国家该因素对企业创新的影响，认为加强知识产权保护会抑制南方国家模仿北方国家的创新成果，使南方国家的技术进步、贸易条件以及全球创新速度都放缓。史宇鹏、顾全林（2013）首先构造了一个基准模型，假设该企业是垄断企业，并且在以后也不会有任何企业抄袭它的创新成果并与之竞争，初步得出"借贷成本越低越有利于企业创新"的结论，之后在基准模型的基础上假设存在侵权行为对模型进行扩展，最后将模型拓展到垄断竞争情形。这说明了在其他条件不变的情况下，当企业面临的资金成本较高时，知识产权保护力度的增加会促使企业创新；当企业面临的资金成本不高时，对于竞争不太激烈的市场，知识产权保护能促进企业创新。

二、实证研究

当前的实证研究对于知识产权保护如何影响企业创新也没有一致的结论。大多数学者认为，良好的知识产权保护可以促进企业创新。卡瓦尔和埃文森（Kanwar & Evenson，2003）对 32 个国家的数据进行了两阶段的面板数据估计，发现知识产权保护能使技术得到提高。阿尔弗兰卡和霍夫曼（Alfranca & Huffman，2003）对欧洲国家的面板数据进行实证分析，发现知识产权保护水平能提升私人的技术水平。莱德曼和马洛尼（Ledeman & Maloney，2003）对发达国家的数据进行动态 GMM 方法的估计，发现知识产权保护能提高研发制度质量和技术创新。克拉默（Krammer，2009）通过对 16 个东欧正在转型的国家进行实证研究，发现对于这些国家来说，知识产权保护对企业创新有促进作用。罗（Lo，2011）研究了中国台湾 1986 年的专利制度，得出在中国台湾进行专利制度改革后，知识产权保护水平的加强促进了中国台湾企业的创新。史宇鹏、顾全林（2013）用专利侵权纠纷立案数相对于专利拥有数的比率、假冒他人专利行为立案数相对于专利拥有数的比例这两个变量来衡量专利侵权现象，用专利侵权纠纷案件的结案比率来衡量知识产权保护力度，并建立回归模型，检验其稳健性，得出知识产权侵权程度对企业的研发有很强的抑制作用，即知识产权保护能够激励企业创新的结论。尹志峰等（2013）采用创新产出函数作为基本计量模型，证明了增强知识产权保护能够通过增加企业研发投入来激励创新，但是不能通过吸引更多的外资来间接地激励创新。李春涛等（2015）首先用 Probit 模型检验知识产权保护对企业研发投资决策和企业创新的影响，其次使用 Tobit 模型证明了良好的知识产权保护对企业创新有促进作用。刘思明等（2015）采用系统 GMM 方法建立模型，在基础模型上进行扩展并对模型进行检验，认为加强知识产权保护对我国大多数工业企业都有促进作用。他们进一步研究影响渠道发现，知识产权保护可以通过影响企业自主研发、提高 FDI 溢出以及提高国外技术引进等来激励创新，其中通过企业自主研发这一渠道激励创新的影响最为明显。吴超鹏和唐菂（2016）采用主成分分析法、多元回归等方法实证证明了政府加强知识产权保护执法力度可以通过增加企业专利产出和研发投资来提升企业创新能力。

有的学者认为，知识产权保护对企业创新有抑制作用。胡和马修斯（Hu & Mathews，2008）对 1991~2005 年的数据进行实证研究，发现知识产权保护会抑制中国企业创新。张源媛和仇晋文（2013）也对时间序列数据进行了实证分析，发现知识产权保护会通过抑制国际知识溢出来抑制我国技术水平的提升。

然而，有的学者认为，知识产权保护与企业创新没有必然联系。萨卡巴拉（Sakakibara，2001）通过审查 1988 年日本专利改革对"专利范围的扩大是否会引起企业更多的创新努力"这个问题作出回应。专家访谈与专业文件代理商认为，改革显著扩大了专利权的范围。而有的学者使用计量经济学分析日本和美国的专利数据，发现对日本公司来说，没有证据证明专利改革可能增加研发支出或者创新产出。布兰施泰特等（Branstetter et al.，2006）和金等（Kim et al.，2012）通过实证分析表明，知识产权保护对中国企业创新没有显著影响。李蕊和沈坤荣（2014）运用中国省级面板数据在理论模型的基础上进行了实证分析，采用工具变量等方法对回归结果进行估计，得出现阶段中国知识产权保护水平尚未对中国企业研发投入产生正效应。

还有些学者认为，知识产权保护对企业创新的作用在不同情况下有不同的结论。施耐德（Schneide，2005）对 47 个国家从 1970~1990 年的数据进行实证研究，得出对于发达国家来说，知识产权保护可以明显促进创新能力，但对于发展中国家作用相反。同样，奥尔雷德和帕克（Allred & Park，2007）的实证分析也表明，知识产权保护抑制了发展中国家的专利申请活动。吴欣望（2006）对我国企业数据进行实证分析，说明当创新水平以专利申请量表示时，知识产权保护会促进企业创新，而当企业创新以研发经费支出表示时，知识产权保护会抑制企业创新。王华（2011）对 57个发展中国家进行了实证研究，发现知识产权保护对企业创新的促进作用有明显的非线性特征，与初始知识产权保护力度呈反向关系。陈和普蒂塔努姆（Chen & Puttitanum，2005）以及余长林和王瑞芳（2009）都运用实证模型证明了知识产权保护与企业创新之间是一种复杂的倒"U"型关系。

三、知识产权保护与多种影响因素结合如何影响企业创新

影响企业创新的因素多样，单一地研究某种因素对企业创新的影响已经远远满足不了学者们的好奇心，因此，许多学者致力于研究多种因素对企业的交互影响。

1. 理论研究

阿西莫格鲁（Acemoglu，2012）为研究知识产权保护与竞争之间的相互作用尤其是了解这些政策对未来激励的影响开发了一个动态框架，证明了一个稳态平衡的存在性。然后，阿西莫格鲁（2012）定量研究了不同类型知识产权政策对平衡增长率和福利的影响，表明完全的专利保护并不是最理想的，相反，最优政策是为那些技术领导者提供更好的保护。阿吉翁等（2012）考察了1987~2005年15个经合组织国家的制造业，发现单一市场计划的实施导致的知识产权强大的国家研发支出不断增加，而其他国家则不然。研发投入对强势知识产权国家单一市场计划的积极影响在美国专利强度较高的行业中更为明显。所以，知识产权和竞争之间似乎确实存在这种互补性。阿吉翁等（2014）提供实证证据表明强大的专利权可以补充竞争，增加产品市场改革以促进创新，证明了强大的专利保护和产品市场竞争之间的互补性可以通过逐步创新的Schumpeterian增长模型来合理化。在这样一个模式中，更好的专利保护延长了创新逃离竞争的时间，实际上由于技术升级而享有更高的垄断租金。铃木（Suzuki，2017）通过在动态一般均衡模型中引入内生市场结构（EMS）来重新审视竞争与创新之间的关系，认为创新和非创新的追随者可以免费进入古诺竞争。增加竞争的政策，降低进入成本，可以刺激进入成本高的创新追随者的进入。然而，当进入成本足够低时，非创新型追随者的进入挤出了市场上的创新追随者。因此，竞争与创新之间存在非单调关系（倒"V"型）。研究结果还表明，在竞争足够激烈时，加强专利保护会对创新产生积极影响，但在较弱的竞争条件下，效果可能是负面的。这表明竞争政策和专利政策是互补的。

2. 实证研究

史宇鹏、顾全林（2013）发现，知识产权保护状况对创新的影响在不同企业的表现不同，非国有企业的创新投入相对于国有企业来说受知识产权保护的影响更大，竞争程度较高的行业中的企业创新投入受到知识产权保护的影响也更大。宗庆庆等（2015）利用主成分分析法构建了中国省际知识产权保护强度指数，首先，进行 Probit 回归和 Tobit 回归，研究知识产权保护强度对当地工业企业研发投入的边际效应；其次，通过加入行业集中度和知识产权保护的交互项用以检验边际效应的运作方式；最后，重点进行分行业回归研究了在不同行业中这种边际效应的不同表现。实证结果表明，跨行业时，知识产权保护可以促进企业创新，但在分行业时，这样的促进影响在不同的行业表现不同。如果行业的垄断程度比较高，则知识产权保护和企业创新呈倒"U"型关系，如果行业的垄断程度很低，知识产权保护可以在很大程度上提高企业的创新水平。李健等（2016）以 2007～2012 年上市公司为对象，运用回归方法，并进行了多重共线性、异方差和序列相关检验。研究结果证明了制造业企业面临的产品市场竞争与企业技术创新存在倒"U"型关系。方等（Fang et al.，2016）利用差异化的方法，比较同一公司内部所有权变更前后的创新率。通过研究具有不同地方知识产权保护标准的地区企业创新率的前后差异，所有制类型与知识产权保护的联合效应，从而可以得出在国有企业私有化的几年中，知识产权保护对中国创新的影响。研究发现，国有企业私有化后，知识产权保护水平较高的城市创新水平有所提高。

第四节　市场竞争度与企业创新

关于产品市场竞争对企业创新的影响学者得到的结论不一致。一方面，过强的竞争会使企业的收益减少，为了逃离竞争而获取更大的收益，企业会加大对创新的投入，从而促进企业创新，这就是所谓的"逃离效应";另一方面,在产品竞争过于激烈时,企业会减少很大的利润,同时,创新的投入会导致企业承担很多研发成本,所以会造成企业减少创新,这就是所谓的"熊彼特效应"。埃罗尔(Arror,1962)、格林伯特(Gilbert,1982)、阿吉翁(1992)以及蒂希尔和米尔斯坦(Tishier & Milstein,2009)都认为,市场竞争对企业创新有很大作用并运用理论模型得到了证明。张杰等(2014)认为,在"熊彼特效应"和"逃离效应"的双重影响下,竞争对创新的影响会由于面临不同市场化阶段而不同。阿吉翁等(2014)认为,专利权和产品市场改革可以显著影响创新,发现强大的专利权可以补充竞争,增加产品市场改革以促进创新。何玉润等(2015)认为,产品市场竞争和高管激励水平能对企业的研发水平造成很大影响,由于中国的市场经济更接近"逃离效应",他们认为,产品市场竞争与企业创新投入呈正相关关系,并且这种正向作用在非国有企业中表现得更加明显。同时保持其他因素不变,高管激励能够增强产品市场竞争对企业创新的促进作用。李健等(2016)认为,制造业企业的技术创新与市场竞争有很大关联,对于制造业企业来说,一定程度市场竞争可以提高企业技术创新能力;过度竞争会抑制制造业企业的技术创新动力,弱化企业技术创新能力。徐晓萍等(2017)认为,除了竞争能显著影响企业创新,所有权对企业创新也有重要影响,民营企业和国有企业创新是有差异的,这种差异来源于政治观和经理人观。

一、理论研究

目前,关于市场竞争度如何影响企业创新的理论研究较少。熊彼特(Schumpter,1942)作为"创新理论之父",在《资本主义、社会主义和民主》中提出垄断能促进创新。在这之后,吉尔伯特(Gilbert,1982)以及阿吉翁和豪伊特(Aghion & Howitt,1992)在理论上运用模型证明了垄断能促进创新。埃罗尔(1962)以厂商利润最大化为基础,在竞争市场和垄断市场的情况下分别推导出经济模型,表明竞争能够促进企业创新。曼斯菲尔德(Mansfield,1968)认为,市场竞争与企业创新的关系是非线性的倒"U"型关系,此后,蒂希尔和米尔斯坦(Tishier & Milstein,2009)

运用古诺模型也得出了相同的结论。阿西莫格鲁（2012）为研究知识产权与竞争之间的相互作用，尤其是了解这些政策对未来激励的影响开发了一个动态框架，证明了一个稳态平衡的存在性。徐晓萍等（2017）借鉴了阿吉翁等（2005）的数理模型推导，并从我国的国情出发对一些变量赋予全新否认解释，并用该模型来分析在市场竞争环境中我国的民营企业和国有企业创新的问题。

二、实证研究

目前，关于市场竞争度如何影响企业创新的实证研究侧重的方向不一致，得出的结论也不一致。克拉夫特（Kraft，1989）、克雷彭（Crepon，1998）和盖尔（Gayle，2003）等认为，市场竞争会抑制企业创新。格罗斯基（Georoski，1990）、尼克尔（Nickell，1996）等通过实证研究表明，市场竞争度越高，企业创新水平越高。张杰等（2014）采用微观企业层面数据，运用泊松分布的方法对模型进行基本回归还有稳健性检验，也证明了在中国这样的最大发展中国家，竞争能够对企业研发水平造成正向影响。谢勒（Scherer，1967）通过实证研究证明，产品市场竞争度与企业创新水平的关系是倒"U"型的。

第五节　知识产权保护、企业创新和融资约束与企业绩效

一、企业创新与企业绩效

关于企业创新与企业绩效的相关研究，国外学者较早涉足这一领域，总的来说，现有的文献研究对此进行了多角度、深层次的理论分析和实证研究，并得出了大量的有参考价值的研究结论。由于所选行业、公司性质、地区等视角的不同，对企业创新和企业绩效的研究没有形成统一的结论。早期的研究中，格里利切斯（Griliches，1986）以美国企业为对象进

行研究，结果表明，企业研发投入与企业业绩正相关。此后，贝克尔等（Becker et al.，2003）以英国重工业企业为研究对象进行研究均得到了同样的结论。舒欣和安同良（2020）将知识产权行为纳入 CDM 模型，研究发现，采取保密等非正式知识产权保护机制的企业绩效会显著降低，而采取正式知识产权的保护机制对企业绩效不会产生显著影响。沈飞等（2021）、陈晨等（2021）通过实证研究发现，专利执行保险和企业技术创新都能对企业财务绩效产生显著影响，国家的创新企业政策也能够对企业产生短期和长期增长效应。杨蓉和彭安祺（2021）以我国重污染企业为研究对象，研究发现，环境规制可以通过技术创新这个中介变量对企业绩效产生正向作用，对环保企业的企业绩效的促进作用更加显著。解学梅等（2020）选取了制造业上市公司的数据进行研究，研究结果表明，绿色工艺创新可以正向影响企业的环境绩效，但是同时对企业财务绩效的作用具有滞后效应。

许志端和阮舟一龙（2019）运用省级层面的数据，将省域的营商环境纳入考量范围中，结果表明，优化的营商环境可以促进企业的技术研发投入，促进企业技术创新，且能更大程度上促进企业绩效的提升。李井林等（2021）通过引入新概念 ESG，认为企业 ESG 能够对企业绩效和企业创新水平有明显的提升促进作用。张完定等（2021）运用主成分分析法合成企业综合绩效，研究结果显示，技术创新能提升企业绩效增长并且具有滞后性，此外，独立董事比例、治理机制中的股权结构和高管激励制度都能作为催化剂，使技术创新转化为企业绩效的效率得到提升。杨惠贤和张炜晗（2020）运用因子分析法和动态面板门槛效应模型，研究发现，能源企业的技术创新投入和综合能力对财务绩效存在影响，且具有显著的门槛效应。

彭等（Peng et al.，2013）基于技术引进来分析技术创新与企业绩效两者之间的关系，以德国的高新技术上市公司为样本，发现高新技术企业技术创新可以明显提高核心竞争力，同时在业内保持持续领先，但持续的投资在企业技术创新的负担是极大的，尽管技术创新可以降低成本和缩短开发周期，但是，绝大部分高新技术企业依旧偏向于进行技术引进来取代自己的研究和发展，导致企业在技术创新上的热情减弱，不利于企业的可持续发展。张等（Zhang et al., 2014）以在中国的 IT 上市公司为研究对象，分析了技术创新在政府和企业之间的协作关系的作用性能，证实在国家大力推动的创新环境中，IT 企业通过技术创新不仅可以有效地构成品牌效应，提高它们的财务业绩，还可以获得政府的大力支持，享受税收优惠、国有金融机构的大量优惠政策，如融资支持。换句话说，技术创新推动和改善了 IT 上市公司财务绩效的水平。

由于创新具有高风险性，其未来收益与成本的关系具有非常高的不确定性，有一部分学者对企业创新和企业绩效之间的正向关系持怀疑甚至否定态度。王颖等（2021）对制造业企业进行研究后发现，创新导向对企业绩效有显著的影响，但是，其中与财务绩效的影响呈现显著的负向关系。陆玉梅和王春梅（2011）等以制造业和高新技术产业的上市公司为样本进行研究，发现了技术创新投入对企业绩效的反向作用。

二、融资约束与企业绩效

随着资本市场的快速发展及对融资约束问题的深入研究，近些年国内外许多学者开始探索融资约束对企业绩效的影响，并取得了一定的研究成果。席尔瓦（Silva, 2011）等认为，企业所受到的融资约束程度越大，对研发的投入会越降低，进而负面影响了企业的创新绩效。

国内关于融资约束与企业绩效的研究具有不同观点，王帆等（2020）认为，具有政企关系的民营企业或者融资约束程度高的民营企业，通过扶贫活动能够更高地提升投资效率，进而提高企业绩效。杨柳和潘镇（2019）以沪深两市非金融上市公司的数据为研究对象，研究融资约束和代理成本能够调节财务柔性与企业绩效之间关系。分析结果显示，融资约束越高，财务柔性对绩效的促进作用越大。严斌剑等（2020）运用了中介效应和调节效应的方法，研究发现，融资约束作为中介变量可以对企业绩效产生正向影响，民营企业设立党组织可以通过帮助企业获得银行贷款进而缓解融资约束来提升企业的绩效。郭丽丽和徐珊（2021）、张力派等（2020）研究发现，企业不同的投资效率，融资约束对企业业绩的影响程度也会不同，高融资约束下，由于资金受到限制，放大了金融化对经营绩效的负面影响；而低融资约束下，企业融资渠道被拓宽且金融收益可以"反哺"实体经济，增强了金融化对经营绩效的正面效应。顾雷雷等（2020、2018）研究发现，融资约束可以发挥部分中介的作用，使企业社会责任加剧企业金融化，融资可得性对企业绩效提升具有正向影响，融资频率增加对企业绩效有负向影响，而融资获得速度（等待时间）对企业绩效没有统计上的显著影响。余明桂等（2019）认为，融资约束对民营化企业的创新具有负向影响。

也有部分学者认为，两者之间存在的关系会受到其他变量的影响，黄蔚和汤湘希（2019）认为，合并商誉账面价值对企业绩效的负面影响中，融资约束起到了部分中介作用，即合并商誉账面价值通过影响融资约束进而对企业绩效产生了消极作用。张爱美等（2019）以我国 A 股上市公司为研究对象，运用 Logit 模型和倾向得分匹配法进行实证，结果显示，对外直接投资（outward foreign direct investment，OFDI）起到了调节的作用，当企业的融资约束程度越高时，OFDI 越能更好地提升企业绩效。褚杉尔和高长春（2019）认为，融资约束对文化创意上市企业的创新绩效有抑制作用，企业家专业技能资本作为调节变量，可缓解文化创意企业的融资约束，进而对创新绩效产生促进作用。胥朝阳等（2018）研究发现，融资约束减少了新兴产业上市公司的研发投入，而研发投入作为中间变量，又对企业绩效产生了促进作用，研发投入对企业绩效的影响作用在高融资约束企业中更明显。

三、知识产权保护与企业绩效

关于知识产权保护与企业层面经济后果的研究较少，较早的是贝尼（Baney，1991）的资源基础理论。根据贝尼（1991）的资源基础理论逻辑，持续竞争优势的源泉侧重于自有价值以及稀有的、难以模仿的和不可替代的资源。在知识产权保护下，专利所形成的垄断和商标所形成的市场影响力为企业带来超额利润。而由于法律的存在以及模仿存在滞后性，知识产权不能完全被模仿，有创造力的专利在一定时间内难以被替代，最终可以提升国家的竞争优势。霍尔格等（Holger et al.，2001）肯定了知识产权对企业绩效的推动作用，并认为企业创新能力对企业绩效具有突出影响。卡瓦尔和埃文森（Kanwar & Evenson，2003）认为，在知识经济时代，企业创新就代表着生产力，对企业甚至是国家的发展都起到关键的促进作用，在市场失灵时，知识产权保护可以有效充当创新的保护伞，保障了上市公司的创新热情，同时保障了企业创新产出对企业绩效水平的促进作用。徐和黄（Suh & Hwang，2010）对软件知识产权对韩国软件公司业绩的影响进行实证分析，结果表明，知识产权保护直接或间接地对软件公司总收入有积极影响。曹等（Cho et al.，2015）研究认为，较强的知识产权保护对研发密集型产业有利，因为大型企业具有强大的研发和知识产权能力，但对全球化产业没有影响。另外，加强知识产权保护不利于资源有限的工业企业和中小企业。研究指出，普遍实行强有力的知识产权政策可能会阻碍创新和增长，使某些行业遭受重创。

虽然国内的知识产权保护工作开展相对较晚，但随着政府不断出台相关法律法规和企业自身意识水平的提升，知识产权保护已成为社会关注的焦点，知识产权保护和企业绩效关系的相关研究也逐渐丰富。吴超鹏和唐菂（2016）认为，地方政府加强知识产权保护执法力度，可以激励当地企业创新，通过增加研发投资强度和提升专利产出的方式提高企业绩效。知识产权保护通过减少研发溢出损失和缓解外部融资约束两个机制影响企业创新，在知识产权保护较强的地区，企业的专利产出对未来财务绩效的提升作用更大。王雪斐（2016）和陶宇（2017）关于知识产权保护对企业绩效的影响的研究也得出了一致的结论。他们都认为，加强知识产权保护能够提升企业研发强度，且在知识产权保护好的地区，企业研发的财务绩效的提升作用更大。此外，陶宇（2017）还认为，知识产权保护对企业绩效的影响存在倒"U"型关系，且这种关系是受知识产权保护与企业创新之间的倒"U"型关系影响的，即高于某一临界值时，企业创新水平随着知识产权保护力度的加强而降低，反之则相反。林霜（2018）选择工业上市企业为研究对象，分析认为在知识产权保护程度较高的地区中，上市企业倾向于通过加大研发投入强度和提升技术创新产出效应不断促进企业财务绩效水平的提升。

第六节　小结

由以上文献综述可以发现五个方面的问题。

第一，已有相关研究从理论和经验上均表明，融资约束和知识产权保护对企业创新均存在显著影响。但是，这些文献仍存在一些不足之处：一方面，现有研究文献主要聚焦于知识产权保护和融资约束单方面对企业创新的影响效应，很少有研究同时结合这两个因素系统考察知识产权保护和融资约束对企业创新的影响机理，这显然是不够合理的；另一方面，现有文献尚未从理论上考察知识产权保护如何通过提升企业外部融资能力对企业创新产生影响，从而未能揭示知识产权保护如何通过缓解融资约束这一微观机理来促进企业创新。为此，本书通过构建理论模型研究了知识产权保护如何通过缓解企业融资约束对企业创新产生影响，并利用中国上市企业数据和中国工业企业数据实证考察了知识产权保护如何通过缓解企业融资约束对企业创新产生影响。

第二，现有研究尚未考察知识产权示范城市对微观企业创新的影响，知识产权示范城市能否促进企业创新有待检验。基于此，本书将分批次逐步推广的"国家知识产权示范城市"设立视作知识产权保护的政策冲击，基于 2008～2019 年中国 A 股 1520 家上市公司面板数据，采用渐进双重差分法全面评估了知识产权保护对企业创新的影响，并对其传导机制进行全面的解构。

第三，现有文献未能考虑知识产权保护力度在专利质押融资政策实施过程中发挥的作用及其大小，而且国内对于专利质押融资政策效果的研究大多属于定性研究，定量研究较少，朱国军和许长新（2012）指出，银行与企业之间的博弈决定了专利质押融资的质押率。刘冲等（2019）对专利质押对企业创新的影响进行了估计，但并未考虑知识产权保护的因素。此外，专利质押融资政策在不同类型企业中的作用差异还需要进一步研究。为此，基于中国 2009 年以来分批进行的专利质押融资试点，以 2007～2017 年中国沪深 A 股上市企业为样本，本书对专利质押融资试点的政策实施效果进行考察，运用双重差分法研究了专利质押融资政策对企业创新的影响。

第四，现有多数研究仅仅研究知识产权保护或者市场竞争对企业创新的单一影响，鲜有文献同时将知识产权保护与市场竞争结合起来研究两者对企业创新的交互影响，且多数研究针对的是国外或者某一行业的情况，而很少有学者专门针对中国国情做研究，本书旨在弥补这一缺憾。为此，本书将运用中国上市公司数据考察知识产权保护、产品市场竞争以及两者的交互作用对企业创新的影响，证明了当知识产权保护水平越强时，市场竞争对企业创新的促进作用也越强，即知识产权保护与市场竞争对企业创新的影响是互补的，从而在一定程度上弥补了现有文献的不足。

第五，国内外学者在知识产权保护对企业创新和融资约束的影响和企业创新、融资约束对企业绩效的影响以及影响企业绩效的一些其他因素都进行了广泛的研究。但是鲜有文献研究知识产权保护对企业绩效的影响及其作用机制。此外，已有相关文献大多是国外的或者是针对某一行业的研究情况，而很少有学者专门针对中国国情进行研究。因此，本书将实证考察知识产权保护对中国上市企业绩效的影响及其作用机制，从而填补已有文献的缺口。

第三章　知识产权保护与中国企业融资约束*

第一节　引　言

　　鼓励企业加大研发投入进而提升企业创新能力是我国迈入创新型国家前列的关键。研发投入作为创新活动的推动力,由于投资人和企业之间的信息不对称以及研发项目本身的不确定性收益、道德风险和逆向选择问题,可能使得创新活动因资金不足而陷入停滞,带来融资成本和创新项目的收益不匹配问题(Nelson,1959)。融资约束问题在发达国家和发展中国家都是限制企业创新的一个掣肘,世界银行在调查企业发展的主要障碍时,中国有75%的非金融类上市企业选择了融资约束,而这个比例在所有调查样本中是最高的(Claessens & Tzioumis,2006)。当前中国企业融资难的问题,已经成为阻碍中国企业创新的重要因素之一。因此,探究影响我国企业融资约束的重要因素及其缓解机制对于提升我国

　　* 本部分原题为《知识产权保护与中国上市企业融资约束》,载于《经济研究参考》2022 年第 9 期,作者为余长林、吴瑞君、赵梦。

企业创新能力、建设创新型国家和实现经济的高质量发展等都具有重要的现实意义。

融资约束理论表明，融资约束的产生是由于企业内部现金流不足而外源性融资成本较高，企业的投资项目因此遭遇停滞，而研发投资往往更容易受到融资约束的影响，因为研发项目的高收益也意味着高风险，其调整成本过大（Himmelberg & Petersen，1994），而且需要持续的资金流入，这种成本收益的不匹配现象在研发项目初期会更严重。创新项目的特殊性导致其面临的信息不对称更加明显，霍尔（Hall，2002）认为，这种信息摩擦使得创新研发活动更加困难。根据已有文献对融资约束的讨论，影响融资约束的主要因素有所有制（Brandt & Li，2003；Allen et al.，2005）、企业规模（Hao & Jaffe，1993）、出口活动（Hadlock & Pierce，2010）和区域金融发展水平（Love，2003；Khurana et al.，2006）等方面。

由于创新行为的高风险性、长期性，以及充满着异质性和不可预测性，这使得企业的研发投入面临着严峻的融资约束问题。知识产权保护使得企业尽可能地与投资者分享创新活动的信息，减少信息不对称，进而提高投资者对项目成果的预期。与此同时，知识产权保护可以保护创新成果不被窃取，从而使得投资者确信，研发项目的创新成果会得到较好的保护，不会因为复制和剽窃受到损失，更愿意为企业投资。因此，随着知识产权保护的加强，投资人和企业内部的信息不对称问题也开始缓解，从而解决企业面临的融资约束问题。

本章旨在探究知识产权保护对中国上市企业融资约束的缓解效果和作用机制，以期填补国内现有相关研究的空白。为此，本章选择了中国上市公司 2007～2017 年的数据作为样本，构建了衡量上市企业融资约束程度的 KZ 指数，并基于国家、省份和行业的相关数据，构建了省级—行业知识产权保护指数，在此基础上，研究了知识产权保护对中国上市企业融资约束的缓解效果和作用机制。结果表明，省级—行业知识产权保护能够缓解上市企业的融资约束，这种缓解效果的作用机制是通过使企业形成更多的无形资产而实现的，而且这种作用在无形资产多、规模小和融资约束程度高的企业中更加明显。

第二节　理论分析与研究假说

从创新型企业面临的融资约束困境来看，融资约束问题的成因主要和研发项目本身的高风险性和不确定性有关。首先，研发项目是长期的、不可预测的，大多数研发项目耗时长、耗资大、风险高，对于投资人而言，投资项目的价值会因此更难评估。其次，由于技术信息的特殊性和外部性，企业内部很难向投资人透露足够的信息以反映研发项目的真实情况，这将会加剧企业和投资人之间的信息不对称，带来道德风险和逆向选择问题。再次，创新研发的成果是无形资产，从研发到技术成熟再到商用，投资人很难预测出整个过程的现金流，这也加深了投资人对研发项目的不确定性。最后，在无形资产价值评估以及无形资产融资的体系不甚完善的条件下，无形资产本身的价值也很难估计。作为反映企业价值信号的知识产权，如果能够得到较好的法律保护，这将减轻投资项目初期的信息不对称问题，也能使投资人确信，创新成果的价值可以得到法律保障，这将提高投资人对企业的估值以及投资信心，从而减轻企业面临的融资约束问题，有助于企业经营的健康运转和创新研发活动的落地。因此，我们认为，知识产权保护可以缓解企业面临的融资约束问题。基于此，本章提出以下有待检验的假说3.1。

假说3.1：知识产权保护可以缓解上市企业面临的融资约束问题。

关于知识产权和企业融资之间的关系，国内外学者普遍认为，知识产权可以作为企业的价值信号，高质量的知识产权能够使投资者更好地评估企业的价值，这种价值包括投资价值、质押价值甚至是退出后的余值。无形资产在会计上主要是指专利权、商标权、特许经营权和非专利技术等，是由企业过去的交易或事项形成的由企业控制的、能为企业带来经济利益的资源，通常不具有实物形态。无形资产作为能够给企业带来超额收益的经济资源，在一定程度上是可以作为企业价值的信号来显示企业的竞争力和创新力。无形资产不仅仅可以通过转让获取收益，也可以通过获取授权使用费等所有权不发生变动的方式为企业带来效益。由于无形资产的价值性，无形资产还可以用于无形资产抵押或是知识产权证券化的基础资产。因此，当企业的知识产权受保护程度越高，可以认为这样的企业会更有可能获得外部融资，而企业的知识产权（商标权和专利权等）主要是以无形资产的形式存在，我们可以认为，知识产权保护既可以对企业现有的无形资产起保护作用，还可以激励企业创新形成更多的无形资产来提升企业价值，从而提高其获得外部融资的可能性和降低融资成本。基于此，本章提出以下有待检验的假说3.2。

假说3.2：知识产权保护可以缓解上市企业的融资约束问题，这种缓解作用机制是通过使企业形成更多的无形资产而实现的。

关于创新和融资之间的关系研究，熊彼特是最早开始谈论的。熊彼特（Schumpeter，1912）认为，金融市场不仅仅能够为企业提供资金服务，促进经济的繁荣，更重要的是通过市场竞争选择出最有潜力和创新精神的企业家，以此来促进整个经济的科技进步。由于企业创新活动的长期性和特殊性，资金的充足供应对创新成果的实现非常关键，企业所处的金融环境的发展程度和完善程度对企业获取资金的成本和难易程度起着决定性的作用。金融抑制论认为，发达的金融环境对一国的创新有着极强的推动作用，反之，发展迟缓的金融环境将会拖累科技创新的发展（Mckinnon，1973）。企业的发展速度很大程度上由创新能力和融资能力决定，由于研发项目极易产生信息不对称的问题，与固定资产投资相比，创新研发投资受到融资约束的可能性和严重程度会更大。由于创新活动的高风险、长期性以及成果的无形性和公共性，融资能力对创新企业的研发投入更为重要。研发活动主要可以分为初始期、开发阶段、实验阶段、生产阶段和商业化、规模化，每一个阶段都需要充足和及时的资金供应，完全依靠企业内部的经营性现金流一般无法满足这一需求。而且，创新活动面临的融资约束在研发初期是最严重的，因此，很多研发活动很可能从一开始就会因为不能够得到足够的资金而失败。可以认为，无形资产越多的企业，其面临的融资约束困境可能越严重。当知识产权保护这一制度因素得到提升，创新型企业会得到更多激励以投身于研发项目，为行业提供了更多的竞争，从而推动整个经济的创新和发展。基于此，本章提出以下有待检验的假说3.3a。

假说 3. 3a：知识产权保护可以缓解上市企业的融资约束问题，与无形资产低的企业相比，这种缓解作用在无形资产高的企业中更明显。

通常认为，大公司成立时间长，资产质量相对较好，因此更容易抵押，财务信息比较完善，现金流比较稳定，外部融资成本可能相对会低，偿债能力也相对较高，因此，规模大的企业本身陷入融资约束的可能性会低。同时，由于其他制度因素的不到位使得中小企业的财务体系和财务信息仍然存在着许多疏漏，这也导致在竞争状态中的银行业倾向于选择对风险低的大企业进行融资，通过提升利率和准入基准来提高中小企业进入融资市场的门槛。此外，由于中小企业自身的规模和所有制性质，其风控能力和风险意识相对落后，能够抵押的信贷资产质量不高甚至产品竞争力不强，因此造成金融机构对其估值偏低，进而造成"规模歧视"，信贷资源向大企业倾斜，这将进一步恶化中小企业融资难的困境。基于此，本章提出以下有待检验的假说 3.3b。

假说 3. 3b：知识产权保护可以缓解上市企业的融资约束问题，与大企业相比，这种缓解作用在中小企业中更明显。

由于创新活动时常会使企业陷入融资约束困境，从而造成企业管理者的经营风险，这种风险也被称为"融资约束风险"（White & Wu，2006）。霍尔和勒纳（Hall & Lerner，2009）认为，研发项目本身的信息不对称和投资风险会带来较高的外源性融资成本，而企业内部的现金流不足以满足创新项目的运转。由于现实中不完备的市场条件，融资约束风险的不可分散性使得创新项目的融资成本和收益发生了错配。这种困境对企业有两种作用：一种是受到融资约束的企业不愿意承担这种风险，满足于资金投入较小的项目，这将带来资源的错配，市场也就失去了甄别投资项目的功能，出现逆向选择问题；另一种则是投资者会因为创新项目的高风险要求超额回报，仍然愿意承担项目未来现金流的不确定性，从而带动了整个经济社会的不断创新和进步。知识产权保护能够促使投资者更愿意进行创新活动，从而使得企业形成更多更有价值的无形资产等以提升公司的经营能力，最终使得公司的资金情况和经营情况得到良性循环和健康发展。基于此，本章提出以下有待检验的假说 3.3c。

假说 3. 3c：知识产权保护可以缓解上市企业的融资约束问题，与融资约束程度低的企业相比，这种缓解作用在融资约束程度高的企业中更明显。

第三节 计量模型、变量与数据

一、计量模型设定

根据前文的假说 3.1，我们首先构建省级—行业知识产权保护强度与融资约束的关系方程，也即省级—行业知识产权保护可以缓解企业融资约束。构建的方程如下：

$$KZ_{it} = \beta_1 + \beta_2 \times IPR_{jkt} + \Theta \times C_{it} + \Phi \times P_{jt} + \Lambda \times I_{kt} + \lambda_i +$$
$$\upsilon_j + \eta_k + \mu_t + \varepsilon_{ijkt} \tag{3.1}$$

其中，i 代表上市公司个体，t 代表年份，j 代表省份，k 代表行业。KZ_{it} 代表企业融资约束变量，IPR_{jkt} 代表知识产权保护变量，C_{it} 代表企业特征变量，P_{jt} 代表省级层面的控制变量，I_{kt} 代表行业层面的控制变量；λ_i 代表个体效应，υ_j 代表省份效应，η_k 代表行业效应，μ_t 代表时间效应，ε_{ijkt} 代表随机扰动项，服从均值为零、方差有限的正态分布。

为了验证知识产权保护对融资约束的缓解机制（假说 3.2）我们设定如下计量模型（3.2）和模型（3.3）：

$$IA_{it} = \gamma_1 + \gamma_2 \times IPR_{jkt} + \Theta \times C_{it} + \Phi \times P_{jt} + \Lambda \times I_{kt} + \lambda_i + \upsilon_j + \eta_k + \mu_t + \varepsilon_{ijkt} \tag{3.2}$$

$$KZ_{it} = \sigma_1 + \sigma_2 \times IPR_{jkt} + \sigma_3 \times IA_{it} + \Theta \times C_{it} + \Phi \times P_{jt} + \Lambda \times$$
$$I_{kt} + \lambda_i + \upsilon_j + \eta_k + \mu_t + \varepsilon_{ijkt} \tag{3.3}$$

如果式（3.1）中 β_2 显著为负，方程（3.2）中 γ_2 显著为正，方程（3.3）中 σ_2 不显著或者系数绝对值小于 β_2，σ_3 显著为负，则可以证明无形资产是知识产权保护缓解融资约束的机制变量。

二、变量选择及数据来源

1. 融资约束指数

本章选用的测度融资约束的代理变量是 KZ 指数。与卡普兰和津加莱斯（Kaplan & Zingales，1997）选取的公司财务指标相似，由于本章计量模型的设定中控制变量有与负债相关的变量，模型的被解释变量 KZ 指数中将剔除资产负债率这一因素，选择经营性现金流、现金持有量、现金股利支付率和公司成长性这四个分指标来构建 KZ 指数。具体步骤如下。

（1）在全样本中，每个年度的样本按照以上四个分指标进行分类后对新的分指标进行赋值。如果经营性净现金流/上期总资产（CF_{it}/A_{it-1}）低于中位数，则分指标 kz_1 取 1，否则取 0；如果现金股利/上期总资产（DIV_{it}/A_{it-1}）低于中位数，则分指标 kz_2 取 1，否则取 0；如果现金持有/上期总资产（C_{it}/A_{it-1}）低于中位数，则分指标 kz_3 取 1，否则取 0；如果托宾 Q 值（Q_{it}）高于中位数，则分指标 kz_4 取 1，否则取 0。

（2）令 $KZ' = kz_1 + kz_2 + kz_3 + kz_4$。

（3）将 KZ' 作为因变量按照排序逻辑回归（ordered logistic regression）对经营性净现金流/上期总资产（CF_{it}/A_{it-1}）、现金股利/上期总资产（DIV_{it}/A_{it-1}）、现金持有/上期总资产（C_{it}/A_{it-1}）和托宾 Q 值（Q_{it}）进行回归，估计出各变量的回归系数 α_1，α_2，α_3，α_4。

（4）由第（3）步的回归结果，可以计算衡量融资约束程度的 KZ 指数。

$$KZ_{it} = \alpha_1 \times CF_{it}/A_{it-1} + \alpha_2 \times DIV_{it}/A_{it-1} + \alpha_3 \times C_{it}/A_{it-1} + \alpha_4 \times Q_{it}$$

由上述方法构造的 KZ 指数越大，意味着上市公司面临的融资约束程度越高。上市企业的所有数据均来自 CSMAR 数据库，其中，经营性现金流选择的是经营活动产生的现金流量净额，现金股利选择的是每股税前现金股利与实收资本或股本的乘积，现金持有选择的是货币资金和交易性金融资产之和，托宾 Q 值选择的是托宾 Q 值 A。本章选取的数据是上市 A 股公司 2007～2017 年的数据，剔除了金融保险行业和当年 IPO 的上市公司。

我们根据上述测算方法测算出融资约束 KZ 指数四个分指标的系数，结果如表 3 - 1 所示。与理论预期一致，表 3 - 1 显示，经营性现金流低、现金股利支付率低、现金持有少和成长性高、投资机会较多的上市公司通常面临的融资约束更加严峻。KZ 指数的均值和中位数的变化趋势如图 3 - 1 所示。

表 3 - 1　　　　　　　　　融资约束 KZ 指数回归结果

变量	CF	DIV	C	托宾 Q 值
系数 （t 值）	- 9. 921 *** （ - 61. 779）	- 24. 915 *** （ - 33. 948）	- 4. 459 *** （ - 50. 570）	0. 421 *** （55. 631）
N	23644			
伪 R²	0. 185			

注：*** 表示在 1% 的水平上显著。

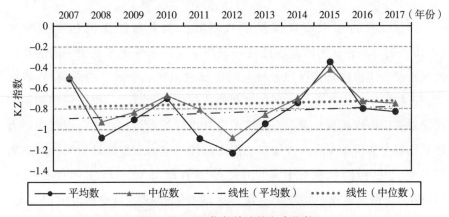

图 3 - 1　KZ 指数的均值和中位数

图 3 - 1 表明，我国上市公司的 KZ 指数在这十年里总体呈平缓上升趋势，也就是说企业面临的融资约束情况并没有好转。KZ 指数在 2008 ~ 2010 年和 2012 ~ 2015 年各有一段上升期，其他区间处于较为平和的下降期。第一段上升期很可能是由于 2008 年全球性的金融危机给世界各国的经济重创之后带来的持续的负效应，宏观经济的不景气波及微观个体的财务状况，因此有了一段短暂的融资约束的加剧。第二段上升期是从 2012 年开始，当年受需求减弱、成本上升、企业盈利下滑、产能过剩以及就业问题

隐忧初现等因素的影响，我国经济下行压力巨大，经济运行总体上呈现"两低"，即低增长、低通胀，处于这个阶段的企业极大概率陷入融资约束的窘境。此外，受到 2015 年"股灾"的影响，我国上市企业融资约束问题在 2015 年达到近十年的峰值。近几年随着世界经济增速放缓和贸易形势的不稳定，我国企业融资成本的下降趋势也趋于平缓。

2. 省级—行业知识产权保护力度

本章对省级—行业知识产权保护力度的研究需要测算出国家层面的知识产权保护指数（$CIPR_t$）、省级层面的知识产权保护指数（$PIPR_{jt}$）和行业层面知识产权保护指数（$IIPR_{kt}$），其中，t 代表年份，j 代表省份，k 代表行业。本章的核心解释变量省级—行业知识产权力度（IPR_{jkt}）的计算公式为：

$$IPR_{jkt} = CIPR_t \times PIPR_{jt} \times IIPR_{kt} \tag{3.4}$$

国家层面的知识产权保护指数测算，本章参照沈国兵和张学建（2018）的方法，认为国家层面的知识产权保护水平更多地受一国的经济发展水平、法律执行情况以及社会的法律意识这三个因素的影响。[①] 省级知识产权保护力度不仅仅体现在专利的侵权保护力度上，也体现在知识产权局对知识产权的授权重视上。这两个分指标的计算方法是：侵权保护力度是指每个省份的专利未被侵权的占比（即 1 减去省级累计专利纠纷立案数与累计专利授权数之比），由此得到省级知识产权实际保护强度（$PIPR_1$）。授权重视是指每个省份每年的专利授权数与专利申请数之比，计算得到省级知识产权保护重视程度（$PIPR_2$）。省级知识产权保护力度指标 $PIPR = PIPR_1 \times PIPR_2$。考虑到知识产权保护对不同行业影响的异质性，本章对知识产权的测度也考虑了行业因素。从现有文献来看，行业层面知

---

① 其中，使用我国人均国民总收入（GNI）与世界银行中等收入上限值的比值作为衡量我国经济发展水平的指标。本章分别以历年世界银行对于 LMI（中低收入）类别规定的上限基准，来反映中国的经济发展水平。若当年中国人均 GNI 达到 LMI 标准的上限，则分值为 1；否则，用实际数字除以世界银行 LMI 的基准取比值。选择我国每年的知识产权违法侵权结案数与违法侵权立案数之比来度量我国的法律执行水平。选用我国公民完成九年制义务教育人数占总人口的比重作为衡量社会法律意识的指标。具体测算过程略。

识产权保护指数的测算主要有行业研发密度（尹志锋等，2013）和行业专利密度（Hu & Png，2013）。本章对行业层面的知识产权保护力度的计算方法是某行业的专利授权数与该行业的从业人员之比取对数。然后结合式（3.4），我们就可以测算出省级—行业知识产权保护力度。

3. 无形资产

前文分析表明，省级—行业知识产权保护缓解融资约束的一个机制是使得企业获得更多的无形资产。无形资产取自 Wind 数据库，经过平减后取其自然对数加入模型。

4. 控制变量

为了考察知识产权保护对融资约束的缓解效果和作用机制，本章还纳入以下控制变量。

（1）商业信用。在我国金融体系不完善的背景下，国有银行仍然在资本市场中有支配性的地位。在我国的资本市场上，供求相对短缺且融资途径的单一性导致银行仍然掌握着主要的信贷资源，而国有银行自身的所有权性质以及和地方政府千丝万缕的政治联系，使得一些中小民营企业往往得不到银行信贷的青睐。但是，企业的债务融资方式已经从传统的银行贷款渐渐转变为企业之间的商业信用模式。这种方式是基于企业之间的经营活动和买卖关系中的应付账款、应付票据等延期付款以及预收账款等形成的信贷关系。商业信用其实是企业之间的一种基于信用的短期融资方式，这种方式已经成为中小企业外源融资的一种比较重要的渠道。因此，我们认为，商业信用可以改善企业的现金流状况从而缓解企业的融资约束问题。参考张羽瑶和张冬洋（2019）的研究，本章选取应付账款、应付票据以及预收账款之和取对数来度量商业信用，相关数据来源于 Wind 数据库。

（2）企业年龄。企业年龄数据来源于 Wind 数据库，测算依据是企业的设立年份。从许多文献来看，企业的存续时间越久，其财务数据透明度以及累计的商誉和信用越会缓解其面临的融资约束困境。

（3）企业规模。从对融资约束的度量的文献回顾来看，企业规模越大，其融资约束程度相对会越低。因为，大企业往往资金充裕且融资渠道多，相应的财务风险应对也比较成熟，因此对应的融资约束可能会比较低。本章用企业的销售收入的对数来衡量企业的规模，相关数据来自 Wind 数据库。

（4）资产收益率，即净利润与总资产之比。从财务角度来看，资产收益率体现的是一个公司的盈利水平，可以认为一个企业的资产收益率越高，那么其运营和经营情况也就越可观，同时其现金流和资产周转也比较顺畅，如此一来可以缓解融资约束的问题。相关数据来自 Wind 数据库。

此外，本章还加入了省际控制变量实际地区生产总值和行业控制变量赫芬达尔指数。一个省份的实际地区生产总值体现了地方的经济实力，加入省份控制变量可以更好地解释不同地区知识产权保护对该地区企业融资约束问题的影响效果。赫芬达尔指数是一个行业内企业市场规模与行业市场规模之比的平方和。该值越大，说明行业的市场集中程度越高，其垄断程度也越高。表 3-2 显示了变量说明和数据来源。本章的样本为 2007~2017 年中国沪深 A 股上市公司数据，表 3-3 显示了变量的描述性统计结果。

表 3-2 变量说明和数据来源

变量	符号	变量说明	数据来源
被解释变量	KZ_{it}	融资约束指数，该值越大，企业面临的融资约束问题越严重	根据 CSMAR 数据库测算
解释变量	IPR_{jkt}	省级—行业知识产权保护强度	根据《中国统计年鉴》、国家专利局、世界银行、CSMAR 数据库数据测算
机制变量	IA_{it}	无形资产	Wind 数据库
企业控制变量	TC_{it}	商业信用	Wind 数据库
	Age_{it}	企业年龄	Wind 数据库
	$Size_{it}$	企业规模	Wind 数据库
	ROA_{it}	资产收益率	Wind 数据库
省级控制变量	GDP_{jt}	实际地区生产总值	《中国统计年鉴》
行业控制变量	Ind_{kt}	赫芬达尔指数	Wind 数据库

表 3 – 3   变量的描述性统计

变量	均值	中位数	标准差	最大值	最小值
KZ	– 0. 86	– 0. 76	1. 48	9. 77	– 17. 66
IPR	1. 36	1. 41	0. 47	2. 55	0. 05
IA	18. 66	18. 70	2. 03	25. 46	0
TC	20. 49	20. 40	1. 66	27. 18	13. 98
Age	16. 58	16. 00	5. 29	62	1
Size	21. 63	21. 47	1. 49	28. 41	11. 41
ROA	3. 14	2. 94	6. 34	78. 97	– 156. 13
GDP	9. 87	9. 89	0. 84	11. 17	5. 80
Ind	0. 05	0. 01	0. 08	0. 54	0. 0067

第四节 实证结果与分析

本节主要针对知识产权保护对融资约束的影响效果和作用机制进行实证检验。首先，从样本总体对前文方程进行实证研究，并讨论其经济意义；其次，考虑到不同无形资产、不同规模和不同融资约束程度企业的异质性，我们将进行分组回归分析；再次，对上述估计结果进行稳健性检验；最后，考虑到模型可能存在的内生性问题，我们将采用工具变量两阶段最小二乘法（2SLS）进行估计。

一、总体样本的估计结果

表 3 – 4 显示了总体样本的回归结果。便于对比，我们同时展示了混合普通最小二乘法（OLS）、固定效应模型（FE）和随机效应模型（RE）的估计结果。Hausman 检验结果表明，固定效应模型优于随机效应模型。固定效应模型的估计结果表明，核心解释变量省级—行业知识产权保护强度的系数显著为负，说明省级—行业知识产权保护可以缓解上市公司面临的融资约束问题。这验证了假说 3.1。这是因为，知识产权保护可以通过使

企业和投资者确信创新成果不会因为复制或者剽窃而造成损失，企业会向投资者披露更完备的信息以减轻与投资人之间的信息不对称，进而降低融资成本。因此，作为反映企业价值信号的知识产权，如果能够得到较好的法律保护，这将减轻投资项目初期的信息不对称问题，也能使投资人确信，创新成果的价值可以得到法律保障，这将提高投资人对企业的估值以及投资信心，从而减轻企业面临的融资约束问题。

表 3 - 4　　　　　　　　　　　　总体样本的回归结果

变量	OLS	OLS	FE	RE	FE	RE
IPR	0.0603 ** (2.19)	0.0572 ** (2.02)	− 0.246 *** (− 3.02)	0.107 *** (2.97)	− 0.0109 ** (− 2.27)	0.0402 (1.02)
TC		− 0.272 ** (− 2.45)			− 2.727 *** (− 12.59)	− 1.110 *** (− 7.36)
Age		0.00939 *** (3.77)			0.0224 (0.73)	0.0152 *** (4.24)
Size		− 0.236 *** (− 25.67)			− 0.344 *** (− 12.39)	− 0.245 *** (− 17.73)
ROA		− 0.0689 *** (− 33.88)			0.0534 *** (− 22.10)	0.0606 *** (− 28.81)
Ind		0.155 (0.94)			− 1.613 ** (− 2.51)	− 0.178 (− 0.70)
GDP		0.0272 * (1.67)			− 0.0274 (− 0.09)	0.0395 (1.46)
常数项	− 0.936 *** (− 24.09)	3.998 *** (16.99)	− 0.478 *** (− 5.47)	− 0.975 *** (− 17.59)	7.370 *** (2.75)	4.125 *** (11.72)
N	11467	11467	11467	11467	11467	11467
Hausman （p 值）			0.0000		0.0000	

注：括号内为 t 值。*、**、*** 分别表示在 10%、5%、1% 的水平上显著。

　　从控制变量来看，商业信用的系数显著为负，这说明企业之间的信用融资可以缓解现金流压力，促进企业经营的良性循环。有许多实证研究表明，世界各国普遍存在商业信用这一融资方式，对于企业来说，这是一种便捷高效的短期资金来源。在美国，企业的总资产中商业信用占比达到了

17.8%，而在欧洲国家，如法国、意大利和德国的企业，商业信用在总资产的占比超过了25%（Rajan & Zingales，1995）。德莱尼和威尔（Delannay & Weill，2004）在研究东欧和中欧的经济转型国家发现，在匈牙利、罗马尼亚和波兰等国家的企业中，商业信用已经成为一种被广泛使用的融资方式，而且在企业的总资产中，商业信用的比重达到了12%~25%。此外，企业规模和资产收益率对融资约束的抑制作用是非常明显的，这也说明了企业规模和企业的盈利能力往往是解决融资约束问题的关键；企业年龄对融资约束的影响不显著，说明总体样本的估计结果不能显示企业年龄是影响企业融资约束的重要因素。

二、分样本估计

根据理论假说3.3，我们认为这种知识产权保护对企业融资约束的缓解作用对不同无形资产、不同规模和不同融资约束程度企业的效果不同。因此，我们根据 Wind 数据库里的上市企业无形资产值，以每年的中位数为基准分组进行讨论。此外，我们也用企业销售收入作为企业规模的度量，为了区分中小企业和大型企业，我们用企业规模的中位数对全样本进行了划分。我们也根据企业的 KZ 指数对企业进行了分组，分组依据是全样本中 KZ 指数的中位数，据此将全样本分为高融资约束企业和低融资约束企业。分组样本回归结果如表3-5所示。

表3-5　　　　　　　　　　　区分不同样本的回归结果

变量	高无形资产	低无形资产	小企业	大企业	高 KZ 指数	低 KZ 指数
IPR	-0.0153** (-2.45)	-0.00778 (-1.01)	-0.0269*** (-3.40)	-0.00673 (-1.06)	-0.0169*** (-2.59)	0.00392 (0.50)
TC	-2.727*** (-8.59)	-3.118*** (-9.47)	-4.130*** (-12.69)	3.100*** (4.22)	-2.806*** (-8.80)	-2.781*** (-7.74)
Age	0.0762* (1.94)	-0.0985* (-1.83)	0.0783 (1.64)	0.0118 (0.27)	0.00129 (0.03)	0.0219 (0.43)
Size	-0.0920** (-2.07)	-0.434*** (-9.63)	-0.242*** (-5.52)	-0.523*** (-12.56)	-0.415*** (-10.85)	-0.146*** (-2.87)

续表

变量	高无形资产	低无形资产	小企业	大企业	高 KZ 指数	低 KZ 指数
ROA	-0.0902 *** (-24.19)	-0.0417 *** (-10.81)	-0.0526 *** (-13.21)	-0.0551 *** (-16.68)	-0.0313 *** (-10.77)	-0.0873 *** (-18.07)
Ind	-0.750 (-0.71)	-2.136 ** (-2.36)	-1.447 (-1.33)	-0.179 (-0.20)	-3.530 *** (-2.97)	-1.280 (-1.48)
GDP	-0.771 * (-1.89)	1.172 ** (2.09)	-0.404 (-0.81)	0.163 (0.36)	0.431 (0.97)	-0.381 (-0.71)
常数项	8.267 ** (2.37)	-0.499 (-0.11)	8.589 ** (2.06)	8.635 ** (2.25)	4.826 (1.29)	6.665 (1.46)
时间效应	控制	控制	控制	控制	控制	控制
省份效应	控制	控制	控制	控制	控制	控制
行业效应	控制	控制	控制	控制	控制	控制
N	5821	5646	5737	5726	5737	5726

注：括号内为 t 值。*、**、*** 分别表示在 10%、5%、1% 的水平上显著。

从表 3 - 5 的估计结果可以看到，在高无形资产企业、小企业、融资约束程度严重的企业中，省级—行业知识产权保护的系数显著为负，且系数的绝对值大于全样本的系数绝对值，也就是说在这些企业中，省级—行业知识产权保护对企业融资约束的缓解作用更明显。在我国，科技含量高、规模小的企业往往面临着更加严峻的融资约束，其对于政策的敏感度相对也会更高，知识产权保护对融资约束的缓解作用在这些企业内也会相应更加明显。前文提到，对于创新型企业而言，研发周期长、研发投入大往往使得企业资金流不畅，而知识产权的外部性也会带来投资者和企业之间的信息不对称，这可能会加剧创新型企业融资的困境。知识产权保护的提升不仅仅从法律上保护了创新成果，而且也提高了投资者对创新项目的收益预期，进而缓解了创新型企业的融资约束。

三、作用机制检验

接下来我们验证理论假说 3.2，即省级—行业知识产权保护对融资约束的缓解作用是通过使企业形成更多的无形资产而实现的。表 3 - 6 至

表3-9显示了无形资产作用机制的全样本回归和分组回归的结果。

表3-6 全样本的机制回归结果

变量	(1) KZ	(2) IA	(3) KZ
IPR	-0.0109 ** (-2.27)	0.0117 *** (3.12)	-0.00927 * (-1.92)
IA			-0.0625 *** (-4.64)
TC	-2.727 *** (-12.59)	-1.245 *** (-7.36)	-2.687 *** (-12.28)
Age	0.0224 (0.73)	0.0128 (0.53)	0.0269 (0.87)
Size	-0.344 *** (-12.39)	0.686 *** (31.60)	-0.289 *** (-9.78)
ROA	-0.0534 *** (-22.10)	-0.0218 *** (-11.00)	-0.0608 *** (-23.59)
Ind	-1.613 ** (-2.51)	-0.917 * (-1.85)	-1.644 ** (-2.57)
GDP	-0.0274 (-0.09)	0.518 ** (2.08)	-0.0684 (-0.21)
常数项	7.370 *** (2.75)	-1.203 (-0.58)	7.677 *** (2.85)
时间效应	控制	控制	控制
省份效应	控制	控制	控制
行业效应	控制	控制	控制
N	11467	11295	11295

注：括号内为t值。 *、**、*** 分别表示在10%、5%、1%的水平上显著。

表3-7 无形资产分组的机制回归结果

变量	高无形资产			低无形资产		
	(1) KZ	(2) IA	(3) KZ	(1) KZ	(2) IA	(3) KZ
IPR	-0.0153 ** (-2.45)	0.00657 *** (2.81)	-0.0152 ** (-2.40)	-0.00778 (-1.01)	0.0121 ** (2.04)	-0.00734 (-0.95)
IA			-0.203 *** (-5.02)			-0.0357 * (-1.77)

续表

变量	高无形资产			低无形资产		
	(1) KZ	(2) IA	(3) KZ	(1) KZ	(2) IA	(3) KZ
TC	-2.727*** (-8.59)	-1.261*** (-10.63)	-2.778*** (-8.53)	-3.118*** (-9.47)	-0.521** (-2.05)	-3.137*** (-9.52)
Age	0.0762* (1.94)	0.0851*** (5.77)	0.0873** (2.17)	-0.0985* (-1.83)	-0.0414 (-1.00)	-0.1000* (-1.85)
Size	-0.0920** (-2.07)	0.459*** (26.85)	0.0297 (0.60)	-0.434*** (-9.63)	0.405*** (11.66)	-0.419*** (-9.16)
ROA	-0.0902*** (-24.19)	-0.0115*** (-8.22)	-0.0948*** (-24.80)	-0.0417*** (-10.81)	-0.0134*** (-4.50)	-0.0422*** (-10.91)
Ind	-0.750 (-0.71)	-0.651* (-1.69)	-0.843 (-0.81)	-2.136** (-2.36)	-1.082 (-1.55)	-2.175** (-2.40)
GDP	-0.771* (-1.89)	-0.210 (-1.38)	-0.752* (-1.82)	1.172** (2.09)	1.111** (2.56)	1.212** (2.16)
常数项	8.267** (2.37)	10.65*** (8.17)	9.259*** (2.60)	-0.499 (-0.11)	-1.261 (-0.35)	-0.545 (-0.12)
时间效应	控制	控制	控制	控制	控制	控制
省份效应	控制	控制	控制	控制	控制	控制
行业效应	控制	控制	控制	控制	控制	控制
N	5821	5649	5649	5646	5646	5646

注：括号内为t值。*、**、***分别表示在10%、5%、1%的水平上显著。

表3-8　　　　　企业规模分组的机制回归结果

变量	小企业			大企业		
	(1) KZ	(2) IA	(3) KZ	(1) KZ	(2) IA	(3) KZ
IPR	-0.0269*** (-3.40)	0.0192*** (2.79)	-0.0257*** (-3.20)	-0.00673 (-1.06)	0.0106** (2.54)	-0.00638 (-1.01)
IA			-0.0690*** (-3.86)			-0.0487** (-2.08)
TC	-4.130*** (-12.69)	-0.748*** (-2.66)	-3.937*** (-11.95)	3.100*** (4.22)	-1.567*** (-3.24)	2.920*** (3.94)

续表

变量	小企业			大企业		
	(1) KZ	(2) IA	(3) KZ	(1) KZ	(2) IA	(3) KZ
Age	0.0783 (1.64)	−0.0564 (−1.35)	0.0865 * (1.78)	0.0118 (0.27)	0.114 *** (3.95)	0.0337 (0.76)
Size	−0.242 *** (−5.52)	0.802 *** (21.07)	−0.172 *** (−3.68)	−0.523 *** (−12.56)	0.571 *** (20.74)	−0.476 *** (−10.79)
ROA	−0.0526 *** (−13.21)	−0.0289 *** (−7.98)	−0.0587 *** (−13.74)	−0.0551 *** (−16.68)	−0.0144 *** (−6.38)	−0.0611 *** (−17.62)
Ind	−1.447 (−1.33)	−1.375 (−1.49)	−1.471 (−1.36)	−0.179 (−0.20)	−1.323 ** (−2.29)	−0.0303 (−0.03)
GDP	−0.404 (−0.81)	1.139 *** (2.64)	−0.469 (−0.93)	0.163 (0.36)	−0.561 * (−1.88)	−0.0719 (−0.16)
常数项	8.589 ** (2.06)	−9.040 ** (−2.50)	8.799 ** (2.08)	8.635 ** (2.25)	10.40 *** (4.13)	10.53 *** (2.73)
时间效应	控制	控制	控制	控制	控制	控制
省份效应	控制	控制	控制	控制	控制	控制
行业效应	控制	控制	控制	控制	控制	控制
N	5737	5633	5633	5726	5658	5658

注：括号内为 t 值。*、**、*** 分别表示在 10%、5%、1% 的水平上显著。

表 3 – 9　　　　　　　　　KZ 指数分组的机制回归结果

变量	高 KZ 指数			低 KZ 指数		
	(1) KZ	(2) IA	(3) KZ	(1) KZ	(2) IA	(3) KZ
IPR	−0.0169 *** (−2.59)	0.0101 * (1.87)	−0.0160 ** (−2.44)	0.00392 (0.50)	0.0161 *** (2.81)	0.00628 (0.78)
IA			−0.0613 *** (−3.32)			−0.0507 ** (−2.27)
TC	−2.806 *** (−8.80)	−0.407 (−1.53)	−2.747 *** (−8.49)	−2.781 *** (−7.74)	−1.510 *** (−5.85)	−2.846 *** (−7.79)
Age	0.00129 (0.03)	−0.00840 (−0.23)	0.00506 (0.12)	0.0219 (0.43)	0.0253 (0.68)	0.0293 (0.56)

续表

变量	高 KZ 指数			低 KZ 指数		
	(1) KZ	(2) IA	(3) KZ	(1) KZ	(2) IA	(3) KZ
Size	− 0.415 *** (− 10.85)	0.707 *** (22.17)	− 0.340 *** (− 8.32)	− 0.146 *** (− 2.87)	0.552 *** (14.99)	− 0.132 ** (− 2.47)
ROA	− 0.0313 *** (− 10.77)	− 0.0151 *** (− 5.70)	− 0.0393 *** (− 12.17)	− 0.0873 *** (− 18.07)	− 0.0269 *** (− 7.82)	− 0.0883 *** (− 18.10)
Ind	− 3.530 *** (− 2.97)	0.0393 (0.04)	− 3.510 *** (− 2.95)	− 1.280 (− 1.48)	− 0.638 (− 1.04)	− 1.370 (− 1.58)
GDP	0.431 (0.97)	0.691 * (1.87)	0.380 (0.84)	− 0.381 (− 0.71)	0.340 (0.88)	− 0.426 (− 0.78)
常数项	4.826 (1.29)	− 3.156 (− 1.02)	4.796 (1.27)	6.665 (1.46)	3.340 (1.02)	7.645 * (1.65)
时间效应	控制	控制	控制	控制	控制	控制
省份效应	控制	控制	控制	控制	控制	控制
行业效应	控制	控制	控制	控制	控制	控制
N	5737	5650	5650	5726	5641	5641

注：括号内为 t 值。*、**、*** 分别表示在 10%、5%、1% 的水平上显著。

从回归结果来看，全样本、高无形资产企业样本、小企业样本和高融资约束企业样本中列（1）中省级—行业知识产权保护的系数显著为负，即省级—行业知识产权保护的确能够有效地抑制企业融资约束；列（2）中省级—行业知识产权保护的系数显著为正，这说明省级—行业知识产权保护的提升能够使企业形成更多的无形资产；列（3）中省级—行业知识产权保护的系数仍然为负且绝对值比列（1）中的小，同时无形资产的系数显著为负，这体现了无形资产在省级—行业知识产权保护对融资约束缓解过程中的中介效应，而且这种缓解机制在高无形资产企业样本、小企业样本和高融资约束企业样本中更加明显。对无形资产高、规模小和融资困难的企业而言，信息不对称带来的融资约束问题因为传统融资渠道的规模歧视更加恶化，而知识产权保护的提升使得这些企业可以通过披露已有的无形资产来提高外界的投资估值以吸引更多的融资，此外，这种制度保护还能激励这些企业投入更多研发项目，进而形成良性循环，提高企业的竞争力和盈利能力，进一步缓解企业的融资约束。高新技术企业的特征是有形固定资产少，而无形资产的价值评估困难、信息透明度低而且难以成为抵押资产，因此，在这样的企业中，融资约束的问题可能会更严重。当存在一个有效且合理的信息披露制度时，无形资产的技术信息会因此更容易被外界获得，从而降低信息不对称的程度，拓宽高新技术企业的融资渠道。但是，这种信息披露一方面能够降低外源融资成本，缓解融资约束问题；另一方面也可能造成企业的创新被外界复制甚至剽窃，给研发创新企业带来损失。知识产权保护的提升有助于增强无形资产信息披露的透明度，保护创新成果，从而有助于企业融资。其实，无形资产融资的优势除了能够缓解融资约束之外，其信号作用能够帮投资者甄别出有前景和潜力的科技项目，通过及时的资金融通以催化形成商品和产业，实现整个经济的创新转化能力的提升，知识产权保护能够促使无形资产的形成和价值实现，最终会为科技企业的创新发展保驾护航。

四、稳健性估计

本章通过改变核心解释变量的测算方法，直接选择行业专利密度为 IPR 的测量依据对原方程进行回归讨论，估计结果如表 3 – 10 至表 3 – 13 所示。由稳健性结果可知，关键解释变量的符号和显著性都没有发生太大变化，这里不再赘述。估计结果表明，假说 3.1、假说 3.2 和假说 3.3 的结论依然成立，知识产权保护能够通过提升企业无形资产价值而缓解企业融资约束。表 3 – 10 至表 3 – 13 的计量结果表明，本章的估计结果是稳健的。

表 3 – 10　　　　　　　　　　总体样本的稳健性估计

变量	(1) KZ	(2) IA	(3) KZ
IPR	− 0.0840 ** （− 2.08）	0.0887 *** （2.82）	− 0.0642 （− 1.58）
IA			− 0.0627 *** （− 4.66）

续表

变量	(1) KZ	(2) IA	(3) KZ
时间效应	控制	控制	控制
省份效应	控制	控制	控制
行业效应	控制	控制	控制
N	11467	11295	11295

注：表中的 IPR 指替换后的指标。稳健性回归结果只列示核心解释变量和机制变量的系数符号和显著性水平，由于控制变量系数符号和显著性水平与前文实证结果基本一致，此处不再重复列出。括号内为 t 值。** 、*** 分别表示在 5% 、1% 的水平上显著。

表 3 - 11　　　　　　　　无形资产分组的稳健性估计

变量	高无形资产			低无形资产		
	(1) KZ	(2) IA	(3) KZ	(1) KZ	(2) IA	(3) KZ
IPR	− 0. 135 *** (− 2. 58)	0. 141 *** (4. 10)	− 0. 129 ** (− 2. 45)	− 0. 0955 (− 1. 46)	0. 0588 (1. 03)	− 0. 0715 (− 1. 07)
IA			− 0. 0461 ** (1. 96)			− 0. 0712 *** (− 3. 98)
时间效应	控制	控制	控制	控制	控制	控制
省份效应	控制	控制	控制	控制	控制	控制
行业效应	控制	控制	控制	控制	控制	控制
N	5726	5658	5658	5737	5633	5633

注：表中的 IPR 指替换后的指标。稳健性回归结果只列示核心解释变量和机制变量的系数符号和显著性水平，由于控制变量系数符号和显著性水平与前文实证结果基本一致，此处不再重复列出。括号内为 t 值。** 、*** 分别表示在 5% 、1% 的水平上显著。

表 3 - 12　　　　　　　　企业规模分组的稳健性估计

变量	小企业			大企业		
	(1) KZ	(2) IA	(3) KZ	(1) KZ	(2) IA	(3) KZ
IPR	− 0. 130 ** (− 2. 45)	0. 145 *** (3. 28)	− 0. 115 ** (− 2. 13)	0. 110 (1. 62)	0. 0555 (1. 14)	0. 130 * (1. 89)
IA			− 0. 0606 *** (− 3. 28)			− 0. 0507 ** (− 2. 27)

续表

变量	小企业			大企业		
	(1) KZ	(2) IA	(3) KZ	(1) KZ	(2) IA	(3) KZ
时间效应	控制	控制	控制	控制	控制	控制
省份效应	控制	控制	控制	控制	控制	控制
行业效应	控制	控制	控制	控制	控制	控制
N	5737	5650	5650	5726	5641	5641

　　注：表中的 IPR 指替换后的指标。稳健性回归结果只列示核心解释变量和机制变量的系数符号和显著性水平，由于控制变量系数符号和显著性水平与前文实证结果基本一致，此处不再重复列出。括号内为 t 值。*、**、*** 分别表示在 10%、5%、1% 的水平上显著。

表 3 - 13　　　　　　　　　　　　KZ 指数分组的稳健性估计

变量	高 KZ 指数			低 KZ 指数		
	(1) KZ	(2) IA	(3) KZ	(1) KZ	(2) IA	(3) KZ
IPR	- 0. 133 ** (- 2. 16)	0. 162 *** (3. 90)	- 0. 121 * (- 1. 95)	- 0. 103 * (- 1. 86)	0. 0125 (0. 28)	- 0. 0895 (- 1. 60)
IA			- 0. 0450 * (- 1. 94)			- 0. 0643 *** (- 3. 46)
时间效应	控制	控制	控制	控制	控制	控制
省份效应	控制	控制	控制	控制	控制	控制
行业效应	控制	控制	控制	控制	控制	控制
N	5726	5662	5662	5737	5629	5629

　　注：表中的 IPR 指替换后的指标。稳健性回归结果只列示核心解释变量和机制变量的系数符号和显著性水平，由于控制变量系数符号和显著性水平与前文实证结果基本一致，此处不再重复列出。括号内为 t 值。*、**、*** 分别表示在 10%、5%、1% 的水平上显著。

五、内生性讨论

　　本章讨论的解释变量省级—行业知识产权保护力度是宏观变量，被解释变量融资约束指数是微观变量，直观上来看两者的互为因果关系不强，但是为了规避遗漏变量等因素带来的内生性问题，本章选取省级—行业知识产权保护的滞后项作为工具变量对基本模型和作用机制模型进行内生性讨论，估计结果如表 3 – 14 至表 3 – 17 所示。

表 3 – 14　　　　　　　　　　　全样本的 2SLS 估计

变量	(1) KZ	(2) IA	(3) KZ
IPR	− 0.0186*** (− 3.46)	0.0161*** (3.88)	− 0.0166*** (− 3.06)
IA			− 0.0589*** (− 4.02)

注：2SLS 回归结果只列示核心解释变量和机制变量的系数符号和显著性水平，由于控制变量符号和显著性水平与前文实证结果基本一致，此处不再重复列出。括号内为 t 值。*** 表示在 1% 的水平上显著。

表 3 – 15　　　　　　　　　　无形资产分组的 2SLS 估计

变量	高无形资产			低无形资产		
	(1) KZ	(2) IA	(3) KZ	(1) KZ	(2) IA	(3) KZ
IPR	− 0.0362*** (− 3.99)	0.0192** (2.43)	− 0.0351*** (− 3.79)	− 0.0102 (− 1.48)	0.0143*** (3.19)	− 0.00984 (1.42)
IA			− 0.0714*** (− 3.68)			− 0.0514** (− 2.01)

注：2SLS 回归结果只列示核心解释变量和机制变量的系数符号和显著性水平，由于控制变量符号和显著性水平与前文实证结果基本一致，此处不再重复列出。括号内为 t 值。** 、*** 分别表示在 5%、1% 的水平上显著。

表 3 – 16　　　　　　　　　　企业规模分组的 2SLS 估计

变量	小企业			大企业		
	(1) KZ	(2) IA	(3) KZ	(1) KZ	(2) IA	(3) KZ
IPR	− 0.0204*** (− 2.73)	0.0193*** (3.24)	− 0.0200*** (− 2.63)	− 0.00470 (− 0.60)	0.0104** (1.97)	− 0.00441 (− 0.56)
IA			− 0.0475** (− 2.36)			− 0.0644*** (− 2.58)

注：2SLS 回归结果只列示核心解释变量和机制变量的系数符号和显著性水平，由于控制变量符号和显著性水平与前文实证结果基本一致，此处不再重复列出。括号内为 t 值。** 、*** 分别表示在 5%、1% 的水平上显著。

表 3 – 17 　　　　　　　　　KZ 指数分组的 2SLS 估计

变量	高 KZ 指数			低 KZ 指数		
	(1) KZ	(2) IA	(3) KZ	(1) KZ	(2) IA	(3) KZ
IPR	− 0.0205 *** (− 2.83)	0.0145 ** (2.41)	− 0.0193 *** (− 2.62)	− 0.000495 (− 0.06)	0.0185 *** (2.89)	0.00172 (0.19)
IA			− 0.0508 ** (− 2.54)			− 0.0404 * (− 1.66)

注：2SLS 回归结果只列示核心解释变量和机制变量的系数符号和显著性水平，由于控制变量符号和显著性水平与前文实证结果基本一致，此处不再重复列出。括号内为 t 值。* 、** 、***分别表示在 10% 、5% 、1% 的水平上显著。

从基准回归结果来看，核心解释变量省级—行业知识产权保护强度的系数仍然显著为负，体现了省级—行业知识产权保护对融资约束存在明显的缓解作用。此外，列（2）中的省级—行业知识产权保护力度的系数显著为正，列（3）中的核心解释变量的系数仍然为负且绝对值小于列（1），并且无形资产的系数显著为负，这体现了省级—行业知识产权保护通过使企业形成更多的无形资产来缓解融资约束这一机制的有效性。同时，省级—行业知识产权保护对企业融资约束的缓解作用以及作用机制在不同分组中体现出的异质性可以证实，加强知识产权保护在无形资产多、规模小以及融资约束程度高的企业中对融资约束的缓解作用更加明显。

第四章 知识产权保护、融资约束与中国企业创新*

——基于中国上市企业数据的实证检验

第一节 引 言

企业研发需要大量的资金投入，其投资方式主要有内源融资和外源融资。融资约束理论表明，融资约束的产生是由于企业内部现金流不足而外源性融资成本较高产生的，企业的投资项目因此遭遇停滞，而研发投资往往更容易受到融资约束的影响，因为研发项目的高收益也意味着高风险，其调整成本过大（Himmelberg & Petersen，1994），而且需要持续的资金投入，这种成本收益的不匹配现象在研发项目之初会更严重。研发投入作为创新活动的直接推动力，由于投资人和企业之间的信息不对称以及研发项目本身的不确定性收益、道德风险和逆向选择问题，可能使得创新活动因资金不足而陷入停滞，带来融资成本和创新项目的收益不匹配问题（Nelson，1959）。创新项目的特殊性导致其面临的信息不对称更加明显，这种信息

 * 本部分原题为《知识产权保护、融资约束与中国企业研发投入》，载于《吉林大学社会科学学报》2021年第3期，作者为余长林、池菊香。

摩擦使得创新研发活动更加困难（Hall，2002）。因此，企业的研发活动往往受到融资约束和资金不足的制约。融资约束问题在发达国家和发展中国家都是限制企业创新的一个掣肘，世界银行在调查企业发展的主要障碍时发现，中国有75%的非金融类上市企业选择了融资约束，而这个比例在所有调查样本中是最高的（Claessens & Tzioumis，2006）。因此，研究融资约束是否抑制了研发投入进而影响了企业创新能力一直是学者们关注的重要课题。

同时，由于研发投资的正外部性和创新产出的公共物品特征，因而，知识产权保护是保证企业获得创新的预期收益和促进企业创新的制度保障。严苛的知识产权保护有助于降低技术创新的风险，激励企业将创新资源从模仿转向自主创新，不断提高自主创新能力。已有较多研究从理论和经验上均表明，知识产权保护对企业研发投入和创新均具有显著影响（Lee，1980；Mansfield，1986；Denicolo，1996；Hu & Mathews，2008；Gangopadhyay & Monda，2012）。

由于创新行为的高风险性、长期性，以及充满着异质性和不可预测性，这使得企业的研发投入面临着严峻的融资约束问题。知识产权保护使得企业尽可能地与投资者分享创新活动的信息，减少信息不对称，进而提高投资者对项目成果的预期。与此同时，知识产权保护可以保护创新成果不被窃取，从而使得投资者确信，研发项目的创新成果会得到较好的保护，不会因为复制和剽窃受到损失，因此更愿意为企业投资。随着知识产权保护的加强，投资人和企业内部的信息不对称问题也开始缓解，从而解决企业面临的融资约束问题。因此，知识产权保护能够在一定程度上缓解企业面临的融资约束，进而对企业研发和创新产生重要影响，加强知识产权保护能够缓解融资约束对企业研发和创新的抑制作用，加强知识产权保护尤其对于面临较为严重融资约束的企业而言是很重要的。目前看来，无论从理论层面还是实证层面，已有研究都没有较多关注知识产权保护能否通过缓解企业融资约束进而对企业研发和创新产生影响。

从现有研究来看，虽然较多研究考察了知识产权保护和融资约束对研发投入的单一影响，但是，鲜有研究将知识产权保护和融资约束两者结合起来考察知识产权保护和融资约束对企业研发投入所产生的影响，从而未能揭示知识产权保护如何通过缓解企业融资约束这一重要作用机制对企业研发投入产生影响。为此，本章通过构建一个简单的理论模型，首先从理论上考察了知识产权保护与融资约束对企业研发投入的作用机制，揭示知识产权如何通过缓解企业融资约束这一微观作用机制对企业创新产生影响。在理论分析基础上，本章运用中国 2008～2016 年沪深 A 股上市企业数据实证考察了知识产权保护能否通过缓解企业融资约束进而促进企业研发投入，并通过区分不同类型企业分析了这种缓解作用的异质性。结果表明：加强知识产权保护激励了企业研发投入，融资约束抑制了企业研发投入，知识产权保护能够通过缓解企业融资约束这一作用机制提高企业研发投入；加强知识产权保护缓解了融资约束对企业研发投入的抑制作用，且这种缓解作用在融资约束程度较高的企业、高新技术企业、民营企业中更加显著。通过替代核心变量的不同指标、解决融资约束的内生性问题进行估算后，上述结论依然稳健。

第二节　理论分析与研究假说

本章在戈罗德尼琴科和施尼策尔（Gorodnichenko & Schnitzer，2013）的研究基础上，将知识产权保护引入模型中，考察知识产权保护如何通过缓解企业融资约束对企业研发投入产生影响，以此揭示知识产权保护是否能够缓解融资约束对企业研发投入的抑制作用。

一、融资约束对企业研发投入的影响

考虑一个同时进行研发和生产的企业，企业在第一阶段进行研发创新活动，在第二阶段进行生产活动，企业研发需要支付一定的沉淀成本 F_1。为了考察融资约束对企业研发活动的影响，我们需要详细设定企业研发和生产是如何融资的。假定企业可以通过内源融资（自有资金或现金流）或外源融资（寻求投资伙伴或债务融资等）为研发创新和生产融资，非对称信息的存在导致外源融资成本总是高于内源融资成本。具体地，本章将内

源融资的单位成本标准化为 1，为了融资 1 单位的外部资金，企业需要支付 $\gamma > 1$ 单位的资金成本，即 γ 为外部融资成本。因为创新对非对称信息非常敏感且不容易被抵押，所以我们假定企业研发创新依赖内部资金而不依赖于外部融资。虽然企业偏好使用内部资金进行生产，但是如果内部资金不充分，企业需要转向外部融资进行生产。假设企业具有优先使用充足内部资金进行生产的概率为 p，需要外部融资进行生产的概率为 $(1-p)$。

企业融资约束可以通过企业依赖外源融资的可能性来解释，企业需要外源融资的可能性越高，企业融资约束就越强。有两种情形增加了企业依赖外源融资的可能性：一是企业外部环境变化对企业内部流动性产生的负面冲击，这使得企业拥有充足内部资金的概率会下降 δ_L，且 $\delta_L \in \{0, \bar{\delta}_L\}$；二是由于企业在第一阶段优先使用内部现金流进行研发，因此，第二阶段生产的内部资金充足的概率会降低 δ_I。假定企业对外部环境变化所造成的负面冲击不会产生影响，但可以通过选择是否创新来影响第二种情形。上述两种情况均导致企业需要以更大的概率依赖外部融资，因此企业感到融资是约束的，企业会意识到外部融资可能很难或者融资成本很高，因为创新降低了内部资金的数量，增加了融资约束的可能性。

在创新开始之前，对企业流动性的潜在外部冲击为 $\delta_L \in \{0, \bar{\delta}_L\}$。第一阶段，企业考虑是否创新，令 π_i 代表企业未进行研发的利润，若 $i=0$，表示企业生产使用内部资金；若 $i=\gamma$，表示企业生产需要外源融资，$\pi_0 > \pi_\gamma$，即企业生产使用内部资金获得的利润大于使用外部资金获得的利润。相似地，令 π_i^I 表示企业从事研发的利润，$\pi_i^I > \pi_i$，即企业创新获得的利润大于未进行创新获得的利润。同时，我们做出如下假设。

假设 4.1： $\dfrac{d(\pi_\gamma^I - \pi_\gamma)}{d\gamma} < 0$。

假设 4.1 说明，企业研发所带来的利润增加量会随着外部融资成本的增加而减少。

基于上述假设，企业生产阶段使用充足内部资金的概率为 $p - \delta_L - \delta_I$，使用外部资金的概率为 $1 - p + \delta_L + \delta_I$，因此，企业未进行研发的预期利润为：

$$E(\pi) = (p - \delta_L)\pi_0 + (1 - p + \delta_L)\pi_\gamma \tag{4.1}$$

企业从事研发的预期利润为：

$$E(\pi \mid I) = (p - \delta_L - \delta_I)\pi_0^I + (1 - p + \delta_L + \delta_I)\pi_\gamma^I - F_I \tag{4.2}$$

式（4.2）减去式（4.1），得：

$$\Delta_\pi^I = E(\pi \mid I) - E(\pi)$$
$$= (p - \delta_L)(\pi_0^I - \pi_0) + (1 - p + \delta_L)(\pi_\gamma^I - \pi_\gamma) - \delta_I(\pi_0^I - \pi_\gamma^I) - F_I$$
$$\tag{4.3}$$

当且仅当 $\Delta_\pi^I > 0$，企业才会从事研发。为了考察外部流动性冲击对企业研发激励的影响，我们对式（4.3）两边关于 δ_L 求导，可得：

$$\frac{d\Delta_\pi^I}{d\delta_L} = -(\pi_0^I - \pi_0) + (\pi_\gamma^I - \pi_\gamma) < 0 \tag{4.4}$$

式（4.4）表明，企业面临的外部流动性冲击越大，企业研发激励就越小。我们对式（4.4）两边关丁外部融资成本 γ 求导，可得：

$$\frac{d^2\Delta_\pi^I}{d\delta_L d\gamma} = \frac{d(\pi_\gamma^I - \pi_\gamma)}{d\gamma} < 0 \tag{4.5}$$

γ 越大，即外部融资成本越高，企业受到的融资约束就越强，融资约束对企业研发激励的抑制作用就越强。外部融资成本越高，外部流动性冲击对创新激励的损害效应就越大。需要注意的是，尽管创新是使用内部资金融资，但是，外部融资成本对创新激励也很重要，这是由于外部融资对生产成本扮演着重要作用，进而对企业的预期利润产生重要影响。因此，外部融资成本越大，$\pi_\gamma^I - \pi_\gamma$ 就越少，依赖外部融资所产生的不利影响就越大，因而，流动性外部冲击对企业创新激励的负面影响就越大。

上述分析结果表明，融资约束越强，企业的研发激励就越小，融资约束制约着企业研发投入。基于此，本章提出以下有待检验的假说4.1。

假说4.1：外部融资成本越高，企业融资约束就越强，企业研发激励也越小，即融资约束对企业研发投入具有抑制作用。

二、知识产权保护、融资约束与企业研发投入

接着我们考虑知识产权保护对企业研发投入的影响。知识产权保护既可以对企业研发存在直接作用机制，又可以通过缓解企业融资约束，进而间接影响企业研发投入。

（1）知识产权保护对企业研发投入的直接作用机制。知识产权保护主要从两个方面来提高企业的研发投入。一是由于研发投入产出存在外部性问题，即外部竞争者或同行企业很容易模仿其研发投入成果，导致企业对研发投入取得的收益很难完全被企业自身独占，企业研发的积极性就会受到严重的影响（Arrow，1962）。知识产权保护制度在法律上对无偿侵占他人利益的行为加以惩处，对研发投入的企业给予保护，能有效地减少外部性问题，从而提高企业对研发投入的积极性。二是研发投入存在信息不对称问题，当投资者不了解技术信息时，他们无法对此技术进行估值，当然也就不愿意对该企业进行投资。但如果投资者了解技术信息时，他们又可能选择模仿或者复制技术为自己所用，而不愿意为企业提供研发活动资金（Anton & Yao，2002；Ueda，2004）。有效的知识产权保护制度能够很好地保护企业披露的信息，制约竞争者的侵权行为，企业则愿意披露相关信息，从而减少了信息不对称问题，这样就可以在一定程度上解决企业融资难的问题，进而激励了企业研发投入。

（2）知识产权保护对企业研发投入的间接作用机制。在知识产权保护的环境下，企业可以对研发投入活动的项目进行专利申请。专利可以作为一种信号，把企业的信息传递给外部资金供给者，在一定程度上缓解资金需求方与资金供给方的信息不对称问题，使资金供给者对研发投入的企业更加有信心，增强与企业合作的意愿。另外，专利权也可以作为一种抵押品，向相关金融机构申请贷款，开展专利质押融资，专利质押融资在一定程度上缓解了企业外源融资约束。专利作为一种质量信号，有利于解决投资者和研发投入企业之间信息不对称问题，从而缓解融资约束，尤其是内源性融资受限、需要依赖外源融资的企业（Czarnitzki，2014）。海斯勒等

（Haeussler et al.，2009）以欧洲专利局提供的德国和英国生物技术公司为样本，分析了知识产权保护如何在企业获得风险投资基金中发挥重要作用，他们认为，投资者在做决策时面临着极大的信息不对称问题，而知识产权在此期间起到了很好的媒介作用，结果表明，有申请专利的企业比没有申请专利的企业更容易获得风险投资资金，且申请专利的质量对获得融资也有很大的影响。因此，加强知识产权保护有利于缓解企业面临的融资约束问题。

　　基于此，本章将知识产权保护纳入上述理论模型中，考察知识产权保护如何通过缓解企业融资约束对企业研发投入产生影响。我们认为，加强知识产权保护将降低企业外部环境因素变化对内部流动性的负面冲击，缓解了企业融资约束，[①] 因而降低了负面流动性冲击的概率，假定在知识产权保护的环境下流动性冲击的概率降为 $\tau\delta_L$，其中，$0<\tau<1$，τ 是知识产权保护 IPR 的单调递减函数，即，$\tau=f(IPR)$，且满足：

$$\frac{\mathrm{d}\tau}{\mathrm{d}IPR}<0 \tag{4.6}$$

　　知识产权保护力度越强，企业外部环境变化对其流动性负面冲击就越小，因此，也缓解了企业面临的融资约束。同样地，我们做出如下假设4.2。

　　假设 4.2：$\dfrac{\mathrm{d}(\pi_\gamma^{IP}-\pi_\gamma^{P})}{\mathrm{d}\gamma}<0$，且 $\pi_0^{IP}-\pi_0^{P}>\pi_\gamma^{IP}-\pi_\gamma^{P}$。

其中，π_γ^{IP} 表示企业在知识产权保护的环境下进行研发的利润，π_γ^{P} 表示企业在知识产权保护的环境下未进行研发的利润。

　　在知识产权保护的环境下，企业不进行创新的预期利润为：

$$E(\pi\mid P)=(p-\tau\delta_L)\pi_0^P+(1-p+\tau\delta_L)\pi_\gamma^P \tag{4.7}$$

　　在知识产权保护的环境下，企业进行研发创新的预期利润为：

$$E(\pi\mid IP)=(p-\tau\delta_L-\delta_I)\pi_0^{IP}+(1-p+\tau\delta_L+\delta_I)\pi_\gamma^{IP}-F_I \tag{4.8}$$

---

　　① 第三章的实证估计结果证实知识产权保护有效缓解了企业融资约束，这为本章的理论假设提供了稳健的现实依据。

式（4.8）两边减去式（4.7）的两边，可得：

$$\Delta_{\pi}^{IP} = E(\pi \mid IP) - E(\pi \mid P)$$
$$= (p - \tau\delta_L)(\pi_0^{IP} - \pi_0^P) + (1 - p + \tau\delta_L)(\pi_{\gamma}^{IP} - \pi_{\gamma}^P) +$$
$$\delta_I(\pi_{\gamma}^{IP} - \pi_0^{IP}) - F_I \qquad (4.9)$$

在式（4.9）两边关于流动性外部冲击 δ_L 求一阶导，可得：

$$\frac{\mathrm{d}\Delta_{\pi}^{IP}}{\mathrm{d}\delta_L} = -\tau(\pi_0^{IP} - \pi_0^P) + \tau(\pi_{\gamma}^{IP} - \pi_{\gamma}^P) < 0 \qquad (4.10)$$

对式（4.10）两边继续关于 γ 求一阶导，可得：

$$\frac{\mathrm{d}^2\Delta_{\pi}^{IP}}{\mathrm{d}\delta_L \mathrm{d}\gamma} = \frac{\mathrm{d}\tau(\pi_{\gamma}^{IP} - \pi_{\gamma}^P)}{\mathrm{d}\gamma} < 0 \qquad (4.11)$$

式（4.11）的结果同式（4.5）的解释基本一致。外部融资成本越高，企业融资约束越强，企业的研发激励就越小，融资约束对企业研发具有制约作用。

对式（4.10）两边继续关于知识产权保护（IPR）求导，可得：

$$\frac{\mathrm{d}^2\Delta_{\pi}^{IP}}{\mathrm{d}\delta_L \mathrm{d}IPR} = [-(\pi_0^{IP} - \pi_0^P) + (\pi_{\gamma}^{IP} - \pi_{\gamma}^P)] \times \frac{\mathrm{d}\tau}{\mathrm{d}IPR} > 0 \qquad (4.12)$$

式（4.12）表明，加强知识产权保护缓解了融资约束对企业创新的抑制作用。基于此，本章提出以下有待检验的假说4.2。

假说4.2：一方面，加强知识产权保护能够激励企业增加研发投入；另一方面，加强知识产权保护缓解了融资约束对企业研发投入的抑制作用。

第三节　计量模型、变量与数据

一、计量建模设定

为了验证前文的理论假说4.1和假说4.2，本章设定如下的计量模型：

$$RD_{ijkt} = \beta_0 + \beta_1 IPP_{kt} + \beta_2 FCI_{ijkt} + \beta_3 IPP_{kt} \times FCI_{ijkt} +$$

$$\Theta CON_{ijkt} + \gamma_j + \gamma_k + \gamma_t + \varepsilon_{ijkt} \qquad (4.13)$$

其中，i 代表企业，j 代表行业，k 代表省份，t 代表时间。RD_{ijkt} 代表企业研发投入强度。IPP_{kt} 代表省际的知识产权保护力度，若 β_1 显著为正，说明知识产权保护与研发投入呈显著的正相关关系，当知识产权保护水平增强时，企业研发的投入强度就会提高；反之，当知识产权保护水平减弱时，企业研发的投入强度就会降低。FCI_{ijkt} 代表企业的融资约束程度，若 β_2 显著为负，意味着研发投入与融资约束呈显著的负相关关系，说明当企业融资约束越强时，企业研发投入强度就越低；反之，当企业融资约束越弱时，企业研发投入强度就越高。$IPP_{kt} \times FCI_{ijkt}$ 为知识产权保护和融资约束的乘积项，用 β_3 反映知识产权保护对企业融资约束对研发投入影响的调节效果，若 β_3 显著为正，说明知识产权保护能够通过缓解企业的融资约束促进其研发投入，即知识产权保护缓解了融资约束对企业研发投入的抑制作用。CON_{ijkt} 代表影响企业研发投入的控制变量。γ_j 代表行业效应，γ_k 代表省份效应，γ_t 代表时间效应，ε_{ijkt} 代表随机扰动项。

二、变量构建与数据来源

1. 被解释变量（RD）

企业研发投入的衡量方法主要有三种：一是以研发投入的产出来衡量；二是以研发投入强度来测度，即研发投入除以总资产或者研发投入除以营业收入来度量；三是以人均研发投入来衡量。本章采用的是第二种衡量方法，即以研发投入除以期初的总资产来衡量企业的研发投入活动，企业研发投入用 RD 表示。

2. 核心解释变量

（1）知识产权保护（IPP）。较多学者采用吉纳特和帕克（Ginarte & Park，1997）开发的 GP 指数对一国的知识产权保护力度进行测算（Kumar，2001；Xu & Chiang，2005；Yang & Maskus，2001）。GP 指数主要从一国的立法程度来测度一国的知识产权保护强度，对于发达国家而言，GP 指数能够较为准确地反映该国的知识产权保护强度，但对于知识产权执法力度相对较弱的转型国家而言，由于知识产权保护力度同时受到国家立法程度和执法强度的影响，如果仅使用 GP 指数来反映一个国家的知识产权保护立法程度是不够准确的，同时还应考虑该国的执法强度。目前，诸多国内学者采用 GP 指数和执法强度的乘积项来修正该国的知识产权保护力度，将执法水平纳入测算指标中，对 GP 指数作修正后，测度省际层面的知识产权保护力度，相对而言，测算结果更为精准。

本章参照韩玉雄和李怀祖（2005）、沈国兵和刘佳（2009）等文献关于知识产权保护的测度方法，同时考察立法因素和执法因素来测度我国省级层面的知识产权保护力度。省级知识产权保护水平（*IPR*）= 国家级 GP 指数×省级执法力度。*IPR* 指数越大，表示该省份的知识产权保护水平越高。

首先，测算国家知识产权保护水平。本章以帕克（Park，2008）的研究为基础，来测算我国国家层面的知识产权保护力度。吉纳特和帕克（1997）从五个方面对 GP 指数进行了测算，涉及权利保护的损失、专利覆盖、国际条约、保护期限、执法机制，每个一级指标又包含不同的二级指标。该指数越大，表示该国的知识产权保护水平越高。其次，计算省级执法力度。省级知识产权保护水平的测算仅仅有国家级 GP 指数是不够的，还需对省级执法强度进行计算。关于执法强度的计算，不同学者有不同的考虑。有的学者考虑了法律体系的完备程度和社会法制化程度等因素，有的学者还考虑经济发展水平、公众参与度和国际监督等方面。本章考虑社会法制化程度、经济发展水平、公众参与意识和国际监督四个方面。最后，我们用国家级 GP 指数和省级执法力度的乘积计算出省级知识产权的实际保护水平。这样每个上市公司样本就可以使用该公司所在省份当年的实际知识产权保护力度来衡量，这种以省份为单位，且综合考虑国家层面的立法和省级层面的执法力度的指标测算体系较为成熟，结果比较可信。

（2）融资约束指数（*FCI*）。多数学者用现代数理方法组合多个单一指标构成一个综合指标即融资约束指数来衡量融资约束。比较具有代表性的有 SA 指数（Hadloch & Pierce，2010）、KZ 指数（Kaplan & Zingales，1997）和 WW 指数（Whited & Wu，2006）等。本章借鉴卡普兰和津加莱斯（Kaplan & Zingales，1997）的做法，综合考虑能反映企业的偿债能力（流动比率、资产负债率）、发展能力（投资机会托宾 Q 值、营业收入增长率）和盈利能力（净资产收益率）的财务指标来衡量融资约束。该指数越大，表示企业融资约束越强。通过二元 Logistic 回归构建融资约束指数，模型如下：

$$FCI_{it} = \beta_0 + \beta_1 LR_{it} + \beta_2 LEV_{it} + \beta_3 TBQ_{it} + \beta_4 BR_{it} + \beta_5 NR_{it} + \varepsilon_{it} \quad (4.14)$$

其中，LR_{it} 代表企业 i 在第 t 期的流动比率，采用流动资产除以流动负债来测度；LEV_{it} 代表企业 i 在第 t 期的资产负债率，用负债总额除以总资产来表示；TBQ_{it} 代表企业 i 在第 t 期的投资机会托宾 Q 值，采用公司市场价值除以总资产账面价值来表示；BR_{it} 代表企业 i 在第 t 期的营业收入增长率，采用当年本期营业总收入与上年同期营业总收入之差除以上年同期营业总收入来表示；NR_{it} 代表企业 i 在第 t 期的净资产收益率，采用净利润除以股东权益余额来表示。

融资约束指数的构建过程如下。首先，进行数据预分组。企业规模、股利支付率、利息保障倍数等是目前大多数学者通常选择的预分组变量。本章认为，选用公司规模这一变量有些片面，因为公司规模大小不一定与融资约束程度相对应；运用股利支付率衡量融资约束的程度也不尽合理，因为我国上市公司的股利分配并不规范，随意性大；而利息保障倍数既能体现企业的盈利能力，又能体现企业盈利能力对偿还到期债务的保障程度，是企业具有长期偿债能力的重要标志。我们借鉴卢馨（2013）的方法，选取利息保障倍数这一指标作为预分组的变量构建融资约束指数。将样本按照利息保障指数进行升序排列，将样本划分为高融资约束和低融资约束两组，高融资约束组为前 1/3 的公司，并为融资约束指标赋值 1；低融资约束组为后 1/3 的公司，融资约束指标赋值 0。其次，参考况学文（2010）的研究，本章运用逻辑回归方程式（4.14）构造融资约束指数（FCI）。最后，对相关变量在低融资约束组和高融资约束组之间均值差异进行 t 检验，如表 4-1 所示。表 4-1 的结果显示，所有变量的均值差异在两组样本之间是显著的，说明这五个变量指标对高融资约束组和低融资约束组能够很好地进行区分。表4－1还显示，高融资约束组的资产负债率均值较高，流动比率、投资机会托宾 Q 值、营业收入增长率、净资产收益率的均值较低；低融资约束组的流动比率、投资机会托宾 Q 值、营业收入增长率、净资产收益率均值较高，资产负债率均值较低。这说明公司偿债能力、盈利能力和发展能力越强，其受到融资约束的影响程度越低；反之，其受到融资约束的影响程度就越高。

表4－1　　　　　　　　　　变量的组间均值差异 t 检验

变量	融资约束	均值	均值差异和显著性
LR	低组	1.5406	0.6013 *** (7.8351)
	高组	0.9393	
LEV	低组	0.4534	−0.1504 *** (−10.6985)
	高组	0.6038	
TBQ	低组	3.6261	1.5438 *** (7.4137)
	高组	2.0823	
BR	低组	0.5746	0.3508 * (1.9317)
	高组	0.2238	
NR	低组	0.2039	0.2572 *** (4.966)
	高组	−0.0533	

注：均值差异为低组的均值减去高组的均值。括号内为 t 值。＊、＊＊＊分别表示在10%、1%的水平上显著。

表4－2是对相关数据进行逻辑回归的结果。从各变量的相关性来看，流动比率、营业收入增长率、净资产收益率与融资约束程度呈负相关关系；资产负债率、投资机会托宾 Q 值与融资约束程度呈正相关关系。从回归系数的显著性水平来看，流动比率、营业收入增长率、净资产收益率、资产负债率、投资机会托宾 Q 值的回归系数对应的 P 值均至少在5%的水平上显著。融资约束指数的具体方程为：

$$FCI = -2.4016 - 1.3063 \times LR + 13.0796 \times LEV + 0.4071 \times$$
$$TBQ - 0.2964 \times BR - 50.5105 \times NR$$

表 4 - 2　　　　　　　　　　　融资约束指数回归结果

变量	系数	标准差	z 统计量	显著性
LR	- 1. 3063	0. 5237	- 2. 49	0. 013
LEV	13. 0796	2. 0811	6. 28	0. 000
TBQ	0. 4071	0. 1725	2. 36	0. 018
BR	- 0. 2964	0. 1272	- 2. 33	0. 020
NR	- 50. 5105	5. 4205	- 9. 32	0. 000
常数项	- 2. 4016	1. 4040	- 1. 71	0. 087

（3）知识产权保护与融资约束指数的交互项（$IPP \times FCI$）。本章采用上述计算的知识产权保护力度指数和融资约束指数的乘积项作为交互项的度量指标，用于研究知识产权保护通过缓解企业融资约束对企业创新所产生的影响。

3. 控制变量

由于融资约束指数已经包含了企业层面特征的一些变量，这些变量都会影响企业研发投入，因此，我们的控制变量选择原则为：选取除了融资约束指数中所包含的变量以外影响企业研发创新的其他控制变量。（1）企业规模（$SIZE$）。我们采用企业总资产的对数来测度。一般认为，企业规模影响企业的研发投资决策，规模大的企业研发投资的实力比较强，规模小的企业研发投资实力比较弱。但是，规模较大的企业，由于具有技术和市场垄断优势，也有可能降低企业的研发和创新激励，进而降低企业研发投入。（2）政府补助（ZF）。政府补助是虚拟变量，如果企业受到政府补助，取值为1，否则取值为0。一般认为政府补助越多，企业越有可能提高企业研发投入。（3）资本密集度（CI）。采用企业的固定资产净值除以员工人数来替代，资本密集度越高，企业越有更多的资本投入研发，因此，企业越有可能提高其研发投入。（4）利润总额（PF）。采用企业实际获得的利润总额来替代，一般认为，企业利润越高，企业拥有更多的资金进行研发投入，进而促进了企业研发投入。

本章的样本数据来自国泰安数据库。选取 2008 ~ 2016 年沪深 A 股企业数据为基础样本，去除数据缺失的观测值；为避免出现异常值，排除 ST

类公司；剔除财务数据易出现较大波动的金融类、保险类、房地产类等公司；剔除首尾1%的极端值，且将指标数据中具有明显不合理的数值去除，例如，缺漏值、资产负债率大于1的数值等。经过筛选，最终选取2488个观测值。变量的描述性统计结果如表4-3所示。

表4-3 变量的描述性统计

变量	均值	标准差	最小值	最大值
RD	0.0167	0.0241	0.0000	0.7493
FCI	-1.1312	8.6315	-21.1606	54.5479
IPP	3.1418	1.0294	0.4420	4.4200
IPP × FCI	-4.0240	27.9460	-93.0826	190.4006
SIZE	22.6744	1.3856	18.1136	28.0699
ZF	0.9912	0.0936	0.0000	1.0000
CI	2.2182	2.9059	0.1241	80.4665
PF	1.21×10^9	5.75×10^9	-1.6×10^9	1.03×10^{11}

表4-3的描述性统计结果显示，研发投入均值为0.0167，说明样本期内我国上市企业的整体研发投入强度并不高。融资约束程度的最大值为54.5479，最小值为-21.1606，均值为-1.1312，说明样本数据中受融资约束影响的企业差距比较大。知识产权保护力度最大值为4.4200，最小值为0.4420，均值为3.1418，表明我国地区间知识产权保护力度存在较大差距，不同地区的研发企业可能面临不同的知识产权保护制度环境。

第四节 实证结果与分析

本章的实证研究思路为：首先，我们运用固定效应模型和工具变量2SLS估计方法实证考察知识产权保护是否能够通过缓解企业融资约束而提高企业研发投入，以此验证知识产权保护是否能够缓解融资约束对企业研发投入的抑制作用；其次，本章通过区分不同规模企业、不同融资约束企业、是否为高新技术企业和不同所有制企业的样本进行异质性检验，讨论知识产权保护、融资约束对企业研发投入的异质性影响；最后，通过替代知识产权保护强度、融资约束的不同指标，对估计结果进行稳健性检验。

一、基本估计结果

表4-4显示了固定效应模型的估计结果。其中，表4-4中的列（1）为只纳入融资约束和控制变量的混合OLS估计结果，列（2）为同时纳入知识产权保护、融资约束和控制变量的OLS估计结果，列（3）为纳入知识产权保护、融资约束、知识产权保护和融资约束的交互项以及控制变量的OLS估计结果，列（4）为同时纳入知识产权保护、融资约束和控制变量的随机效应模型（RE）估计结果，列（5）为纳入知识产权保护、融资约束、知识产权保护和融资约束的交互项以及控制变量的随机效应模型估计结果，列（6）为同时纳入知识产权保护、融资约束和控制变量的固定效应模型（FE）估计结果，列（7）为纳入知识产权保护、融资约束、知识产权保护和融资约束的交互项以及控制变量的固定效应模型估计结果。Hausman检验统计量的值为14.77，接受原假设的概率为0.0221，检验结果表明，固定效应模型优于随机效应模型，因此，我们主要以固定效应模型解释为主。

表4-4 固定效应模型估计结果

变量	(1)	(2)	(3)	(4)	(5)	(6)	(7)
	OLS	OLS	OLS	RE	RE	FE	FE
IPP		0.00252 *** (4.19)	0.00252 *** (4.21)	0.00252 *** (4.19)	0.00252 *** (4.21)	0.00401 *** (3.56)	0.00398 *** (3.51)
FCI	−0.0000606 * (−1.69)	−0.0000536 (−1.48)	−0.0000607 (−0.56)	−0.0000536 (−1.48)	−0.0000607 (−0.56)	0.000076 (1.63)	0.000151 (1.39)
IPP × FCI			0.00000235 (0.07)		0.00000235 (0.07)		−0.0000251 (−0.69)
SIZE	−0.00166 *** (−2.91)	−0.00183 *** (−3.12)	−0.00183 *** (−3.12)	−0.00183 *** (−3.12)	−0.00183 *** (−3.12)	−0.00352 * (−1.78)	−0.00353 * (−1.79)
ZF	−0.00204 (−0.47)	−0.00198 (−0.46)	−0.00197 (−0.46)	−0.00198 (−0.46)	−0.00197 (−0.46)	−0.0013 (−0.72)	−0.00142 (−0.80)

续表

变量	(1)	(2)	(3)	(4)	(5)	(6)	(7)
	OLS	OLS	OLS	RE	RE	FE	FE
CI	−0.000710 ***	−0.000735 ***	−0.000735 ***	−0.000735 ***	−0.000735 ***	−0.000459 **	−0.000457 **
	(−2.82)	(−2.91)	(−2.90)	(−2.91)	(−2.90)	(−2.01)	(−2.03)
PF	−5.25E−15	1.38E−15	1.52E−15	1.38E−15	1.52E−15	6.03E−14	5.80E−14
	(−0.11)	(0.03)	(−0.03)	(0.03)	(0.03)	(1.09)	(1.05)
常数项	0.0571 ***	0.0529 ***	0.0529 ***	0.0529 ***	0.0529 ***	0.0864 **	0.0868 **
	(4.48)	(4.32)	(4.32)	(4.32)	(4.32)	(2.02)	(2.03)
时间效应	不控制	不控制	不控制	不控制	不控制	控制	控制
省份效应	不控制	不控制	不控制	不控制	不控制	控制	控制
行业效应	不控制	不控制	不控制	不控制	不控制	控制	控制
R^2	0.0229	0.0331	0.0476	0.0331	0.0331	0.012	0.012
N	2488	2488	2488	2488	2488	2488	2488

注：括号内为 t 值。*、**、*** 分别表示在 10%、5%、1% 的水平上显著。Hausman 检验统计量的值为 14.77，接受原假设的概率为 0.0221，表明固定效应模型优于随机效应模型。

表 4 − 4 中的列（6）和列（7）的回归估计结果显示，知识产权保护力度对企业研发投入强度的回归系数均为正，且在 1% 的水平上显著，说明知识产权保护力度的增强能显著提高我国企业研发投入强度。估计结果与本章的理论预期一致，表明知识产权保护对我国企业研发投入起到了重要的作用。这是因为企业研发投入的成果具有外部性特征，很容易被竞争者模仿或者剽窃（Arrow，1962），从而使企业的利益受损。加强知识产权保护可以使企业的效益得到保障，研发投入的意愿增强，从而促进企业的研发投入。

表 4 − 4 中的列（6）和列（7）中融资约束的估计系数为正且都不显著，因此，固定效应模型估计结果未能证实融资约束对企业研发投入的抑制作用，这可能是由融资约束具有内生性问题所导致的。列（7）的估计结果还显示，知识产权保护和融资约束交互项的估计系数为负且不显著，因而未能验证知识产权保护通过缓解企业融资约束这一作用机制对企业研发投入产生影响，原因可能在于融资约束与研发投入之间具有很强的双向因果关系，即融资约束存在内生性问题。我们接下来通过解决融资约束的内生性问题进行工具变量 2SLS 估计。

二、内生性检验

企业研发投入强度越高，对知识产权保护的需求也越高，反过来也会促进知识产权保护水平的提升，因此，知识产权保护与企业研发投入之间存在明显的双向因果关系，知识产权保护变量存在明显的内生性问题。我们接着检验解释变量知识产权保护（IPP）是否为研发投入（RD）的内生解释变量，Durbin_Wu_Hausman 外生性检验结果表明，卡方值为 4.78074，接受原假设的概率为 0.0288，说明在 5% 的水平上拒绝外生性的原假设，即知识产权保护（IPP）为内生解释变量。

企业研发投入强度越高，企业对外部资金的需求就越大，企业面临的融资约束可能就越大，融资约束与企业研发投入之间存在明显的双向因果关系，因此，融资约束变量具有明显的内生性。我们接着检验融资约束（FCI）是否为研发投入（RD）的内生解释变量，Durbin_Wu_Hausman 外生性检验结果表明，卡方值为 6.94048，接受原假设的概率为 0.0084，说明在 1% 的水平上拒绝外生性的原假设，即融资约束为内生解释变量。

解决内生性问题常用的方法是工具变量法，满足工具变量的条件是工具变量与内生解释变量强相关而与被解释变量不相关，但在现实中很难找到与融资约束高度相关而与研发投入不相关的强外生工具变量。本章参照鞠晓生等（2013）的做法，选取解释变量的滞后一阶作为内生解释变量的工具变量。我们采取的工具变量包含两个：一个是选取融资约束的滞后一阶作为融资约束的工具变量；另一个是选取知识产权保护滞后一阶作为知识产权保护的工具变量。为了检验工具变量是否为弱工具变量，融资约束在 2SLS 估计中第一阶段的 F 值为 29.711，知识产权保护在 2SLS 估计中第一阶段的 F 值为 17720.2，均大于临界值 10，因此，本章的工具变量在一定程度上是外生的，可以判定不存在弱工具变量问题。

工具变量的估计结果如表 4-5 所示。表 4-5 中的列（1）为只纳入融资约束和控制变量的估计结果，列（2）为同时纳入知识产权保护、融资约束和控制变量的估计结果，列（3）为纳入知识产权保护、融资约束、知识产权保护和融资约束的交互项以及控制变量的估计结果。

表 4 - 5   工具变量 2SLS 估计结果

变量	(1)	(2)	(3)
IPP		0. 00307 *** (5. 01)	0. 00522 *** (4. 77)
FCI	- 0. 000290 *** (- 3. 75)	- 0. 000252 *** (- 3. 27)	- 0. 00304 *** (- 2. 64)
IPP × FCI			0. 000848 ** (2. 56)
SIZE	- 0. 00164 *** (- 3. 30)	- 0. 00174 *** (- 3. 46)	- 0. 00172 *** (- 3. 28)
ZF	0. 00041 (0. 05)	0. 00103 (0. 13)	0. 00134 (0. 16)
CI	- 0. 000611 *** (- 2. 95)	- 0. 000620 *** (- 3. 14)	- 0. 000740 *** (- 3. 24)
PF	- 1. 01E - 13 ** (- 2. 26)	- 7. 96E - 14 * (- 1. 67)	- 8. 56E - 14 * (- 1. 71)
常数项	0. 0559 *** (4. 7)	0. 0475 *** (4. 16)	0. 0402 *** (3. 18)
时间效应	控制	控制	控制
省份效应	控制	控制	控制
行业效应	控制	控制	控制
R^2	0. 0137	0. 0246	0. 9306
N	1469	1469	1469

注：括号内为 t 值。* 、** 、*** 分别表示在 10%、5%、1% 的水平上显著。

表 4 - 5 中列 (1)、列 (2) 和列 (3) 的估计结果均显示，融资约束对企业研发投入的影响在 1% 的水平上显著为负，说明融资约束越强，企业研发投入激励越小，融资约束抑制了企业的研发投入，这验证了假说 4.1。通过与固定效应模型的估计结果对比可以发现，融资约束估计系数的显著性水平不仅大大提高，而且估计系数绝对值也大于固定效应模型的估计系数绝对值，这说明如果不考虑融资约束的内生性问题，会严重低估融资约束对企业研发投入的抑制作用。

表 4 - 5 中列 (3) 的回归结果显示，融资约束和知识产权保护的乘积

项的估计系数在 5% 的水平上显著为正，说明知识产权保护通过缓解融资约束促进了企业的研发投入，同时由于融资约束的估计系数显著为负，因而知识产权保护缓解了融资约束对企业研发投入的抑制作用，假说 4.2 得以验证。同时，知识产权保护的估计系数依然在 1% 的水平上显著为正，说明加强知识产权保护激励了企业研发投入。这是因为增强知识产权保护在一定程度上可以解决外部投资者与企业信息不对称问题，从而增强投资者的投资意愿，减缓融资约束，促进企业的研发投入。具体而言，一方面，随着知识产权保护的增强，企业的知识产权和核心技术信息可以得到较好的法律保护，于是，企业就更愿意披露相关信息给外部投资者，这样就可以减少信息不对称，增加投资者的投资意愿；另一方面，资金供给者预期投资项目的研发成果可以得到很好的法律保护，因被模仿、剽窃等侵权行为而造成的损失概率就会降低，有效的投资收益可以得到保障，投资者的投资意愿就会增强。因此，知识产权保护可以缓解企业面临的融资约束，进而促进其研发投入。

从控制变量的估计结果来看，企业规模的估计系数显著为负，说明企业自身的资源条件制约了企业研发投入。关于企业规模与研发投入的关系，聂辉华等（2008）研究发现，企业研发投入与企业规模呈倒"U"型关系，即在一定范围内企业研发投入随着企业规模扩大而增加，但企业达到一定规模后，其研发投入反而会呈下降趋势。由于本章样本取自 A 股主板企业，其中大部分为具有很强垄断地位的国有大型企业，其规模与研发投入呈负相关关系，处于倒"U"型的右侧，规模越大，其研发投入强度反而越低。政府补贴对企业研发投入强度的影响不显著，可能是因为很多企业获得政府补贴后，并没有将补贴用于研发投入；资本密集度和利润总额对企业研发投入强度的影响显著为负，这与理论预期不相符合，这可能是因为研发和创新是具有不确定性、风险较高的活动，导致企业不愿意进行研发。

三、异质性检验

1. 不同规模企业的异质性检验

不同规模的企业，知识产权保护、融资约束对企业研发投入的影响也会有所差异。一般而言，规模较大的企业可以提供优质的资源，在市场上具有垄断地位，研发投入的资金就相应有一定的保障，受融资约束的影响可能就比较小。

为此，我们首先按照企业总资产规模的均值将企业分成两类：高于均值的企业为大规模企业，低于均值的企业为小规模企业。在回归中，加入不同规模企业的虚拟变量（$Dummy$）与知识产权保护和融资约束的交互项（$IPP \times FCI$）的乘积项的形式，即三者的交互项形式（$IPP \times FCI \times Dummy$）。其中，当企业为小规模企业时，$Dummy$ 取值为 1；当企业为大规模企业时，$Dummy$ 取值为 0。我们仍然采取融资约束的滞后一阶作为融资约束的工具变量，采用知识产权保护滞后一阶作为知识产权保护的工具变量。不同规模企业的 2SLS 回归结果如表 4 - 6 中的列（1）所示。

表 4 - 6　　不同规模企业、不同融资约束企业和高技术企业的异质性检验

变量	(1)	(2)	(3)
	企业规模异质性	融资约束异质性	技术密集度异质性
IPP	0.00318 ***	0.00245 ***	0.00328 ***
	(5.13)	(3.87)	(5.22)
FCI	- 0.000369 ***	- 0.000575 ***	- 0.000390 ***
	(- 2.73)	(- 2.98)	(- 3.47)
$IPP \times FCI \times Dummy$	0.000071	0.00190 **	0.000110 ***
	(1.43)	(1.96)	(2.99)
$SIZE$	- 0.00180 ***	- 0.00186 ***	- 0.00168 ***
	(- 3.56)	(- 3.67)	(- 3.37)
ZF	0.000907	0.0013	0.00137
	(0.12)	(0.17)	0.17
CI	- 0.000645 ***	- 0.000613 ***	- 0.000662 ***
	(- 3.09)	(- 3.33)	(- 3.22)
PF	- 9.15E - 14 *	- 8.59E - 14 *	- 9.71E - 14 **
	(- 1.84)	(- 1.76)	(- 1.97)
常数项	0.0488 ***	0.0493 ***	0.0454 ***
	(4.27)	(4.34)	(3.99)

续表

变量	(1) 企业规模异质性	(2) 融资约束异质性	(3) 技术密集度异质性
时间效应	控制	控制	控制
省份效应	控制	控制	控制
行业效应	控制	控制	控制
R^2	0.0227	0.0191	0.0239
N	1469	1469	1469

注：括号内为 t 值。*、**、*** 分别表示在 10%、5%、1% 的水平上显著。

表 4-6 中的列（1）回归结果显示，对于小规模企业而言，知识产权保护的估计系数在 1% 的水平上显著为正，说明知识产权保护对小规模企业的研发投入能够起到显著的促进作用。可能原因在于，对于小规模企业而言，为了在市场中竞争生存，其研发创新的积极性可能更高，加强知识产权保护保障了创新成果的收益，减少了研发溢出损失，从而加强知识产权保护对小规模企业研发和创新动力的影响较为明显，进而激励了企业研发投入。而对于大规模企业而言，虽然其资金相对雄厚，但由于其市场垄断地位优势，对研发投入项目的各方面要求都比较高，而且其研发投入项目的成本和技术的门槛比较高，一般企业难以模仿，其创新动力和积极性相对而言也不是那么强，所以，知识产权保护对大规模企业研发投入的激励可能相对不明显。

列（1）的回归结果显示，融资约束的估计系数在 1% 的水平上显著为负，说明融资约束对小规模企业的研发投入起到抑制作用，对大规模企业相对不明显。原因在于规模较大的企业所获得的资源更多，自身的融资限制条件比较宽松，面临的融资约束相对较小，从而融资约束对其研发投入的影响也不是很大。而对规模较小的企业而言，融资渠道受限，从外界融资较为困难，面临的融资约束也较为明显，从而导致融资约束对研发投入的抑制作用也较为明显，这与前文的理论假说 4.1 的预期一致。

列（1）的回归结果还显示，$IPP \times FCI \times Dummy$ 的估计系数虽然为正，但是不显著，说明对于小规模企业而言，知识产权保护未能通过缓解企业融资约束来激励企业研发投入，这点与我们的理论假说4.2不相吻合。可能的原因在于，对于我国小规模企业而言，虽然有很强的创新积极性，但是，创新成果的专利多数是实用新型和外观设计，真正的发明专利数量偏少，企业普遍重视创新数量而忽视创新质量，重视策略性创新而不是实质性创新，这样导致专利并不能很好地代表质量信号，导致加强知识产权保护未能有效缓解信息不对称问题，因此，知识产权保护也未能显著缓解融资约束对小规模企业研发的抑制作用。

2. 不同融资约束程度的异质性检验

不同融资约束程度的企业，融资约束对企业研发投入的影响也不同。一般而言，受融资约束程度较大的企业，融资约束对企业研发的抑制作用也相对较为明显。为此，本章根据样本期内计算的融资约束指数对企业进行分类，高于融资约束指数平均值的企业我们定义为高融资约束企业，低于融资约束指数平均值的企业我们定义为低融资约束企业。在回归中，我们加入不同融资约束企业的虚拟变量（Dummy）与知识产权保护和融资约束的交互项（$IPP \times FCI$）的乘积项的形式，即三者的交互项形式（$IPP \times FCI \times Dummy$）。当企业为高融资约束企业时，Dummy取值为1；当企业为低融资约束企业时，Dummy取值为0。工具变量的选择与上述一致，这里不再赘述。不同融资约束企业的2SLS回归结果如表4-6中的列（2）所示。我们重点关注融资约束（FCI）以及交互项（$IPP \times FCI \times Dummy$）的估计结果。

表4-6中的列（2）的估计结果显示，融资约束企业的估计系数在1%的水平上显著为负，说明对于高融资约束企业而言，融资约束对企业研发投入的抑制效应显著，对于低融资约束企业而言，融资约束对企业研发投入的激励效应相对不明显，这与我们的理论分析及现实相吻合。融资约束越强，企业的研发激励效应就越弱，从而融资约束对研发投入的抑制效应也相对较为明显。$IPP \times FCI \times Dummy$的估计系数在5%的水平上显著为正，说明加强知识产权保护能够通过缓解融资约束较强企业的融资约束，进而激励企业研发投入。由于融资约束对企业研发投入存在显著的抑制作用，所以对于高融资约束企业而言，加强知识产权保护能够缓解融资

约束对企业研发投入的抑制作用，这与理论假说 4.2 的结果相一致。此外，知识产权保护的估计系数在 1% 的水平上仍然显著为正，说明知识产权保护稳健地促进了企业的研发投入。

3. 高新技术企业和非高新技术企业的异质性检验

高新技术企业属于知识密集型企业[①]，高新技术企业发展的关键因素是研发投入，高新技术企业相对于非高新技术企业而言，其创新能力的积极性也相对较强。同时，高新技术企业对创新的资金需求也相对较大，因此面临的融资约束可能也更加明显，知识产权保护和融资约束对高新技术企业研发投入的影响也可能更加明显。为此，我们也通过区分高新技术企业和非高新技术企业进行异质性检验。我们根据高新技术企业定义将样本区分为高新技术企业和非高新技术企业两个样本。在回归中，我们加入不同技术企业的虚拟变量（$Dummy$）与知识产权保护和融资约束的交互项（$IPP \times FCI$）的乘积项的形式，即三者的交互项形式（$IPP \times FCI \times Dummy$）。当企业为高新技术企业时，$Dummy$ 取值为 1；当企业为非高新技术企业时，$Dummy$ 取值为 0。工具变量的选择与上述一致，这里不再赘述。高新技术企业和非高新技术企业的 2SLS 回归结果如表 4 - 6 中的列（3）所示。

表 4 - 6 中的列（3）的估计结果显示，对于高新技术企业而言，知识产权保护的估计系数在 1% 的水平上显著为正，说明知识产权保护促进了高新技术企业的研发投入，知识产权保护对高新技术企业研发投入的激励效应也更加显著。这是因为，技术创新是高新技术企业发展的驱动力，创新的源泉是研发投入，而研发投入项目的成果能否获得较好的保护，是企业投资意愿的重要因素。加强知识产权保护，可以保障研发企业的创新收益，企业研发成果可以带来更多的垄断利润，企业的研发投入意愿自然也就提高了。同时，高新技术企业由于知识含量和技术水平较高，其研发溢出效应也较强，存在明显的正外部性，因此，加强知识产权保护可以有效地减少研发溢出损失，进而激励企业研发投入。

---

① 根据国泰安数据库上市公司资质认定信息文件中的"高新技术企业"数据整理总结。

列（3）的估计结果显示，对于高新技术企业而言，融资约束的估计系数在1%的水平上显著为负，说明融资约束对高新技术企业研发投入起到了抑制作用。其可能解释是，对于高新技术企业而言，其对创新的资金需求也较大，面临的融资约束可能也较强，导致融资约束对企业研发投入的抑制作用可能更加明显，因而，融资约束显著抑制了高新技术企业的研发投入，特别是对于我国高科技上市企业而言可能更是如此。

列（3）的估计结果还显示，$IPP \times FCI \times Dummy$ 的估计系数在1%的水平上显著为正，说明加强知识产权保护能够通过缓解高新技术企业的融资约束，进而激励高新技术企业的研发投入。由于融资约束对高新技术企业的研发投入存在显著的抑制作用，所以以加强知识产权保护能够显著缓解融资约束对高新技术企业研发投入的抑制作用，这与前文理论假说4.2的结果一致。

4. 不同所有权属性的异质性检验

因股权性质的差异和经营环境的不同，不同企业面临的融资约束也不同，因而，融资约束对不同所有权属性企业的研发投入的影响也会有所不同。对于中国而言，政府作为国有银行的最终所有者在很大程度上直接或间接地影响金融资源配置（康志勇，2013），导致我国银行信贷资源更多地配置给了国有企业（Allen et al.，2005）。在这样的背景下，导致我国民营企业融资约束较为严重，而国有企业融资约束相对较弱。因此，有必要区分不同所有权企业属性进行异质性检验。为此，本章按照样本内的企业股权性质进行分类，分为国有企业、民营企业和外资企业，分别对三类企业进行2SLS回归分析，工具变量的选取与前文相同，这里不再赘述。不同所有权属性企业的异质性检验结果如表4-7所示。

表4-7　　　　不同所有权属性企业的异质性检验

变量	(1) 国有企业	(2) 民营企业	(3) 外资企业
IPP	0.00970 *** (3.55)	0.00311 *** (3.70)	0.00525 *** (4.59)

续表

变量	(1)	(2)	(3)
	国有企业	民营企业	外资企业
FCI	-0.00211	-0.00287^{***}	-0.00321^{***}
	(-1.14)	(-2.67)	(-2.60)
$IPP \times FCI$	0.000719	0.000797^{**}	0.000894^{**}
	(1.34)	(2.56)	(2.52)
SIZE	-0.00239	-0.00103^{**}	-0.00181^{***}
	(-1.33)	(-2.37)	(-3.37)
ZF	-0.0017	0.00483	0.00157
	(-0.09)	(0.84)	(0.19)
CI	-0.00178^{***}	-0.000656^{***}	-0.000751^{***}
	(-3.63)	(-2.77)	(-3.21)
PF	$-3.76E-13$	$-1.19E-13^{***}$	$-8.28E-14$
	(-0.30)	(-3.04)	(-1.64)
常数项	0.0503	0.0263^{**}	0.0420^{***}
	(1.38)	(2.24)	(3.27)
时间效应	控制	控制	控制
省份效应	控制	控制	控制
行业效应	控制	控制	控制
R^2	0.0771	0.9255	0.9280
N	493	1076	1427

注: 括号内为 t 值。**、*** 分别表示在 5%、1% 的水平上显著。

表 4 - 7 中的列 (1) 显示了国有企业的估计结果。估计结果表明, 对于国有企业而言, 融资约束的估计系数虽然为负, 但是不显著, 说明融资约束对国有企业研发投入的抑制作用不明显, 这与我国的现实背景是相吻合的。长期以来, 中国的金融信贷资源给予了国有企业更多的支持和照顾, 我国金融资源配置更多地偏向国有企业, 从而导致对非国有企业 "所有制歧视", 因而, 我国国有企业面临的融资约束现象并不是很严重, 融资约束对国有企业研发投入的抑制作用也不显著。同时, 国有企业估计的交互项的估计系数虽然为正, 但是不显著, 说明加强知识产权保护并不能显著缓解企业融资约束而激励企业研发投入, 因此, 加强知识产权保护也

不能有效缓解融资约束对国有企业研发投入的影响。

表4-7中的列（2）展示了民营企业的估计结果。估计结果显示，对于民营企业而言，融资约束的估计系数在1%的水平上显著为负，说明融资约束显著抑制了民营企业的研发投入。同时，民营企业估计的交互项的估计系数在5%的水平上显著为正，估计结果与中国的现实是一致的。这是因为，长期以来，中国民营企业一直存在融资难、融资贵的问题，艾伦等（Allen et al., 2005）通过调查发现，中国银行信贷对不同所有制企业存在明显的歧视待遇。国有企业可以获得大量持续稳定的资金支持，这样国有企业就可以将信贷资金作为研发投资，而民营企业外部融资比较困难，银行信贷资金主要用于企业的经营活动，因此，民营企业难以将银行的信贷资金作为研发投入的主要融资渠道。虽然中国政府近年来采取多项举措来解决民营企业的融资难问题，但是，当前中国民营企业仍然存在较为严重的融资约束问题，这是不争的事实，融资约束显著抑制了民营企业的研发投入。当知识产权保护力度增强时，也能够有效缓解民营企业的融资约束问题，从而激励了企业研发投入，所以，知识产权保护能够显著缓解融资约束对民营企业研发投入的抑制作用。

表4-7中的列（3）显示了外资企业的估计结果。结果显示，外资企业的估计结果与民营企业的估计结果基本类似，与我们的预期和现实不太吻合。对于外资企业而言，融资约束的估计系数在1%的水平上显著为负，说明融资约束显著抑制了外资企业的研发投入。同时，外资企业估计的交互项的估计系数在5%的水平上显著为正，说明融资约束显著抑制了外资企业的研发投入，加强知识产权保护能够缓解融资约束对外资企业研发投入的抑制作用。需要说明的是，外资企业的估计结果与我们预期和现实似乎不太吻合。通常认为，外资企业资金一般比较雄厚，其受到的融资约束可能也并不是那么严重。我们认为，可能的原因在于，由于知识产权保护或商业秘密保护等，外资企业倾向于将研发中心设立在母国，外资企业将可能不愿意投资于一些知识产权起关键性作用的产业（如医药和软件行业），而且在投资功能上，在知识产权保护体制较弱的国家，外资企业一般不会在东道国建立R&D设施，而是倾向于建立分销设施（Lee & Mansfield, 1996），这可能导致外资企业的融资约束抑制了企业的研发投入。随

着东道国知识产权保护力度的加强，不仅保障了外资企业创新成果不被侵权或模仿，而且信息不对称问题也能得到有效缓解，因此，加强知识产权保护也能够有效缓解融资约束对外资企业研发投入的抑制作用。当然，对于外资企业的估计结果与现实不一致的背后原因可能需要我们进一步研究和深层挖掘。

此外，对于三类企业而言，知识产权保护的估计系数均在 1% 的水平上显著为正，说明知识产权保护稳健地激励了企业的研发投入，估计结果及其解释与前文一致，其他控制变量的估计结果与 2SLS 模型的估计结果基本一致，这里不再赘述。

四、稳健性检验

我们接着对上述研究结论进行稳健性检验。稳健性检验包含两个内容：一是考虑用省际的知识产权保护执法力度来替代知识产权保护强度，进行稳健性检验；二是通过选择融资约束的单指标变量即净资产收益率来替代融资约束指数进行稳健性检验，由于净资产收益率与融资约束呈反向关系，而且高度相关，因此，本章以净资产收益率的相反数纳入模型进行估计。稳健性检验包含总体样本企业的稳健性估计和不同类型企业的稳健性估计两个部分。

1. 基于不同知识产权保护指数的稳健性检验（Ⅰ）

表 4 - 8 显示了总体样本企业的稳健性检验结果。表 4 - 8 中的列（4）的估计结果显示，知识产权保护指数的估计系数在 1% 的水平上显著为正，意味着知识产权保护促进了企业研发投入。融资约束的估计系数在 5% 的水平上显著为负，说明融资约束对企业研发投入具有抑制作用。知识产权保护和融资约束的交互项的估计系数在 5% 的水平上显著为正，说明知识产权保护能够通过缓解企业的融资约束而促进企业研发投入，知识产权保护缓解了融资约束对企业研发投入的抑制作用。上述核心解释变量的估计结果和其他控制变量的估计结果与前文估计结果基本一致，总体样本的稳健性检验证明了本章的估计结果具有一定的稳健性。

表4-8　　　　　　　　　　总体样本企业的稳健性检验（Ⅰ）

变量	(1)	(2)	(3)	(4)
	OLS	RE	FE	2SLS
IPP	0.00798 ***	0.00693 ***	0.00767 ***	0.0429 ***
	(3.15)	(4.19)	(2.69)	(3.32)
FCI	−0.000551 ***	−0.000244 ***	0.0000181	−0.00526 **
	(−4.09)	(−2.69)	(0.19)	(−2.56)
IPP × FCI	0.000760 ***	0.000362 **	0.000153	0.00884 **
	(2.92)	(2.15)	(0.78)	(2.5)
SIZE	−0.00174 ***	−0.00190 ***	−0.0033	−0.00169 ***
	(−5.10)	(−3.23)	(−1.43)	(−3.13)
ZF	−0.00288	−0.00203	−0.00156	0.00462
	(−0.49)	(−0.47)	(−0.77)	(0.52)
CI	−0.000825 ***	−0.000760 ***	−0.000483 **	−0.000816 ***
	(−3.83)	(−2.88)	(−2.11)	(−3.25)
PF	−4.97E−14	1.87E−14	9.36E−14 *	−6.98E−14
	(−1.50)	(0.4)	(1.86)	(−1.28)
常数项	0.0566 ***	0.0588 ***	0.0899 *	0.0291 *
	(6.75)	(4.55)	(1.75)	(1.92)
时间效应	不控制	不控制	控制	控制
省份效应	不控制	不控制	控制	控制
行业效应	不控制	不控制	控制	控制
R^2	0.0279	0.0261	0.00953	0.4611
N	2488	2488	2488	1469

注：括号内为 t 值。* 、** 、*** 分别表示在10%、5%、1%的水平上显著。

　　表4-9中的列（1）的估计结果显示，知识产权保护的估计系数在1%的水平上显著为正，说明知识产权保护增加了小规模企业的研发投入；融资约束的估计系数在1%的水平上显著为负，表明融资约束显著抑制了小规模企业的研发投入；知识产权保护、融资约束和不同企业规模虚拟变量的交互项的估计系数在5%的水平上显著为正，说明采用省际层面的知识产权保护执法力度进行稳健性检验后，知识产权保护能够缓解融资约束对小规模企业研发投入的抑制作用。上述核心解释变量的

估计结果和控制变量的估计结果与前文是一致的，说明估计结果具有一定的稳健性。

表4-9 异质性稳健性检验（Ⅰ）

变量	(1) 企业规模异质性 2SLS	(2) 融资约束异质性 2SLS	(3) 技术密集度异质性 2SLS
IPP	0.0172 *** (3.00)	0.0159 *** (2.75)	0.0173 *** (3.01)
FCI	− 0.000460 *** (− 3.35)	− 0.000453 ** (− 2.30)	− 0.000432 *** (− 3.79)
IPP × FCI × Dummy	0.000659 ** (2.31)	0.000636 (1.33)	0.000791 *** (3.39)
SIZE	− 0.00193 *** (− 3.73)	− 0.00183 *** (− 3.59)	− 0.00177 *** (− 3.50)
ZF	− 0.00028 (− 0.04)	− 0.000426 (− 0.05)	− 0.000114 (− 0.02)
CI	0.000695 *** (− 3.12)	0.000699 *** (− 3.09)	0.000699 *** (− 3.32)
PF	− 8.63E − 14 * (− 1.74)	− 5.95E − 14 (− 1.28)	− 8.22E − 14 * (− 1.70)
常数项	0.0534 *** (4.57)	0.0508 *** (4.37)	0.0496 *** (4.35)
时间效应	控制	控制	控制
省份效应	控制	控制	控制
行业效应	控制	控制	控制
R^2	0.00854	0.00832	0.00961
N	1469	1469	1469

注：括号内为 t 值。* 、** 、*** 分别表示在10%、5%、1%的水平上显著。

表4-9中的列（2）的估计结果显示，知识产权保护的估计系数在1%的水平上显著为正，说明知识产权保护促进了高融资约束企业的研发投入；融资约束的估计系数在5%的水平上显著为负，表明融资约束抑制

了高融资约束企业的研发投入；知识产权保护、融资约束和不同融资约束企业虚拟变量的交互项的估计系数虽然为正，但是不显著，因此，通过替代不同知识产权保护力度指标，未能有效验证知识产权保护缓解了融资约束对高融资约束企业研发投入的抑制作用。但总体而言，上述知识产权保护和融资约束两个核心解释变量的估计结果和控制变量的估计结果与前文基本一致，因而在一定程度上也验证了本章的估计结果具有一定的稳健性。

表4-9中的列（3）的估计结果显示，知识产权保护的估计系数在1%的水平上显著为正，说明知识产权保护激励了高新技术企业的研发投入；融资约束的估计系数在1%的水平上显著为负，表明融资约束显著抑制了高新技术企业的研发投入；知识产权保护、融资约束和不同高新技术企业虚拟变量的交互项的估计系数在1%的水平上显著为正，说明知识产权保护显著缓解了融资约束对高新技术企业研发投入的抑制作用。上述核心解释变量的估计结果和控制变量的估计结果与前文是一致的，说明估计结果具有稳健性。

表4-10显示了不同所有权属性的异质性检验结果。估计结果显示，对于三类企业而言，知识产权保护的估计系数均至少在5%的水平上显著为正，说明知识产权保护激励了三类企业的研发投入。需要注意的是，对于国有企业而言，融资约束的估计系数在10%的水平上显著为负，知识产权保护和融资约束的交互项在5%的水平上也显著为正，说明通过替代知识产权保护的执法力度后，国有企业的估计结果稍微与前文的估计结果出现一些出入。但是，通过对比民营企业和外资企业的估计结果，我们发现两点不同的地方：一是对于民营企业和外资企业而言，融资约束的估计系数显著性水平较高，都在5%水平上显著为负，而且估计系数绝对值都大于国有企业融资约束的估计系数绝对值，且民营企业融资约束的估计系数绝对值最大；二是三类企业交互项的估计系数虽然都在5%水平上显著为正，但是，民营企业和外资企业的估计系数均大于国有企业，且民营企业交互项的系数最大。因此，上述估计结果仍然在一定程度上能够证明本章的估计结果是稳健的，即知识产权保护显著促进了企业研发投入，融资约束显著抑制了企业研发投入，知识产权保护缓解了融资约束对企业研发投入的抑制作用，且对于民营企业而言更加显著。总之，上述估计结果依然

具有稳健性。

表 4 – 10 不同所有权属性的稳健性检验（Ⅰ）

变量	(1) 国有企业 2SLS	(2) 民营企业 2SLS	(3) 外资企业 2SLS
IPP	0.0730 *** (3.03)	0.0340 ** (2.27)	0.0438 *** (3.27)
FCI	− 0.00499 * (− 1.95)	− 0.00586 ** (− 2.06)	− 0.00541 ** (− 2.51)
IPP × FCI	0.00838 ** (2.01)	0.0101 ** (2.03)	0.00910 ** (2.46)
SIZE	− 0.00246 (− 1.49)	− 0.00125 ** (− 2.41)	− 0.00174 *** (− 3.17)
ZF	− 0.000615 (− 0.03)	0.00561 (− 0.9)	0.005 (− 0.56)
CI	− 0.00296 *** (− 3.73)	− 0.000468 ** (− 2.43)	− 0.000828 *** (− 3.24)
PF	− 1.57E − 13 (− 0.14)	− 8.21E − 14 (− 1.59)	− 7.05E − 14 (− 1.27)
常数项	0.0403 (1.03)	0.0218 * (1.67)	0.0297 * (1.9)
时间效应	控制	控制	控制
省份效应	控制	控制	控制
行业效应	控制	控制	控制
R^2	0.00496	0.4763	0.4539
N	493	1076	1427

注：括号内为 t 值。 * 、 ** 、 *** 分别表示在 10% 、 5% 、 1% 的水平上显著。

2. 基于不同融资约束指数的稳健性检验（Ⅱ）

表 4 – 11 显示了总体样本企业的稳健性检验结果。表 4 – 11 中的列（4）的估计结果显示，知识产权保护指数的估计系数在 1% 的水平上显著为正；融资约束的估计系数在 5% 的水平上显著为负；知识产权保护和融

资约束的交互项的估计系数在5%的水平上显著为正。上述估计说明,知识产权保护能够直接激励企业增加研发投入,融资约束对企业研发投入起到抑制作用,知识产权保护缓解了融资约束对企业研发投入的抑制作用。上述核心解释变量的估计结果和其他控制变量的估计结果与前文估计结果基本一致,证明了本章的估计结果具有一定的稳健性。

表4-11　　　　　　　　　　总体样本的稳健性检验(Ⅱ)

变量	(1)	(2)	(3)	(4)
	OLS	RE	FE	2SLS
IPP	0.00220***	0.00242***	0.00389***	0.00974***
	(5.37)	(4.08)	(3.85)	(2.9)
FCI	-0.0012	0.00388	0.00918*	-0.307**
	(-0.17)	(0.71)	(1.76)	(-2.15)
IPP×FCI	0.00272	-0.00208	-0.00157	0.0849**
	(1.12)	(-1.08)	(-0.80)	(2.07)
SIZE	-0.00182***	-0.00187***	-0.00351*	-0.00201***
	(-5.35)	(-3.17)	(-1.78)	(-3.55)
ZF	-0.0034	-0.00208	-0.00143	0.00313
	(-0.57)	(-0.48)	(-0.81)	(-0.37)
CI	-0.000769***	-0.000729***	-0.000462**	-0.000717***
	(-3.78)	-2.89	(-2.05)	(-3.06)
PF	-4.77E-14	2.85E-15	5.34E-14	-3.21E-13***
	(-1.38)	(0.06)	(-0.98)	(-3.28)
常数项	0.0557***	0.0540***	0.0868**	0.0289
	(6.82)	(4.43)	-2.04	(1.53)
时间效应	不控制	不控制	控制	控制
省份效应	不控制	不控制	控制	控制
行业效应	不控制	不控制	控制	控制
R^2	0.0349	0.033	0.033	0.9279
N	2488	2488	2488	1469

注:括号内为t值。*、**、***分别表示在10%、5%、1%的水平上显著。

表4-12中的列(1)的估计结果显示,知识产权保护的估计系数在1%的水平上显著为正;融资约束的估计系数在1%的水平上显著为负;知

识产权保护、融资约束和不同企业规模虚拟变量的交互项虽然为正，但是不显著。上述估计表明，知识产权保护激励了小规模企业的研发投入，融资约束抑制了小规模企业的研发投入，知识产权保护未能缓解融资约束对小规模企业研发投入的抑制作用。上述核心解释变量的估计结果和控制变量的估计结果与前文是一致的，说明估计结果具有稳健性。

表4－12　　　　不同类型企业的异质性稳健性检验（Ⅱ）

变量	(1)	(2)	(3)
	企业规模异质性	融资约束异质性	技术密集度异质性
	2SLS	2SLS	2SLS
IPP	0.00313 ***	0.00283 ***	0.00328 ***
	(5.14)	(4.67)	(4.99)
FCI	-0.0319 ***	-0.0393 ***	-0.0344 ***
	(-2.74)	(-2.87)	(-3.32)
IPP × FCI × Dummy	0.00323	0.0104 *	0.00566 **
	(0.87)	(1.89)	(2.12)
SIZE	-0.00230 ***	-0.00217 ***	-0.00213 ***
	(-4.23)	(-4.34)	(-4.23)
ZF	0.000315	-0.0000186	0.0000939
	(0.04)	(-0.00)	(-0.01)
CI	-0.000537 ***	-0.000570 ***	-0.000548 ***
	(-3.12)	(-2.98)	(-3.14)
PF	-8.74E-14 *	-8.83E-14 *	-1.02E-13 **
	(-1.76)	(-1.80)	(-2.02)
常数项	0.0592 ***	0.0562 ***	0.0555 ***
	(5.08)	(5.03)	(5.01)
时间效应	控制	控制	控制
省份效应	控制	控制	控制
行业效应	控制	控制	控制
R^2	0.0184	0.02	0.0181
N	1469	1469	1469

注：括号内为t值。*、**、***分别表示在10%、5%、1%的水平上显著。

表4－12中的列（2）的估计结果显示，知识产权保护的估计系数在1%的水平上显著为正；融资约束的估计系数在1%的水平上显著为负；知识产权保护、融资约束和不同融资约束企业虚拟变量的交互项的估计系数

在10%的水平上显著为正，显著性水平有所下降。上述估计表明，知识产权保护促进了高融资约束企业的研发投入，融资约束抑制了高融资约束企业的研发投入，知识产权保护在一定程度上缓解了融资约束对高融资约束企业研发投入的抑制作用。上述核心解释变量的估计结果和控制变量的估计结果与前文基本一致，在一定程度上验证了本章的估计结果是稳健的。

表4-12中的列（3）的估计结果显示，知识产权保护的估计系数在1%的水平上显著为正；融资约束的估计系数在1%的水平上显著为负；知识产权保护、融资约束和不同融资约束企业虚拟变量的交互项的估计系数在5%的水平上显著为正。上述估计表明，知识产权保护促进了高新技术企业的研发投入，融资约束抑制了高新技术企业的研发投入，知识产权保护显著缓解了融资约束对高新技术企业研发投入的抑制作用。上述核心解释变量的估计结果和控制变量的估计结果与前文基本一致，验证了本章的估计结果具有稳健性。

表4-13显示了不同所有权属性的稳健性检验结果。表4-13中的列（1）的估计结果显示，对于国有企业而言，融资约束的估计系数虽然为负，但是不显著；知识产权保护和融资约束的交互项系数虽然为正，但是不显著，这与前文的估计结果及其解释一致。表4-13中的列（2）的估计结果表明，对于民营企业而言，融资约束的估计系数在5%的水平上显著为负；知识产权保护和融资约束的交互项的估计系数在10%的水平上显著为正，因此证明了上述估计结果的稳健性。表4-13中的列（3）的估计结果显示，对于外资企业而言，融资约束的估计系数在5%的水平上显著为负；知识产权保护和融资约束的交互项的估计系数在5%的水平上显著为正，对于外资企业的估计结果，需要我们进一步深层挖掘结论与现实不一致的背后原因。

表4-13　　　　　　　　不同所有权属性的稳健性检验（Ⅱ）

变量	(1)	(2)	(3)
	国有企业	民营企业	外企企业
	2SLS	2SLS	2SLS
IPP	0.0121 ** (2.35)	0.00697 ** (2.39)	0.0105 *** (2.66)

续表

变量	(1)	(2)	(3)
	国有企业	民营企业	外企企业
	2SLS	2SLS	2SLS
FCI	-0.207	-0.274**	-0.343**
	(-1.15)	(-2.00)	(-2.03)
IPP × FCI	0.058	0.0771*	0.0946**
	(1.13)	(1.94)	(1.96)
SIZE	-0.00164	-0.00153***	-0.00209***
	(-0.87)	(-3.36)	(-3.54)
ZF	0.00317	0.00325	0.00354
	(0.16)	(0.66)	(0.42)
CI	-0.00140***	-0.000657***	-0.000745***
	(-2.60)	(-2.60)	(-2.98)
PF	-1.62E-12	-1.34E-13**	-1.48E-13*
	(-1.09)	(-2.37)	(-1.92)
常数项	0.0181	0.0257*	0.0277
	(0.35)	(1.75)	(1.32)
时间效应	控制	控制	控制
省份效应	控制	控制	控制
行业效应	控制	控制	控制
R^2	0.0261	0.9259	0.9305
N	493	1076	1427

注：括号内为 t 值。*、**、*** 分别表示在 10%、5%、1% 的水平上显著。

第五章 知识产权保护、融资约束与中国企业创新

——基于中国工业企业数据的再检验

第一节 理论分析与研究假说

一、知识产权保护对企业创新的影响

无论是在理论层面还是在实证层面，考察知识产权保护对国家层面创新能力的影响的研究都较为成熟。关于知识产权保护能否激励一国的自主创新能力一直都存在较大争议。从理论层面来看，一些国外学者认为，加强南方国家知识产权保护会使北方国家的创新能力有所下降（Helpman，1993；Glass & Saggi，2002）。而另一些学者也提出了相反的观点，认为加强南方国家知识产权保护有利于促进北方国家创新能力的提高（Lai，1998；Branstetter & Saggi，2011）。尽管上述研究关于知识产权保护对一国自主创新能力的影响方向的观点存在着分歧，但都证实了知识产权保护主要通过影响资本和劳动力的投入对一国创新能力产生影响。布兰斯泰特和萨吉（Branstetter & Saggi，2011）认为，知识产权保护的加强会导致内生的模仿率下降，外商直接投资的上升，从而促进创新能力的提高；格拉斯和萨吉（Glass & Saggi，2002）认为，南方国家加强知识产权会导致北方

国家生产部门的劳动力需求增加，从而限制北方国家创新部门的劳动力投入，进而导致创新能力下降。

实证层面，莱格尔（Léger，2007）研究认为，在发展中国家，创新能力主要依靠知识产权保护强度决定，但不能局限于知识产权保护强度单一的解释变量。陈和普蒂塔努姆（Chen & Puttitanun，2005）、余长林和王瑞芳（2009）研究均认为，发展中国家知识产权保护力度对国内的创新水平存在显著的正向影响，并且现阶段知识产权保护力度还未达到最优水平，故加强知识产权保护有利于提高发展中国家的自主创新能力。

不同于上述宏观层面的研究文献，本章主要基于微观企业层面考察知识产权保护与企业创新之间的关系。一般而言，企业研发和创新存在两个较为明显的特点。

首先，企业研发具有明显的外部性特征。研发投资的外部性会导致研发投资的私人收益小于社会收益（Hejazi & Safarian，1999；Keller，2004；史宇鹏、顾全林，2013），如果没有知识产权特别是专利权的保护，企业创新的预期收益难以弥补企业的研发投入，这会降低企业进一步进行研发和创新投资的积极性，从而会抑制企业创新。因而，知识产权保护是保证企业获得创新的预期收益、提升企业研发和创新投资的重要制度保障（史宇鹏、顾全林，2013；李春涛等，2015）。已有研究表明，知识产权保护对企业研发投资和创新能力存在显著影响（宗庆庆等，2015；史宇鹏、顾全林，2013；尹志锋等，2013；李春涛等，2015；刘思明等，2015；Katz & Shapiro，1987；Licht & Zoz，1988；Pazderka，1999）。

其次，企业创新产出具有明显的公共物品特征。而创新产出的公共物品特征使得企业创新成果很容易被竞争对手模仿和偷盗，因而只有通过加强知识产权保护才能防止创新成果不被侵权，从而保障创新所有者的预期利润，进而激励企业加大研发投入，从而提升企业的创新能力。具体而言，企业一旦选择进行研发和创新将面临两个主要风险：其一，由于创新存在不确定性，因而，创新存在失败的风险，一旦创新失败，那么前期投入创新的资金将无法回收，对企业造成实质损失；其二，如果创新成功，但由于知识产权保护机制的不健全，导致创新成果被市场竞争者简单模仿和盗用，进而造成企业维权费用、预期收益、前期研发投入甚至市场份额的四重损失。当企业面临一个知识产权保护力度较高的环境且创新成功可能获得更多利润时，企业会倾向于投资创新项目，相反，一旦预期收益不能得到保证，企业投资于创新项目的热情会显著下降。由于企业追求利润的最大化，在内外部条件允许的情况下，加强知识产权保护会促使企业在创新上投入更多的研发投入，企业的创新能力相应也会有所增强。曼斯菲尔德（Mansfield，1986）研究发现，如果没有对知识产权的保护，美国在医药和化学行业中将分别有 65% 和 30% 的创新成果不会出现。尹志峰等（2013）研究认为，知识产权保护的加强通过影响创新投资者的预期收益来提高企业的研发投入，从而对创新产出产生显著的正向影响，进而论证了知识产权保护力度对创新产出影响的传导机制。李春涛等（2015）利用跨国微观企业数据研究认为，加强知识产权保护能够激励企业进行创新投资。史宇鹏、顾全林（2013）利用中国工业企业数据库的数据研究表明，知识产权侵权程度显著抑制了中国企业的研发投入，且对不同所有制企业创新的影响呈现显著的差异。刘思明等（2015）利用中国省际工业企业面板数据研究发现，加强知识产权保护显著提升了中国地区工业行业的自主创新能力。而李蕊和沈坤荣（2014）则认为，现阶段的知识产权保护尚未显著促进中国企业的研发投入。

基于上述分析，本章提出以下有待检验的假说 5.1。

假说 5.1：加强知识产权保护有利于提高企业的研发投入，进而提升了企业的自主创新能力。

二、融资约束对企业创新的影响

企业研发和创新往往伴随着高风险的长期投资项目，是一个需要大量资金投入的长期和持续的过程，资金不足会导致企业研发由于面临严重的融资约束而被迫终止或失败，因此，企业研发需要良好的融资体系来支撑（谢家智等，2014；康志勇，2013；李春涛等，2015）。由于研发投资和创新行为往往面临着较大的调整成本（Himmelberg & Petersen，1994），具有长期性、高风险性和不确定性特征，而且研发投资和创新行为一般都存在高度的信息不对称特征，使得资金供给方和需求方双方往往容易存在严重的信息摩擦（Hall，2002），因而，企业 R&D 投入往往难以从外部融资渠道获得有效的资金支持，从而带来企业 R&D 投入不足的问题，进而使得企业的研发投入和创新行为面临着严重的融资约束问题（Holmstrom，1989），而且研发投资甚至比一般项目投资面临更严重的融资约束问题（Himmelberg & Petersen，1994）。卡内帕（Canepa，2008）、莫赫宁等（Mohnen et al.，2008）研究均表明，一些发达国家如荷兰和英国等，外源融资也是阻碍企业进行研发投资和创新的重要因素之一。

现有研究一般基于法扎里和皮特森（Fazzari & Petersen，1988）的研究方法，通过考察研发投入与内部现金流两者之间是否呈现正向关联来判断研发投资和创新行为是否存在融资约束。由于企业研发投资需要巨额前期投入，沉淀成本较高，因而仅仅依赖企业自身有限的内源融资渠道一般难以承担和填补研发投资活动所需的巨额前期投入和融资缺口。汉密尔伯格和彼得森（Himmelberg & Petersen，1994）认为，企业研发投入的融资渠道存在由内源融资渠道向外源融资渠道依次排列的次序，因此，企业往往借助于外源融资以保证研发投资的顺利进行，外源融资渠道越来越成为企业研发投入的重要来源（Hall，2002）。

许多研究都认为，融资约束对企业研发投资和创新能力具有显著影响（张杰等，2012；赵伟等，2012；卢馨等，2013；康志勇，2013；Himmelberg & Petersen，1994；Mulkay & Hall，2000；Hall，2002；Ughetto，2008；David et al.，2008）。霍尔（Hall，2002）、汉密尔伯格和彼得森（1994）发现，企业内部现金流对企业研发投资存在显著正向影响。马尔凯和霍尔（Mulkay & Hall，2000）研究发现，法国和美国企业研发投资与内部现金流之间均呈现显著的正相关关系。赵伟等（2012）认为，企业越容易得到外部融资，企业的研发和自主创新能力就越强。张杰等（2012）发现，融资约束显著抑制了中国民营企业的研发投资，且民营企业研发投入的融资渠道主要来源于内部现金流。

基于上述分析，本章提出以下有待检验的假说 5.2。

假说 5.2：企业的融资约束越强，企业的研发投入就越低，企业的自主创新能力也就越低，即融资约束抑制了企业的研发投入和自主创新能力。

三、知识产权保护和融资约束的交互作用对企业创新的影响

如果说良好的融资体系为企业研发和创新提供了资金上的有效支撑，那么完善的知识产权保护则为企业获取创新的预期收益提供了法律上的制度保障。前文的分析表明，研发投资外部性和创新成果的公共物品特征决定了我们只有同时考虑融资约束和知识产权保护这两个重要因素，才能够真正阐释制约中国企业研发和创新能力提升的真实原因。

企业创新能否成功是一个不确定事件，除了不可控的随机因素外，研发投入是创新活动的基础。加强知识产权保护对企业创新的预期收益产生影响，进而影响到企业的研发投入，因此，知识产权保护是企业进行研发投入和创新的决定性因素。企业研发投入除了受融资约束的影响外，知识产权保护也是影响研发投入的重要因素，因此，融资约束和知识产权保护均会通过影响企业的研发投入而激励企业创新。

值得注意的是，假说5.1和假说5.2分别只单独考察了融资约束和知识产权保护对企业创新的影响，但是，尚未揭示知识产权保护和融资约束的交互作用对企业创新的影响。实际上，融资约束对企业创新的影响效应也会受到知识产权保护的制约。这是因为，知识产权保护可以通过提升企业外部融资能力、缓解企业所面临的融资约束对企业创新产生间接影响（详见第三章和第四章的研究结果）。阿伦德尔（Arundel，2001）运用1993年欧洲创新联盟企业调查数据、霍尔（2004）基于美国1980～1989年的上市企业数据、海斯勒等（Haeussler et al.，2009）利用英国和德国的企业数据均发现，加强知识产权保护有利于企业获得更多的融资和吸引研发合作伙伴，进而促进企业创新。而随着一国知识产权保护制度的完善，一方面，企业事前因存在高效完善的知识产权保护制度而产生的正面经营信心与利润预期，能够预期成功创新之后不会因山寨、模仿而失去创新收益，即使客观上存在较强的融资约束，企业也会为了未来高收益而采用一些常规或非常规的方式去突破这一融资约束；另一方面，企业事后可以利用高效完善的知识产权保护下的专利二级市场，通过转让专利所有权获取收益，将一些与企业生产较为不相关的研发副产品转让、出售出去以

获得资金流来缓解企业的融资约束，进而能够推动现有的或未来的研究项目，而知识产权保护制度越完善，也越容易催生更多以研发为主要获益手段的创新性企业和研发机构。因此，知识产权保护通过这种对企业事前创新预期以及事后专利变现能力的影响，能够提升企业的外延融资能力和缓解企业所面临的融资约束而对企业创新产生间接影响，即加强知识产权保护制度能够缓解融资约束对企业创新的抑制作用。因此，知识产权保护和融资约束的交互作用（知识产权保护和融资约束的交互项）会激励企业的研发投入和自主创新能力，即知识产权保护制度越完善，则融资约束对企业创新的抑制作用也就越弱。

基于上述分析，本章提出以下有待检验的假说5.3。

假说5.3：加强知识产权保护能够通过缓解企业所面临的融资约束对企业创新产生间接影响。知识产权保护越强，融资约束对企业创新的抑制作用就越弱，即加强知识产权保护有利于缓解融资约束对企业创新的抑制作用。

四、知识产权保护和融资约束对企业创新影响的所有制差异

知识产权保护强度对于处于不同市场结构即不同市场竞争状态下的企业可能存在异质性影响（史宇鹏、顾全林，2013）。一方面，寡头垄断的市场结构比竞争的市场结构更有利于激励企业的自主创新（熊彼特，1934）。知识产权保护强度发生变化时，不同类型企业所面对的市场环境存在差异，从而造成了企业对创新的预期收益的判断存在差别。一般而言，国有企业所面对的产业环境和竞争环境相对较为平和，民营企业面临着较为激烈的市场竞争。行业内的市场竞争激烈，这类企业对于创新的预期收益判定往往高于那些竞争环境较为平和的企业。故在知识产权保护力度发生变化的背景下，由于不同企业所有制存在差异，使得企业对创新的预期收益判断存在差别，进而影响了企业的创新能力。由于市场竞争会导致企业无法独家垄断获得创新的预期收益，因此，对竞争激烈的行业企业给予知识产权保护，对它们创新的激励效果会更明显。另一方面，中国国有企业经营中往往存在着预算软约束问题，更容易从银行部门获得大量的

信贷资源。对于民营企业来说，它们很难从银行部门获得各种信贷资源，因此，对于是否能够获得创新回报非常关心，对知识产权保护的反应将更加敏感，进而加强知识产权保护对企业创新的激励作用可能更显著（史宇鹏、顾全林，2013）。张杰等（2012）认为，不同类型企业在知识产权保护力度加强的条件下，提升自身创新能力的动力不尽相同。史宇鹏和顾全林（2013）认为，加强知识产权保护对中国国有企业研发投入的影响相对不显著，而知识产权保护对非国有企业研发投入的影响相对更显著。

上述分析表明，加强知识产权保护对企业创新能力的影响可能呈现明显的所有制差异。

同时，融资约束对企业创新的影响可能也会呈现明显的所有制差异。张杰等（2012）发现，国有企业研发投入的融资渠道主要来源于银行信贷，而民营企业研发投入的融资渠道则主要来源于内部现金流。因此，中国民营企业的融资约束问题更为严重，严峻的融资约束可能阻碍了中国民营企业的研发投资和自主创新能力。因此，我们有理由推断，融资约束对民营企业研发投资和创新的影响可能更显著，而对国有企业创新能力的影响相对不显著。

基于上述分析，本章提出以下有待检验的假说5.4。

假说5.4：知识产权保护和融资约束对中国企业研发投资和自主创新能力的影响呈现明显的所有制差异。加强知识产权保护对中国民营企业研发投资和自主创新能力的影响更敏感，对中国国有企业研发投资和自主创新能力的影响相对不敏感；融资约束对中国民营企业研发投资和自主创新能力的影响更显著，对中国国有企业研发投资和自主创新能力的影响相对不显著。

第二节　计量模型、变量与数据

本节接下来主要运用2001~2007年中国工业企业数据库的统计数据来实证考察知识产权保护和融资约束对中国企业研发和创新的影响及其所有制差异，以验证本章第一节提出的四个理论假说。

一、计量模型

为了验证本章的假说 5.1、假说 5.2 和假说 5.3，本章设定如下的计量模型：

$$\ln Inno_{ijkt} = \beta_0 + \beta_1 \ln IPR_{kt} + \beta_2 \ln FC_{it} + \beta_3 \ln FC_{it} \times \ln IPR_{kt} +$$
$$\Theta X_{ijkt} + \gamma_j + \gamma_k + \gamma_t + \varepsilon_{ijkt} \tag{5.1}$$

其中，$Inno_{ijkt}$ 代表企业创新能力，一般采用企业研发投入或新产品销售收入来衡量，IPR_{kt} 代表省际的知识产权保护强度，FC_{it} 代表企业的融资约束指标，$\ln FC_{it} \times \ln IPR_{kt}$ 代表企业融资约束与知识产权保护力度的交互项，以考察知识产权保护和融资约束的交互作用对企业创新的影响，X_{ijkt} 代表影响企业研发和创新能力的企业层面特征的控制变量①，主要包括企业规模、企业年龄、盈利水平、要素密集度、人力资源、专业化分工水平、出口贸易、政府联系等变量，ε_{ijkt} 代表误差扰动项，i 代表企业，j 代表行业，k 代表省份（地区），t 代表年份，γ_j 代表行业效应，γ_k 代表省份效应，γ_t 代表时间效应，β_0、β_1、β_2 和 β_3 代表待估计参数，Θ 代表向量。

为了验证本章的假说 5.4，进一步分析知识产权保护对企业创新能力影响的所有制差异，本章根据国有资本占总资本的比例、民营资本占总资本的比例（包括法人资本和个人资本）和外国资本占总资本的比例将样本中的企业分别定义为国有企业、民营企业和国外企业②，在计量模型（5.1）的基础上分别通过引入知识产权保护与企业资本占比的交互项、融资约束与企业资本占比的交互项来考察知识产权保护和融资约束对企业创新能力影响的所有制特征，因此，本章设定如下计量模型：

$$\ln Inno_{ijkt} = \beta_0 + \beta_1 \ln IPR_{kt} + \beta_2 \ln FC_{it} + \beta_3 \ln IPR_{kt} \times \ln CR_{it} + \beta_4 \ln FC_{it} \times$$
$$\ln CR_{it} + \Theta X_{ijkt} + \gamma_j + \gamma_k + \gamma_t + \varepsilon_{ijkt} \tag{5.2}$$

---

① 除虚拟变量外，控制变量均以对数形式进入估计方程，下同。

② 具体而言，企业资本中国有资本占比较高（≥50%）的企业划分为国有企业，民营资本占比较高（≥50%）的企业划分为民营企业，外国资本占比较高（≥50%）的企业划分为外国企业。

其中，CR_{it} 代表企业资本占比，分别包含国有资本占比 SOR_{it}、民营资本占比 POR_{it} 以及外国资本占比 FOR_{it}，X_{ijkt} 代表影响企业创新能力的控制变量。

二、变量与数据

本章所使用的被解释变量和解释变量的数据主要通过 2001～2007 年工业企业数据库中相关数据计算而得，中国省级知识产权保护力度的测算来源于第四章的测算方法。

1. 中国工业企业创新能力的测算

在企业创新能力指标的选取上，我们以新产品产值占总产值的比例来衡量企业的创新能力。使用这个指标主要出于两个方面的考虑：首先，由于工业企业数据库 2001～2004 年数据部分缺失，无法得到企业层面研究开发费占销售收入的比率；其次，新产品产值占总产值的比例能够反映一个企业将其创新成果付诸生产的价值，是企业创新能力的实际体现，较之创新投入能够更好地衡量创新为企业带来的价值。基于这两个原因，我们首先使用了这一指标。需要说明的是，新产品产值这一指标 2004 年的数据存在缺失的情况，部分企业存在大多数年份中该项指标为 0，个别年份出现极端值的现象，本章的处理方法是：通过将已有数据去掉极端值后取平均值的方式来填补，若该企业仅在 2004 年存活一年，则直接剔除掉该企业的所有数据。当然，为了保持估计结果的稳健性，本章也采用 2005～2007 年中国工业企业研发投入占销售收入的比重作为企业创新能力的衡量指标，来考察知识产权保护和融资约束对企业研发投入和创新的影响。

2. 知识产权保护力度的测算

在知识产权保护力度的选取上，本章采用了省级知识产权保护力度的测算指标，各省份知识产权的实际保护强度的测算结果来源于第四章的测算方法，故这里不再赘述。

3. 融资约束指标

在充分借鉴贝尔曼和赫里科特（Berman & Hericourt，2010）以及米内蒂和朱（Minetti & Zhu，2011）等研究文献关于企业融资约束测算方法的基础上，限于数据缺失，本章采用企业流动性指标：[（企业资产 – 企业负债）/企业资产]①来刻画企业面临的融资约束。由于研发需要投入大量资本，企业内部资金的可得性对于是否能够持续向研发项目提供充足的资金起到很大的影响，故此处使用企业流动性作为反映企业融资约束的指标。该指标越大，说明企业面临的融资约束也就越大。

4. 反映企业特征的控制变量

在控制变量的选取中，本章主要纳入了企业规模、企业年龄、企业利润率、要素密集度、专业化分工、出口贸易、政府联系、人力资源等变量。其中，企业规模以企业工业销售产值来衡量。企业年龄以企业存续年数衡量。盈利水平通过计算利润占销售收入的比重而得，一般来说，利润率越高的企业，越有能力进行研发。本章采用人均固定资产净值来刻画企业的要素密集度，不同类别企业要素密集度的差异可能会对该企业创新能力产生影响。专业化分工水平以中间投入与企业工业增加值的比例衡量，反映了单位工业增加值所支付的中间投入的金额，每单位工业增加值所需的中间投入越高，说明企业更多地依赖其他企业生产低端部件，降低企业本身的生产成本可能对企业的研发投入产生影响。出口贸易以出口交货值与工业销售产值的比例刻画，出口贸易占其销售产值较高的企业的主要市场在国外，在应对市场需求变化的同时还要受到国外厂商较高的研发水平的挑战，从而对企业创新产生影响。政府联系采用虚拟变量来衡量，当企业在一年中得到政府补贴时，该变量为1，否则为0，政府补贴能够起到克服外部性的作用，理论上看，具有正外部性的企业更容易获得政府补贴。需要说明的是，由于企业层面研发人员占从业人员比重的数据无法获得，故在人力资源的测算上本章使用了人均工资水平这一指标进行衡量，人均

---

① 该指标也可以表达为 1 – 企业负债/企业资产，即 1 减去资产负债率。

工资水平越高，说明企业拥有的人力资源越丰富，从而企业的创新能力也越强。

需要说明的是，由于 2002 年中国发布了新的行业分类标准，故本章对 2002 年及之前的企业数据的行业代码进行了统一调整，同时，剔除了各项指标中不合理的特殊值。另外，对于所有名义指标都以 2001 年为基期进行了价格平减。同时，本章对除虚拟变量外的指标都进行了对数处理，主要变量的描述性统计如表 5 - 1 所示。

表 5 - 1 主要变量的描述性统计

变量	符号	指标	样本数	平均值	标准差	最小值	最大值
企业创新能力	$lnInno_{it}$	新产品产值/总产值	1359121	0.02	0.10	0.00	0.69
知识产权保护	$lnIPR_{kt}$	省级知识产权保护	1359121	0.31	0.54	- 1.81	1.39
企业规模	$lnSize_{it}$	企业工业销售产值	1359121	10.10	1.20	8.35	18.88
企业年龄	$lnAge_{it}$	企业存续年数	1359121	1.81	0.94	0.00	4.80
利润率	$lnPr_{it}$	销售利润率	1359121	0.03	0.12	- 8.40	0.69
要素密集度	$lnInt_{it}$	人均固定资产净值	1359121	3.53	1.35	- 6.93	14.29
人力资源	$lnHr_{it}$	人均工资水平	1359121	2.39	0.61	- 7.37	11.23
专业化分工	$lnSpe_{it}$	中间投入/工业增加值	1359121	1.04	0.77	- 12.64	11.22
出口贸易	$lnExp_{it}$	出口交货值/销售产值	1359121	0.12	0.24	0.00	0.69
政府联系	Gov_{it}	政府补贴（虚拟变量）	1359121	0.13	0.34	0.00	1.00
企业融资约束	$lnFC_{it}$	1 - 负债/资产	1359121	- 0.26	0.84	- 9.02	6.27

第三节 实证结果与分析

为了实证考察知识产权保护、融资约束及其两者的交互作用对企业创新能力的影响和所有制差异，本章的实证分析工作主要分为两个步骤：一是基于中国工业企业数据库样本，考察知识产权保护、融资约束及其两者的交互作用对企业研发和创新能力的影响，揭示知识产权保护如何通过缓解企业的融资约束对企业创新产生影响，即加强知识产权保护是否缓解了融资约束对企业创新的抑制作用;二是通过纳入知识产权保护和融资约束与不同资本占比的交互项,揭示知识产权保护和融资约束对企业创新能力影响的所有制差异。

一、知识产权保护和融资约束对企业创新的影响

本章接下来采用新产品产值占总产值的比重和 R&D 投入占企业销售收入的比重 $R\&D_{it}$ 作为被解释变量,来考察知识产权保护和融资约束对中国制造业企业创新的影响。表 5-2 报告了知识产权保护和融资约束对企业创新影响的固定效应模型的估计结果。①

表 5-2　　　　　　知识产权保护和融资约束对企业创新的影响

变量	(1) $\ln Inno_{it}$	(2) $\ln Inno_{it}$	(3) $\ln R\&D_{it}$	(4) $\ln R\&D_{it}$
$\ln IPR_{kt}$	0.016 *** (11.27)	0.007 *** (6.24)	0.013 *** (17.29)	0.005 *** (8.37)
$\ln FC_{it}$	-0.006 *** (-7.82)	-0.003 *** (-6.41)	-0.005 ** (-2.37)	-0.001 ** (-2.42)
$\ln FC_{it} \times \ln IPR_{kt}$		0.005 *** (4.49)		0.003 *** (3.64)
$\ln Size_{it}$	0.006 *** (41.26)	0.006 *** (41.52)	0.003 *** (15.09)	0.003 *** (14.92)
$\ln Age_{it}$	0.002 *** (9.27)	0.001 *** (8.34)	0.002 ** (2.16)	0.002 ** (2.41)
$\ln Pr_{it}$	0.002 *** (3.37)	0.002 *** (4.52)	0.001 *** (5.36)	0.001 *** (4.06)
$\ln Int_{it}$	0.003 *** (5.84)	0.003 *** (6.32)	0.002 *** (5.27)	0.002 *** (3.36)

———————

① 由于本章设定的计量模型 (5.1) 和模型 (5.2) 均包含了省际、行业和时间固定效应,采用混合最小二乘法 (OLS) 来进行估计会导致模型估计结果出现偏差,因此,本章采用固定效应模型进行估计。

续表

变量	(1)	(2)	(3)	(4)
	ln$Inno_{it}$	ln$Inno_{it}$	ln$R\&D_{it}$	ln$R\&D_{it}$
lnHr_{it}	0.003 *** (16.27)	0.006 *** (28.32)	0.004 *** (13.91)	0.007 *** (16.24)
lnSpe_{it}	−0.003 *** (−5.51)	−0.003 *** (−3.29)	−0.002 ** (−2.48)	−0.002 ** (−2.28)
lnExp_{it}	0.015 *** (14.73)	0.015 *** (14.21)	0.021 *** (21.53)	0.021 (21.03)
Gov_{it}	0.030 *** (36.92)	0.030 *** (36.13)	0.008 *** (12.31)	0.008 *** (12.86)
常数项	−0.036 *** (−27.68)	−0.037 *** (−27.17)	−0.024 *** (−12.36)	−0.025 (−12.83)
时间效应	控制	控制	控制	控制
省份效应	控制	控制	控制	控制
行业效应	控制	控制	控制	控制
调整 R^2	0.463	0.471	0.403	0.424
F 统计值	152.24	141.27	149.11	153.41
N	1359121	1359121	620378	620378

注：本章所使用的中国工业企业的研发数据存在大量缺少现象，研发数据的估计样本为 2005 ~ 2007 年的研发数据。括号内为 t 值。＊＊、＊＊＊ 分别表示在 5%、1% 的水平上显著。

表 5-2 中的估计组合列（1）和列（2）显示了被解释变量为新产品产值占总产值的比重的估计结果，其中，列（1）是将知识产权保护、融资约束以及其他控制变量作为解释变量的估计结果，而列（2）是将知识产权保护、融资约束、知识产权保护和融资约束的交互项以及其他控制变量作为解释变量的估计结果。Hausman 检验结果均表明，采用固定效应模型估计较为适宜，同时在估计过程中，本章均同时控制了省份、行业和时间三种固定效应。

列（1）的结果表明，知识产权保护的估计系数为正，并且在 1% 的水平上对中国企业创新具有显著的正向影响，这意味着加强知识产权保护显著提升了中国工业企业的创新能力，这验证了本章的理论假说 5.1。这是因为，加强知识产权保护力度，保证了创新所有者的创新成果不被模仿或侵权，从而保障了创新所有者的预期利润，进而激励企业加大研发投入，从而提升企业创新能力。知识产权保护机制的健全与否对企业是否进行创新具有重要的影响：当企业面临一个知识产权保护力度较高的环境且创新成功可能获得更多利润时，企业会倾向于投资创新项目，相反，一旦预期收益不能得到保证，企业投资于创新项目的热情会显著下降。因此，加强知识产权保护会促使企业在创新上投入更多的研发投资，企业的创新能力相应也会有所增强。本章的研究结论与宗庆庆等（2015）、史宇鹏和顾全林（2013）、尹志锋等（2013）、李春涛等（2015）、刘思明等（2015）、张杰等（2012）的研究结论基本一致。

列（1）的结果还显示，融资约束的估计系数为负，并且在1%的水平上对中国企业创新具有显著影响，这意味着企业的融资约束越大，中国企业的创新能力就越低，即融资约束抑制了中国企业的创新能力，这与本章的理论假说5.2相吻合。这是因为，企业的创新活动往往需要大量资金投入和较长的研发投资周期，因而需要有效的外部融资为其缓解高额研发成本的压力，资金不足会导致企业研发由于融资约束而被迫终止或失败，因而，企业面临的融资约束越大，企业的创新能力就越低。本章的研究结论与康志勇（2013）、曹献飞（2015）、张杰等（2012）、卢馨等（2013）和李春涛等（2015）的研究结论基本一致。

列（2）是在列（1）的基础上纳入了知识产权保护和融资约束的交互项（$\ln FC_{it} \times \ln IPR_{kt}$）的估计结果。估计结果显示，知识产权保护和融资约束的估计系数及其显著性并没有发生实质性变化，这进一步证实了加强知识产权保护激励了中国企业的创新能力，而融资约束抑制了中国企业的创新能力。需要值得关注的是，知识产权保护和融资约束的交互项的估计系数为正，并且在1%的水平上对中国企业创新产生显著影响，这意味着知识产权保护与融资约束的交互作用激励了中国企业的创新能力，即知识产权保护通过缓解企业的融资约束而提升了中国企业的创新能力。由于融资约束的估计系数在1%的水平上显著为负，而知识产权保护和融资约束的交互项的估计系数在1%的水平上显著为正，这说明加强知识产权保护缓解了融资约束对中国企业创新的抑制作用。这是因为，随着知识产权保护的加强，一方面，企业能够预期成功创新之后不会因模仿和侵权而失去创新收益，即使客观上存在较强的融资约束，企业也会为了未来高收益而去突破这一融资约束；另一方面，企业事后可以利用高效完善的知识产权保护下的专利二级市场，通过转让专利所有权取得收益，将一些与企业生产较为不相关的研发副产品转让、出售出去以获得资金流来缓解企业的融资约束，进而能够推动现有的或未来的研究项目。因此，知识产权保护通过这种对企业事前创新预期以及事后专利变现能力的影响，能够缓解企业面临的融资约束而对企业创新产生影响，即加强知识产权保护能够缓解融资约束对企业创新的抑制作用。因此，研究结论与本章的理论假说 5.3 和第四章的研究结论是相吻合的，这一结论也是本书的独特发现。

从其他控制变量上看，列（1）和列（2）的结果均表明，企业规模的系数均在 1% 的水平上显著为正，说明规模越大的企业越有能力进行创新，一方面，由于规模较大的企业有着较大的资本累积，可以为创新提供稳定的资金流；另一方面，也由于较大规模的企业比中小规模企业更能承担风险，即便创新失败，对其造成的影响也有限，故相较于中小规模企业来说，规模较大的企业更具创新能力。企业年龄的系数均在 1% 的水平上显著为正，同样说明了存活时间越长的传统企业，其知识累积和经验实现都有助于提高企业创新成功的概率。企业利润率的估计系数在 1% 的水平上显著为正，说明企业创新活动对企业盈利能力的依赖（康志勇，2013）。要素密集度的估计系数在 1% 的水平上均显著为正，这说明了制造业中固定资产的密集程度越高，越有能力将创新转化为实际产出。人力资源的估计系数在 1% 的水平上显著为正，说明人力资本（人均工资）促进了企业创新，这一是因为劳动力成本越高，企业越倾向于通过研发用高技术替代劳动；二是因为企业工资越高越能吸引高素质人才，积累人力资本，从而促进企业研发（曹献飞，2015）。从专业化分工水平上看，专业化分工水平以中间投入与工业增加值之比进行衡量，一般而言，专业化分工水平的提高能够起到降低研发成本，提高研发效率的作用，但从其估计系数符号来看，专业化分工水平对创新能力在 1% 的水平上起到负效用，这是因为中国专业化分工还不够完善，加之中国产业结构的背景，中间投入的提高并没有对创新能力起到正向的作用，其带来的收益更多地在于降低现有产品的成本、提高现有产品的生产效率。另外，出口贸易的估计系数在 1%

的水平上显著为正，这与我们的预期相符，说明出口贸易水平越高，经济全球化所带来的学习机会和知识溢出可以促进企业的研发投入，从而企业受到的外部创新的激励越强，因而，企业的创新能力提升越快。反映政府补贴的政府联系的估计系数在1%的水平上显著为正，这说明了政府补贴对企业创新起到促进作用，其主要原因在于：在中国市场分割和地方保护等转型背景下，政府对企业进行补贴不仅可以有效缓解企业融资约束，而且补贴往往同时会伴随税收减免等优惠政策，因此，政府补贴能够有效地激励企业的创新能力（曹献飞，2015）。上述控制变量的估计结果与康志勇（2013）、曹献飞（2015）、张杰等（2012）、卢馨等（2013）和李春涛等（2015）的研究结论基本一致。

表5-2中的列（3）和列（4）报告了被解释变量为研发投入占企业销售收入的比重的固定效应模型估计结果，其中，列（3）是将知识产权保护、融资约束和其他控制变量作为解释变量的估计结果，列（4）是在列（3）的基础上纳入知识产权保护和融资约束的交互项作为解释变量的估计结果。

列（3）的结果显示，知识产权保护的估计系数为正，并且在1%的水平上对中国企业研发具有显著影响，说明知识产权保护促进了中国企业的研发投入。这是因为，研发投资的外部性会导致研发投资的私人收益小于社会收益（Hejazi & Safarian，1999；Keller，2004；史宇鹏、顾全林，2013），只有加强知识产权保护，企业创新的预期收益才能够足以弥补企业的研发投入，从而会提高企业进一步进行研发投资的积极性，进而会激励企业增加研发投入（史宇鹏、顾全林，2013；李春涛等，2015）。融资约束的估计系数为负，并且在5%的水平上对中国企业研发投入具有显著影响，这意味着融资约束抑制了中国企业的研发投入。这是因为研发项目是一个长期的持续的过程，需要大量的资金投入，资金不足容易导致企业研发由于融资约束而失败，从而抑制企业的研发投入。

列（4）的结果显示，知识产权保护在1%的水平上对中国企业研发产生显著的正向影响，融资约束在5%的水平上对中国企业研发产生显著的负面影响，这进一步证实了知识产权保护激励了中国企业的研发投入，而融资约束则抑制了中国企业的研发投入。值得关注的是，知识产权保护和融资约束的交互项的估计系数在1%的水平上显著为正，这意味着知识产权保护和融资约束的交互作用激励了中国企业的研发投入，即加强知识产权保护通过缓解企业的融资约束而促进了中国企业的研发投入，加强知识产权保护能够缓解融资约束对中国企业研发投入的抑制作用，其背后原理的解释与前文一致，这里不再赘述。

总之，上述所有估计结果表明：加强知识产权保护激励了企业的研发投入，进而提升了企业的创新能力；融资约束抑制了企业的研发投入和创新能力；知识产权保护与融资约束的交互作用（交互项）将会激励企业创新，知识产权保护越强，融资约束对企业创新的抑制作用就越弱。上述估计结果与本章的理论假说5.1、理论假说5.2和理论假说5.3是相吻合的，而其他控制变量的估计系数及其显著性并没有发生太大的变化，证明上述估计结果是稳健的。

二、知识产权保护和融资约束对企业创新影响的所有制差异

为了实证考察知识产权保护和融资约束对中国企业研发和创新影响的所有制差异，以验证本章的理论假说5.4，本章通过企业的资本构成将中国企业划分成国有企业、民营企业和外资企业[①]三类企业样本分别进行估计。表5-3报告了知识产权保护和融资约束对中国不同所有制企业研发和创新影响的固定效应模型的估计结果。

表 5 – 3　　知识产权保护和融资约束对企业创新能力影响的所有制差异

变量	国有企业		民营企业		外资企业	
	(1)	(2)	(3)	(4)	(5)	(6)
	$\ln Inno_{kt}$	$\ln R\&D_{kt}$	$\ln Inno_{kt}$	$\ln R\&D_{kt}$	$\ln Inno_{kt}$	$\ln R\&D_{kt}$
$\ln IPR_{kt}$	0.002 *	0.003 *	0.012 ***	0.015 ***	0.003 **	0.014 **
	(1.94)	(1.83)	(4.86)	(8.27)	(2.15)	(2.31)
$\ln FC_{it}$	0.003	0.002	0.014 ***	0.021 ***	0.005	0.006
	(0.65)	(0.93)	(6.71)	(4.92)	(1.23)	(0.95)

————————

① 具体划分方法请参加数据描述部分，其中外资企业不包含港澳台企业。

续表

变量	国有企业		民营企业		外资企业	
	(1)	(2)	(3)	(4)	(5)	(6)
	$\ln Inno_{kt}$	$\ln R\&D_{kt}$	$\ln Inno_{kt}$	$\ln R\&D_{kt}$	$\ln Inno_{kt}$	$\ln R\&D_{kt}$
$\ln Size_{it}$	0.004 ***	0.004 ***	0.006 ***	0.006 ***	0.003 ***	0.003 ***
	(3.27)	(3.46)	(6.17)	(6.82)	(4.92)	(4.36)
$\ln Age_{it}$	0.004 ***	0.003 ***	0.005 ***	0.002 ***	0.005 ***	0.003 ***
	(6.37)	(2.93)	(3.62)	(4.73)	(8.24)	(7.36)
$\ln Pr_{it}$	0.005 **	0.007 **	0.013 ***	0.001 ***	0.008 **	0.005 **
	(2.35)	(2.24)	(3.16)	(4.28)	(2.37)	(2.15)
$\ln Int_{it}$	0.006 ***	0.005 ***	0.013 ***	0.009 ***	0.003 ***	0.002 ***
	(5.36)	(4.91)	(6.91)	(5.42)	(7.13)	(5.33)
$\ln Hr_{it}$	0.004 ***	0.003 ***	0.006 ***	0.004 ***	0.005 ***	0.002 ***
	(4.62)	(4.14)	(9.73)	(6.34)	(8.13)	(6.93)
$\ln Spe_{it}$	− 0.003 ***	− 0.003 **	− 0.003 ***	− 0.003 **	− 0.003 ***	− 0.003 **
	(−5.37)	(−2.21)	(−6.49)	(−2.38)	(−7.28)	(−2.26)
$\ln Exp_{it}$	0.018 ***	0.027 ***	0.017 ***	0.029 ***	0.018 ***	0.026 ***
	(16.37)	(26.91)	(21.33)	(24.52)	(22.33)	(26.92)
Gov_{it}	0.024 ***	0.031 ***	0.028 ***	0.027 ***	0.023 ***	0.026 ***
	(33.42)	(9.47)	(37.86)	(7.93)	(36.25)	(9.27)
$\ln IPR_{kt} \times \ln SOR_{it}$	0.012 *	0.016 *				
	(1.78)	(1.91)				
$\ln FC_{it} \times \ln SOR_{it}$	− 0.015	− 0.011				
	(−0.37)	(−1.42)				
$\ln IPR_{kt} \times \ln POR_{it}$			0.032 ***	0.029 ***		
			(3.92)	(4.21)		
$\ln FC_{it} \times \ln POR_{it}$			− 0.014 ***	− 0.018 ***		
			(−7.13)	(−5.31)		
$\ln IPR_{kt} \times \ln FOR_{it}$					0.021	0.025
					(1.27)	(0.95)
$\ln FC_{it} \times \ln FOR_{it}$					− 0.008	− 0.006
					(−1.37)	(−1.17)
常数项	− 0.086 ***	− 0.086 ***	− 0.089 ***	− 0.015 ***	− 0.089 ***	− 0.015 ***
	(−47.82)	(−49.13)	(−49.13)	(−8.04)	(−48.82)	(−8.09)

续表

变量	国有企业		民营企业		外资企业	
	(1)	(2)	(3)	(4)	(5)	(6)
	$\ln Inno_{kt}$	$\ln R\&D_{kt}$	$\ln Inno_{kt}$	$\ln R\&D_{kt}$	$\ln Inno_{kt}$	$\ln R\&D_{kt}$
时间效应	控制	控制	控制	控制	控制	控制
省份效应	控制	控制	控制	控制	控制	控制
行业效应	控制	控制	控制	控制	控制	控制
调整 R^2	0.513	0.524	0.621	0.579	0.541	0.531
F 统计量	120.45	150.31	142.13	147.82	138.52	153.72
N	223714	20987	531729	237038	213562	117238

注：括号内为 t 值。＊ 、＊＊ 、＊＊＊ 分别表示在 10%、5%、1% 的水平上显著。Hausman 检验结果表明，固定效应模型较为适宜。SOR 表示国有资本构成、POR 表示民营资本构成、FOR 表示国外资本构成。

表 5-3 中的列（1）和列（2）为国有企业样本的估计结果，列（3）和列（4）为民营企业样本的估计结果，列（5）和列（6）为外资企业样本的估计结果。其中，列（1）、列（3）和列（5）的被解释变量为新产品产值占总产值的比重，列（2）、列（4）和列（6）的被解释变量为企业研发投入占企业销售收入的比重。

估计结果显示，从知识产权保护和不同资本构成的交互项的估计系数来看，知识产权保护与国有资本构成的交互项的估计系数只在 10% 的水平上显著为正，知识产权保护与国外资本构成的交互项的估计系数不显著，而知识产权保护与民营企业资本构成的交互项的估计系数在 1% 的水平上显著为正，并且从知识产权保护以及知识产权保护与不同资本构成的交互项的估计系数来看，民营企业的估计系数比国有企业和外资企业显著。上述估计结果在一定程度上验证了本章的理论假说 5.4，即知识产权保护对中国企业研发和创新能力的影响呈现显著的所有制差异，即知识产权保护对中国民营企业研发和创新能力的影响更显著，而对国有企业和外资企业研发和创新能力的影响相对不显著[①]。主要原因在于，国有企业所面对的

---

① 外资企业的估计系数不显著的可能原因在于，相比其他所有制企业，在本章的样本期间内，中国外资企业普遍享有 "超国民待遇" 现象。

产业环境和竞争环境相对较为平和，民营企业面临着较为激烈的市场竞争。由于市场竞争会导致企业无法独家垄断获得创新的预期收益，因此对竞争激烈的行业企业给予知识产权保护，对它们创新的激励效果会更明显。另外，相比较其他所有制企业而言，中国国有企业经营中存在着预算软约束问题，更容易从银行部门获得贷款，而对于民营企业来说，它们很难从银行部门获得各种信贷资源，因此对于是否能够获得创新回报非常关心，对知识产权保护的反应将更加敏感，进而加强知识产权保护对企业创新的激励作用更明显（史宇鹏、顾全林，2013）。

估计结果还表明，从融资约束和不同资本构成的交互项的估计系数来看，融资约束与国有资本和国外资本的交互项的估计系数均不显著，而融资约束与民营企业资本的交互项的估计系数在1%的水平上显著为负，并且从估计系数来看，民营企业融资约束的估计系数及其与民营企业资本构成交互项的估计系数的绝对值均大于国有企业和外资企业。上述估计结果也与本章的理论假说5.4相吻合，这证实了融资约束对中国企业研发和创新能力的影响存在显著的所有制差异，即融资约束对中国民营企业研发和创新能力的影响更敏感，而对国有企业和外资企业研发和创新能力的影响相对不敏感。其主要解释是，国有企业和外资企业可以获得大量持续稳定的银行信贷，因此，国有企业和外资企业研发投入的融资渠道主要来源于银行信贷，而民营企业的研发投入的融资渠道则主要来源于内部现金流。民营企业由于外部融资困难，融资约束问题更为严重，银行信贷主要用来维持企业生存和扩大生产，民营企业难以将银行信贷作为研发投资的主要融资渠道（曹献飞等，2015）。因此，融资约束对民营企业研发投资和创新的影响更显著，而对国有企业创新能力的影响相对不显著。

其他控制变量的估计结果与前文的估计结果基本一致：企业规模越大，中国企业的研发投入越多，创新能力就越强；企业年龄与中国企业研发和创新能力显著正相关；利润率越高，中国企业的研发投入就越高，创新能力也越强；要素密集度越高，中国企业的研发和创新就越强；人力资源、出口贸易和政府补贴均对中国企业研发和创新产生显著的正向影响；专业化分工不利于中国企业的研发投资和创新能力的提升。

第六章 知识产权保护与中国企业创新

——基于知识产权示范城市的准自然实验

第一节 引 言

为推动知识产权强国建设，充分发挥知识产权在驱动城市创新发展中的重要作用，国家知识产权局自2012年起，分六批批复了71个知识产权示范城市。示范城市人民政府是试点工作的责任主体，强化知识产权行政管理体制机制改革、推进企业知识产权意识和能力建设、加大执法维权工作力度是试点城市的工作要求。通过三年左右的建设，试点城市必须达到相应的考核验收评价指标体系要求。为达到考核要求，各试点城市纷纷改善企业创新创业环境、提升知识产权创新能力、提升知识产权运用能力。那么，作为探索知识产权保护的"先行区"——知识产权示范城市设立能否促进企业创新？知识产权示范城市对企业创新的影响是否存在异质性？知识产权示范城市设立通过哪些传导机制影响企业创新？解析这些问题对于新时代背景下探索经济高质量发展具有重要意义。

本章想要检验的问题是知识产权保护能否促进企业创新？与这一问题密切相关的研究主要有两个方面：一是知识产权保护与创新的关系研究；二是关于知识产权示范城市建设的相关研究。

　　就第一个方面的研究而言，国内外较多学者对此予以关注，但并未形成一致的观点。第一种观点认为，知识产权保护促进了创新，奥尔雷德和帕克（Allred & Park，2007）基于跨国数据证实了知识产权保护对创新的正向影响。纳加维和斯特罗齐（Naghavi & Strozzi，2015）同样发现知识产权保护能够促进创新，其内在机制在于知识产权保护能够保障发明者利益。乔尔切利和莫泽（Giorcelli & Moser，2020）采用双重差分法评估了知识产权政策冲击对微观层面创造力的影响，得出了相似结论。从国内研究来看，史宇鹏和顾全林（2013）基于制造业企业数据发现知识产权侵权程度越高，越不利于企业创新。吴超鹏和唐菂（2016）通过构建各种知识产权保护执法力度指标发现知识产权保护促进了企业创新。龙小宁等（2018）从立法制规保护、司法保护、行政保护三个维度构造省级层面的知识产权保护指标进行研究发现，知识产权保护促进了企业创新。庄佳强等（2020）基于知识产权法院设立的准自然实验发现，知识产权保护激发了企业创新。第二种观点认为，知识产权保护不利于创新。甘戈帕德亚伊和蒙达（Gangopadhyay & Mondal，2012）发现，知识产权保护可能通过抑制科学知识的自由流动进而对创新产生不利的影响。金等（Kim et al.，2012）基于跨国数据研究发现，知识产权保护并未促进技术创新。第三种观点认为，知识产权保护与创新之间的关系并不确定或是有条件的。斯威特和埃特罗维奇（Sweet & Eterovic，2015）使用94个国家多年度的面板数据研究发现，知识产权保护对创新的影响受到发展水平的调节，只有在发达地区知识产权保护才能够促进创新。"最优知识产权论"认为，适度的知识产权能够促进创新，而过度的知识产权保护将不利于创新（王华，2011）。

　　就第二个方面的研究而言，一些文献采用定性的案例研究，总结知识产权示范城市建设存在的问题及对策，如厉伟等（2009）以广州市为例，对广州市知识产权示范城市创建过程存在的问题进行分析。少量的实证研究将"知识产权示范城市"视作一项准自然实验，采用双重差分法评估其建设的政策效应，如覃波和高安刚（2020）发现，知识产权示范城市创建通过技术创新效应与宏观经济环境改善效应促进城市产业结构升级；张建刚等（2020）发现，知识产权示范城市通过强化政府引导支持、激励企业创新及优化创新环境的方式有效提升了城市创新数量；纪祥裕和顾乃华（2021）认为，知识产权示范城市的设立提升了城市创新质量，并具体通过改善制度环境、优化创新要素配置以及强化政府创新战略等路径实现创新质量的提升。

综上所述，现有研究仍然存在一些问题和不足之处。第一，探究知识产权与企业创新关系的文献一方面对于知识产权保护的度量指标捉摸不定，相关研究或是立足于立法层面，或是着眼于执法层面，或是采用如地方出台的保护规章等单一指标，或是通过构建综合指标体系测度知识产权保护水平，不仅难以精确度量知识产权保护水平，而且将上述度量指标用于实证研究不可避免地会产生测量误差及反向因果所导致的内生性问题，使得研究结论的科学性大打折扣；另一方面关于知识产权如何影响企业创新并未形成较为一致的结论。第二，知识产权示范城市的相关研究多属于定性、案例研究，少有的研究关注到了知识产权示范城市设立对城市层面产业结构升级和创新的影响，尚未有文献从微观企业层面全面考察知识产权示范城市对企业创新的影响。第三，知识产权保护影响微观企业创新的传导机制不明晰，现有研究多从宏观层面探讨了知识产权试点政策影响城市创新的传导机制，从微观层面厘清知识产权保护影响企业创新的传导机制对于强化企业创新的主体地位具有重要意义。

基于此，本章将分批次逐步推广的"国家知识产权示范城市"设立视作知识产权保护的政策冲击，基于 2008~2019 年中国 A 股 1520 家上市公司面板数据，采用渐进双重差分法全面评估了知识产权保护对企业创新的影响，并对其传导机制进行全面的解构。

第二节　制度背景与理论机制

一、制度背景

改革开放以来，中国知识产权制度不断建立、完善和发展，走出了一条具有中国特色的知识产权发展之路。立法方面，先后制定了如《中华人

民共和国商标法》《中华人民共和国专利法》《中华人民共和国著作权法》
等一系列法律，并根据不同的发展阶段做出了多次修改，对外实现了与世
界接轨，对内形成了门类齐全的法律规定。司法层面，中国政府于 2008 年
发布《国家知识产权战略纲要》，将"发挥司法保护知识产权的主导作用"
作为国家知识产权战略的重点之一，党的十八大以来，更是采取了探索建
立知识产权法院等诸多创新举措，促使知识产权案件受理数量和判赔额度
得以"双提升"。随着中国城镇化进程的迅速推进，以城市为载体推进知
识产权治理工作成为现实所需。国家知识产权局于 2012 年正式公布了第一
批 23 个知识产权示范城市，随后又于 2013 年、2015 年、2016 年、2018
年和 2019 年分别启动了知识产权示范城市"扩容"工作。知识产权示范
城市成为汇聚中央和地方合力的知识产权治理领域的崭新探索，成为推进
国家治理体系和治理能力现代化、促进建设现代化经济体系及激发全社会
创新活力的重要"抓手"。

　　根据国家知识产权示范城市评定和建设的相关政策文件，将其特点和
建设内容提炼为四个方面。第一，知识产权示范城市是汇聚中央和地方战
略合力的法制强化与创新激励战略。由国家知识产权局"牵头"推进，示
范城市人民政府是城市示范工作的责任主体，并且在申报初期要选择试点
工作特色主题，充分体现了"中央引领"与"地方特色"相结合的典型特
征。第二，突出企业知识产权主体地位。如南通市国家知识产权示范城市
建设工作方案明确要求对本市企业的首次发明专利申请给予申请费、代理
费全额补贴，将知识产权要素作为科技计划立项、招投标、高新技术产品
和高新技术企业认定的必要条件和重要指标，推动企业实施知识产权战
略。第三，改善创新环境和创新服务能力。示范城市积极探索知识产权助
力"双创"的新路径和新模式，为创新创业人才提供维权援助、质押融
资、专利运营等方面的指导帮助。第四，全新的考核指标体系。构建包括
政府投入和知识产权产出、运用、保护、环境全方位、一体化评价指标体
系，一方面，提升了财政知识产权支出占一般预算支出的比重；另一方
面，执法维权工作效果的提升激励知识产权产出。

　　各知识产权示范城市在上述工作内容的基础上围绕知识产权发展目
标、管理机制改革、创造、运用、保护、服务等方面采取具体的建设方

案，经过一段时间建设，知识产权示范城市建设取得了良好的成效。以大连市为例，三年的建设期取得了如下的成就：创新产出持续增长，获得中国专利金奖 2 项、中国专利优秀奖 28 项，截至 2018 年，大连市有效发明专利拥有量为 12256 件，同比增长 16%，每万人有效发明专利拥有量为 17.5 件；执法维权工作效果显著，三年的建设期检查商品 8000 余件，查出假冒专利、调解专利纠纷、网络电商案件共计 220 余件，累计受理并开展维权援助 110 余件。[①]

二、理论机制

国家知识产权示范城市作为知识产权强国战略的政策载体，立足于城市，服务于企业的工作目标将为企业创新提供强劲动力。那么，知识产权示范城市创新通过哪些传导机制影响企业创新呢？通过梳理和总结国家知识产权局关于知识产权示范城市创建的系列文献可知，示范城市围绕强化知识产权行政管理体制机制和能力建设、加强相关文化和人才建设、加强企业知识产权意识建设、加大执法维权力度等工作重点，并在相应的指标考核体系下，试点城市根据自身特色，努力探寻适合自身的知识产权发展模式与保护路径。同时，根据熊彼特创新理论以及吴超鹏和唐菂（2016）、石大千等（2020）、龙小宁等（2018）的研究总结影响企业创新的渠道主要包括融资约束、交易成本和法制环境等。因此，本章从融资约束缓解机制、交易成本降低机制及法制环境改善机制三个方面分析知识产权示范城市影响企业创新的传导机制。图 6-1 展示了知识产权示范城市影响企业创新的理论机制。

第一，知识产权示范城市能够通过缓解企业融资约束，促进企业创新。相关研究表明，企业能否获得充足的外部融资将制约企业研发创新活动的开展（Ang et al.，2014；吴超鹏、唐菂，2016）。知识产权示范城市在评定、管理办法及考核指标的约束下，地方政府、企业及投资者通过各种途径缓解融资约束。具体而言，一是在政府层面，获批知识产权示范城

---

① 国家知识产权局网站。

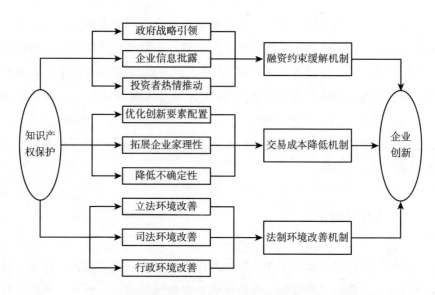

图6-1 知识产权示范城市影响企业创新的理论机制

市后，中央政府将安排专门资金，加强对示范城市的管理和指导。同时，地方政府在安排专项资金的基础上，还不断创新融资管理模式。如中山市积极将科技创新和现代金融相结合，在建设期内设立了4000万元知识产权质押融资风险补偿金，并在2018年出台文件打造"专利质押融资中山模式"，为企业融资提供了渠道。此外，政府还采取补贴的方式对企业贷款所产生的银行利息、保险费用、评估费用予以优惠，极大限度地缓解了企业"融资难"问题。二是在公司层面，知识产权保护水平的增强使得公司技术成果得以有效保护，进而更有积极性为外部股东和债权人批露相关信息，减少企业和融资机构之间的信息不对称（吴超鹏、唐菂，2016）。三是在投资者层面，伴随着知识产权保护水平的提升，外部投资者预期到所投资的研发创新项目因受到侵权致使的损失大大降低，激发了其投资热情。总之，通过各级政府、企业及投资者多方协同努力，知识产权示范城市能够缓解融资约束进而促进企业创新。

第二，知识产权示范城市创建能够通过降低企业交易成本，进而促进企业创新。交易成本的概念由制度经济学家科斯（Coase R. H.，1937）提出，他认为，交易成本是为获得正确的市场信息所需要付出的费用。知识产权示范城市政策作为一种践行国家知识产权强国战略，服务于企业创新的试点政策，可以通过优化创新要素配置、拓展企业家有限理性及降低不确定性等途径影响交易成本。具体来看，一是优化创新要素配置主要体现在示范城市为企业提供良好的创新平台和环境，促进了企业共享创新基础设施，降低了企业知识获取成本和创新活动的市场交易成本（纪祥裕、顾乃华，2021）。二是拓展企业家有限理性，知识产权示范城市的创建促进了知识产权专业人才的培养和供给，如青岛市就明确提出了"知识产权人才队伍发展壮大"的工作方案，具体要求 2016～2018 年企事业单位知识产权管理人才达 1.2 万人，从事知识产权代理、运营、策划、信息等服务的专业人才达 3000 人，知识产权领军人才达 30 人，缓解了企业知识产权专业人才不足的困境，从决策层来看，知识产权专业人才参与决策，拓展了企业家的有限理性，最大限度地减少了由个人认知偏差导致的决策科学性不足，进而实现交易成本的降低。三是降低不确定性，前已提及，知识产权保护水平的提升降低了企业与融资机构间的信息不对称，能够有效降低资本市场交易费用。此外，知识产权示范城市"政府牵头"和"动态考核"的性质，可以有效降低不确定性风险。总之，知识产权示范城市能够通过降低交易成本进而促进企业创新。

　　第三，知识产权示范城市创建能够通过完善法制环境，进而促进企业创新。相关研究认为，中国知识产权保护体系由立法制规、司法、行政三个维度组成（龙小宁等，2018）。具体来看，一是立法环境改善，在国家层面制定的《中华人民共和国知识产权法》基础之上，知识产权示范城市可以根据自身特色制定、修订有关知识产权的地方法规、政府规章及各类规范性文件。如 2018 年天津市审议通过了《天津市知识产权保护条例》，标志着全国首部省级知识产权保护综合性地方性法规出台。二是司法环境改善，知识产权示范城市着力拓宽知识产权纠纷多元化解决渠道，如金华市开展出口知识产权优势企业知识产权保护"龙腾"行动及加大"12330""12315"维权援助热线宣传力度。此外，北京市、上海市、广州市等还设立了专门的知识产权法院，改善司法环境。三是行政保护环境改善，在"双轨制"知识产权保护体系中，行政保护是司法保护的有益补充。知识产权示范城市积极推进知识产权局、工商局、文广新局、发展改革委、经济信息化委、科技局、商务局、财政局等多部门协同推进知识产权保护，有力地提升了知识产权管理效率及高效地制止了相关侵权行为。总之，知识产权示范城市能够通过完善法制环境机制进而促进企业创新。

基于上述分析，本章提出以下有待检验的假说 6.1 和假说 6.2。

假说 6.1：知识产权示范城市创建促进了企业创新。

假说 6.2：知识产权示范城市通过融资约束缓解机制、交易成本降低机制及法制环境改善机制等促进了企业创新。

第三节　研究设计和数据说明

一、双重差分法

知识产权示范城市的设立为评估中国知识产权保护对企业创新的影响提供了良好的契机。本章基于 2008～2019 年中国 A 股上市公司面板数据，将国家知识产权保护示范城市设立作为一项准自然实验，将试点地区的企业作为处理组，而将非试点地区的企业作为对照组，从企业技术创新视角对知识产权保护政策进行系统性的评估。考虑到知识产权示范城市的设立是分批次逐步开展的，借鉴伯特兰德等（Bertrand et al.，2004）的研究思路，构建如下的渐进双重差分模型：

$$Innovation_{rit} = \alpha_0 + \alpha_1 Ipp_{rt} + \rho X_{it} + \gamma C_{rt} + \mu_i + \nu_t + \eta_r + \lambda_n + \varepsilon_{ritn} \quad (6.1)$$

其中，$Innovation_{rit}$ 代表被解释变量，表示城市 r 企业 i 在 t 年的技术创新水平，包括研发投入（RD）和创新产出（IO）。Ipp 代表知识产权示范城市设立这一政策，其系数 α_1 反映了知识产权保护对所在城市企业技术创新的影响，若 α_1 显著为正，则表明知识产权保护促进了企业技术创新。X 代表企业层面影响技术创新的变量的集合，具体包括企业规模（Size）、资产负债率（Lev）、总资产净利润率（Roa）、净资产收益率（Roe）、营业收入增长率（Growth）、托宾 Q 值（TobinQ）、第一大股东持股比例（Top1）、公司成立年限（FirmAge）、月均超额换手率（Dturn）、独立董事比例

（*Indep*）等，*C* 代表对外开放水平（*Open*）、金融发展水平（*Finan*）、产业结构（*Ins*）、就业结构（*Empl*）等城市层面控制变量，μ_i 代表企业效应，ν_t 代表时间效应，η_r 代表城市效应，λ_n 代表行业效应，ε_{itrn} 代表随机扰动项。

二、样本选择

本章采用双重差分法研究知识产权保护对企业技术创新的影响。考虑到 2008 年后中国上市公司研发数据披露才较为完整，因而将研究对象界定为 2008～2019 年中国 A 股上市公司，并对样本进行了一系列筛选：（1）删除 ST、*ST 及 PT 企业；（2）删除金融保险行业上市企业；（3）删除当年 IPO 的观测值；（4）基于数据的可获得性，还删除了部分数据缺失严重的样本，最终得到 1520 家上市公司 2008～2019 年的非平衡面板数据。

三、变量定义

（1）被解释变量：企业创新（*Innovation*）。现有文献对企业创新的测度方式多样，例如胡国柳等（2019）采用专利申请测度企业创新；郭等（Guo et al.，2016）采用专利获得进行测度；王永进等（2017）采用研发投入进行测度。本章充分考虑知识产权保护对企业技术创新"投入"和"产出"两方面的影响，借鉴张栋等（2021）的做法，研发投入（*RD*）采用企业当年研发投入占营业收入比重衡量；研发产出（*IO*）以企业当年申请专利总量进行度量，具体做法是将专利总量加 1，取自然对数处理。为了全面衡量企业技术创新水平，本章还在稳健性检验部分采用研发投入金额及企业申请发明专利量加 1，取自然对数的方式对企业技术创新进行测度。上述数据来自国泰安数据库。

（2）解释变量：知识产权试点政策（*Ipp*）。设定为虚拟变量的形式，即对于试点城市的企业，试点设立当年及其以后年份设定为 1，其余年份则设定为 0。试点城市名单来自国家知识产权局官方网站。值得说明的是，截至 2019 年，国家知识产权局共批复了六批试点，在这六批试点当中，包括部分县级市（如江苏省常熟市、昆山市）、城市中的部分区（如北京市的海淀区、重庆市的江北区）等，对此类地区进行排除后，最终研究样本中包含了 61 个知识产权示范城市，位于这些城市的企业构成本章的实验组，其余 217 个城市的企业构成对照组。

（3）控制变量：本章考虑了一系列企业和城市层面影响企业创新的控制变量。具体来看，企业层面的控制变量包括：企业规模（$Size$），采用年末总资产的自然对数进行衡量；资产负债率（Lev），采用企业年末总负债/年末总资产进行衡量；总资产净利润率（Roa），采用净利润/总资产平均余额进行衡量；营业收入增长率（$Growth$），采用本年营业收入/上一年营业收入 -1 进行衡量；托宾 Q 值（$TobinQ$），采用（流通股市值 + 非流通股股份数 × 每股净资产 + 负债账面值）/总资产进行衡量；第一大股东持股比例（$Top1$），采用第一大股东持股数量/总股数进行衡量；公司成立年限（$FirmAge$），采用 ln（当年年份 − 公司成立年份 + 1）进行衡量；月均超额换手率（$Dturn$），采用当年股票月均换手率 − 去年股票月均换手率进行衡量；两职合一（$Dual$），当董事长和总经理为同一个人时取 1，否则取 0；独立董事比例（$Indep$），采用独立董事除以董事人数进行衡量。城市层面的控制变量：对外开放水平（$Open$），采用城市实际利用外资总额/地区生产总值进行衡量；金融发展水平（$Finan$），采用年末金融机构存贷款总额/地区生产总值进行衡量；产业结构（Ins），采用第三产业占比进行衡量；就业结构（$Empl$），采用第三产业就业人数占比进行衡量。企业层面的控制变量数据来自国泰安数据库，城市层面的控制变量数据来自 EPS 数据平台。

各变量的描述性统计如表 6−1 所示。

表 6−1　　　　　　　　变量的描述性统计

变量	符号	样本量	均值	最小值	最大值
被解释变量	RD	9236	0.0278	0	0.164
	IO	11146	2.791	0	7.018
核心解释变量	Ipp	10039	0.374	0	1

续表

变量	符号	样本量	均值	最小值	最大值
控制变量	*Size*	11259	22.51	18.36	27.47
	Lev	11259	0.494	0.0268	3.295
	Roa	11259	0.0387	−0.517	0.320
	Growth	11256	0.182	−0.767	7.781
	TobinQ	11007	1.962	0.815	17.73
	*Top*1	11244	0.353	0.0826	0.755
	FirmAge	11259	2.879	0.693	3.555
	Dturn	11231	−0.0560	−2.494	1.469
	Dual	11086	0.177	0	1
	Indep	11218	0.371	0.250	0.571
	Open	9183	0.00470	3.56E−07	0.0299
	Finan	10038	4.992	0.652	51.59
	Ins（%）	10016	52.37	9.760	83.50
	Empl（%）	10037	52.94	16.57	89.09
工具变量	*IV*	6825	1.926	1	7
机制变量	融资约束	11212	3.619	1.800	4.317
	销售费用比重	11168	0.0428	0	0.733
	管理费用比重	11259	0.0494	0.000581	0.540
	财务费用比重	11259	0.0105	−0.0644	0.678
	法制保障	10080	14.75	0.441	43.43
	创新质量	8324	3.677	1.099	10.82

第四节　实证结果

一、平行趋势检验

使用双重差分法评估知识产权保护对企业技术创新影响的前提是通过

平行趋势检验，即在知识产权示范城市创建之前，实验组和对照组企业技术创新水平不存在系统性差异，或者即使存在差异，差异也是固定的。本章参照贝克等（Beck et al.，2010）的做法，设定如下模型，对平行趋势进行检验。

$$Innovation_{rit} = \alpha + \sum_{k \geq -6, k \neq -1}^{7} \beta_k D_{rt}^k + \rho X_{it} + \gamma C_{rt} + \mu_i + \nu_t + \eta_r + \lambda_n + \varepsilon_{ritn}$$

$$(6.2)$$

其中，$Innovation_{rit}$代表城市 r 企业 i 在 t 年的技术创新水平，包括研发投入（RD）和创新产出（IO）。D_{rt}^k是一个虚拟变量，表示知识产权示范城市设立这一"事件"，其赋值规则如下：用 s_r 代表知识产权示范城市设立的具体年份，如果 $t - s_i = k$，则 $D_{rt}^k = 1$，否则 $D_{rt}^k = 0$（$k \in [-6, 7]$ 且 $k \neq 1$），若 $t - s_r \leqslant -7$，则定义为 $D_{it}^k = 1$，否则等于 0。关于 k 的设置，知识产权示范城市设立当年为第 0 期，在本章的样本中 k 最大取 7；同样的方式确定试点前有 11 期。本章借鉴张华和冯烽（2019）、曹清峰（2020）的做法，将知识产权示范城市设立的前一年作为基准年份，即在式（6.2）中不包括 $k = -1$ 的虚拟变量，式（6.2）中其他变量的设定与式（6.1）相同。系数 β_k 反映了知识产权示范城市设立前与设立后对企业技术创新的影响。如果当 $k < 0$，参数 β_k 不显著异于 0，则视为通过了平行趋势检验。本章首先采用图示法展示平行趋势检验的结果，将其绘制于图 6 - 2。其中，横轴表示知识产权示范城市设立前与后的相对时间，纵轴表示企业技术创新。从中可以看出，参数 β_k 的估计值不能拒绝为 0 的原假设，这表明处理组和控制组企业创新水平不存在系统性差异，符合平行趋势检验。

同时，表 6 - 2 列示了知识产权示范城市对企业创新影响效应发挥的动态性。从列（1）和列（2）中可以看出，知识产权示范城市设立后一年便显著地促进了企业研发投入，而在知识产权设立六年后并未显著促进企业研发投入，表明知识产权示范城市对企业研发投入的影响持续性不足。从列（3）和列（4）可以看出，知识产权示范城市对企业创新的影响在设立一年后有显现的倾向，并且随着时间的推移，知识产权示范城市促进企业研发产出的影响整体上呈现上升趋势，表明知识产权保护对企业研发产出的影响具有一定的持续性。因此，下一步要着力建设激励机制，提升知识产权示范城市影响企业研发投入的延续性，进而不断地促进企业创新。整体来看，知识产权示范城市创建实现了"保护知识产权就是保护创新"的既定目标。

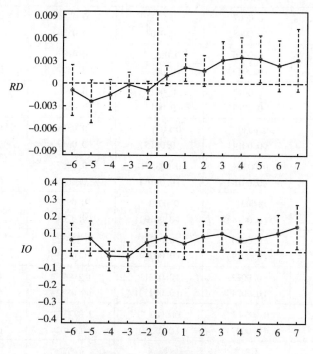

图 6 - 2　平行趋势检验

表 6 - 2　　　　　　　　　知识产权保护对企业创新的影响

变量	(1)	(2)	(3)	(4)
	RD	RD	IO	IO
D^{-6}	- 0.0015 (0.0020)	- 0.0009 (0.0020)	0.0736 (0.0615)	0.0656 (0.0579)
D^{-5}	- 0.0022 (0.0016)	- 0.0024 (0.0017)	0.0746 (0.0669)	0.0736 (0.0617)
D^{-4}	- 0.0017 (0.0012)	- 0.0015 (0.0012)	- 0.0603 (0.0568)	- 0.0284 (0.0521)
D^{-3}	- 0.0010 (0.0010)	- 0.0002 (0.0010)	- 0.0408 (0.0571)	- 0.0312 (0.0520)

续表

变量	（1）	（2）	（3）	（4）
	RD	RD	IO	IO
D^{-2}	-0.0009 (0.0007)	-0.0009 (0.0007)	0.0667 (0.0545)	0.0520 (0.0495)
D^0	0.0007 (0.0008)	0.0011 (0.0008)	0.0584 (0.0539)	0.0843* (0.0495)
D^1	0.0016 (0.0010)	0.0021* (0.0011)	0.0187 (0.0597)	0.0463 (0.0554)
D^2	0.0017 (0.0012)	0.0017 (0.0012)	0.0746 (0.0601)	0.0882 (0.0554)
D^3	0.0030** (0.0014)	0.0031** (0.0015)	0.0318 (0.0617)	0.1056* (0.0573)
D^4	0.0031** (0.0016)	0.0035** (0.0016)	0.0887 (0.0645)	0.0628 (0.0600)
D^5	0.0031* (0.0018)	0.0033* (0.0019)	0.0925 (0.0704)	0.0836 (0.0649)
D^6	0.0020 (0.0019)	0.0024 (0.0020)	0.1238* (0.0703)	0.1083* (0.0655)
D^7	0.0022 (0.0024)	0.0031 (0.0025)	0.2186*** (0.0832)	0.1468* (0.0785)
常数项	0.0274*** (0.0007)	0.0803** (0.0317)	2.8273*** (0.0402)	-7.7643*** (0.6927)
控制变量	不控制	控制	不控制	控制
时间效应	控制	控制	控制	控制
企业效应	控制	控制	控制	控制
行业效应	控制	控制	控制	控制
城市效应	控制	控制	控制	控制
R^2	0.7620	0.7744	0.7384	0.7657
N	7962	7043	9683	8636

注：括号内为聚类到企业层面的稳健标准误。*、**、*** 分别表示在10%、5%、1%的水平上显著。

二、基准回归

在通过平行趋势检验的基础之上，本部分运用双重差分法考察知识产权保护对企业技术创新的影响，估计结果如表 6-3 所示。表 6-3 的列（1）和列（2）为研发投入作为被解释变量的回归结果，列（3）和列（4）为研发产出作为被解释变量的回归结果，所有回归分析都采用了企业层面的聚类调整标准误差（cluster standard errors），并且均控制了企业、城市、行业、时间固定效应。

表 6-3　　　　　　　　知识产权保护对企业创新的影响

变量	(1)	(2)	(3)	(4)
	RD	RD	IO	IO
Ipp	0.0024**	0.0024**	0.0931**	0.0785*
	(0.0010)	(0.0010)	(0.0438)	(0.0410)
Size		0.0005		0.5141***
		(0.0011)		(0.0420)
Lev		-0.0128***		0.0718
		(0.0034)		(0.1619)
ROA		-0.0276***		0.3727
		(0.0072)		(0.2800)
Growth		-0.0021***		-0.0370**
		(0.0006)		(0.0174)
TobinQ		0.0007*		-0.0144
		(0.0004)		(0.0118)
Top1		-0.0045		-0.4613*
		(0.0054)		(0.2601)
FirmAge		-0.0184***		-0.1862
		(0.0064)		(0.2822)
Dturn		0.0004		-0.0242
		(0.0006)		(0.0331)
Dual		-0.0015		0.0624
		(0.0012)		(0.0424)
Indep		-0.0037		0.0940
		(0.0073)		(0.3751)
Empl	-0.0000	-0.0000	-0.0039	-0.0038
	(0.0001)	(0.0001)	(0.0031)	(0.0028)

续表

变量	(1) RD	(2) RD	(3) IO	(4) IO
Ins	− 0. 0000 ** (0. 0000)	− 0. 0000 ** (0. 0000)	0. 0003 *** (0. 0000)	0. 0004 *** (0. 0000)
Open	0. 0526 (0. 0949)	0. 0751 (0. 0984)	5. 1681 (6. 4664)	6. 8151 (6. 3687)
Finan	0. 0000 (0. 0002)	0. 0001 (0. 0002)	− 0. 0011 (0. 0075)	0. 0024 (0. 0071)
常数项	0. 0277 *** (0. 0036)	0. 0792 ** (0. 0317)	3. 1849 *** (0. 1676)	− 7. 7978 *** (1. 2388)
时间效应	控制	控制	控制	控制
企业效应	控制	控制	控制	控制
行业效应	控制	控制	控制	控制
城市效应	控制	控制	控制	控制
R^2	0. 7622	0. 7740	0. 7426	0. 7653
N	7348	7043	9015	8636

注：括号内为聚类到企业层面的标准误。*、**、*** 分别表示在10%、5%、1%的水平上显著。

无论被解释变量为研发投入还是研发产出，本章对研究假说的检验由两部分构成。从研发投入角度来看，列（1）仅控制了城市层面影响企业创新的控制变量，知识产权示范城市政策回归系数为 0. 0024，并且在 5%的水平上显著为正，表明知识产权示范城市的设立显著促进了企业研发投入的增长；列（2）在列（1）的基础上加入了企业层面影响企业创新的控制变量，回归结果依然在 5%的水平上显著为正，再次表明知识产权保护促进了企业研发投入。从研发产出角度来看，列（3）与列（1）类似，仅控制了城市层面影响企业创新的控制变量，知识产权示范城市政策回归系数为 0. 0931，并且在 5%的水平上显著为正，表明知识产权示范城市政策显著促进了企业研发产出，列（4）在列（3）的基础上加入了企业层面的控制变量，回归结果在 10%的水平上显著为正，表明知识产权保护促进了企业研发产出。因此，知识产权示范城市政策促进了试点地区上市企业技术创新。

第五节　拓展性分析

一、稳健性检验

前述基准回归结果表明，国家知识产权示范城市设立促进了企业技术创新，为确保该结论的准确性，本章进行了诸多方式的稳健性检验。

1. 安慰剂检验

运用双重差分法评估知识产权保护对企业创新影响的一个担忧是所得到的结论可能是一种随机现象，并不存在实质性的意义。比如随着时间的推移、国家对企业创新的重视等最终使得企业创新水平不断提升，此时的结果与知识产权保护并没有太多关联。为了排除这种影响，我们进行了安慰剂检验。

本章借鉴曹清峰（2020）的做法，假定实验组不变，即现有的知识产权示范城市保持不变，从本章的样本期内（2008~2019年）随机抽取一年作为城市 r 被设立为知识产权试点的时间，基于此样本进行重新估计，并同样将该过程重复1000次。图6-3绘制了上述1000次随机化政策时间模拟回归系数的核密度分布，其中，图6-3（a）为研发投入作为被解释变量的模拟结果，从中可以看出，随机分配的估计值在0附近基本服从正态分布，通过1000次模拟，核心解释变量回归系数的均值是0.0004，非常接近于0，小于基准回归的估计结果，进一步从反事实的角度证明了国家知识产权示范城市设立促进了企业研发投入。图6-3（b）绘制了以研发产出作为被解释变量的模拟结果，从中可以看出，随机分配的估计值在0附近依然基本服从正态分布，通过1000次模拟，核心解释变量回归系数的均值是0.00041，非常接近于0，小于基准回归的估计结果，进一步从反事实的角度证明了国家知识产权示范城市设立促进了企业研发产出。

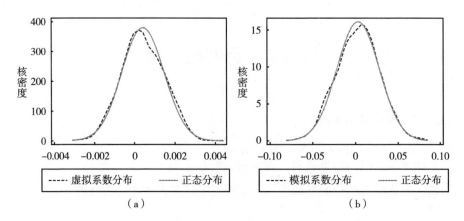

图 6-3　安慰剂检验

2. 排除其他政策干扰

考虑到在本章样本期内，正值中国全面推进创新驱动战略的关键时期。同期推出的若干旨在推动创新发展的试点政策可能会对企业创新产生影响，进而与知识产权示范城市设立所产生的创新效应相"混淆"。为排除同期其他创新政策的影响，我们在基准回归中控制了两类代表性政策：一是始于 2008 年的国家创新型城市试点政策，相关研究发现，创新型城市试点促进了企业创新（杨仁发、李胜胜，2020）；二是为落实2013 年提出的"宽带中国"战略，而于 2014 年开始批复建设的"'宽带中国'示范城市"试点。我们将这两类试点分别纳入式（6.1）进行估计，回归结果如表 6-4 所示。表 6-4 显示，即便控制了这两类创新政策，知识产权示范城市仍然显著地促进了企业创新水平的提升，证明了前述研究结论的稳健性。

表 6-4　　　　　　　　　　排除其他政策干扰

变量	(1)	(2)	(3)	(4)
	RD	RD	IO	IO
Ipp	0.0023 **	0.0023 **	0.0794 *	0.0765 *
	(0.0010)	(0.0010)	(0.0414)	(0.0411)

续表

变量	(1)	(2)	(3)	(4)
	RD	RD	IO	IO
创新型城市试点	0.0014 (0.0011)		-0.0091 (0.0489)	
"宽带中国"示范城市试点		0.0015 (0.0012)		0.0513 (0.0703)
控制变量	控制	控制	控制	控制
时间效应	控制	控制	控制	控制
企业效应	控制	控制	控制	控制
行业效应	控制	控制	控制	控制
城市效应	控制	控制	控制	控制
常数项	0.0786** (0.0316)	0.0784** (0.0316)	-7.7957*** (1.2387)	-7.8215*** (1.2403)
R^2	0.7741	0.7740	0.7653	0.7654
N	7043	7043	8636	8636

注：括号内为聚类到企业层面的标准误。*、**、***分别表示在10%、5%、1%的水平上显著。

3. 调整研究样本

在该部分主要通过两种方式对研究样本进行调整，进而观察知识产权保护促进企业技术创新这一主要结论是否会因研究样本的改变而发生变化。

首先，剔除专利为0的观测值。专利为0表示企业的研发投入并未形成有效的创新产出，而由于创新产出具有周期长、风险大等特征使得部分企业在某一特定时段并未形成专利产出，这可能导致回归结果产生偏误，而现有研究为排除专利为0值时的影响，往往采取删减相关样本的方式（冯根福等，2021）。本章通过删除专利为0的样本，观察知识产权保护促进了企业技术创新这一结果是否改变。结果如表6-5的列（1）和列（2）所示，知识产权保护仍然显著地促进了企业研发投入和研发产出。

表 6 – 5　　　　　　　　　　　　调整研究样本回归结果

变量	(1)	(2)	(3)	(4)	(5)	(6)
	删除为 0		仅保留主板		仅保留制造业样本	
	RD	*IO*	*RD*	*IO*	*RD*	*IO*
Ipp	0.0024 ** (0.0010)	0.0785 * (0.0410)	0.0022 ** (0.0011)	0.0789 * (0.0441)	0.0031 ** (0.0012)	0.0979 ** (0.0475)
控制变量	控制	控制	控制	控制	控制	控制
时间效应	控制	控制	控制	控制	控制	控制
企业效应	控制	控制	控制	控制	控制	控制
行业效应	控制	控制	控制	控制	控制	控制
城市效应	控制	控制	控制	控制	控制	控制
常数项	0.0792 ** (0.0317)	– 7.7978 *** (1.2388)	0.0217 (0.0384)	– 9.8884 *** (1.6818)	0.0801 ** (0.0393)	– 9.0449 *** (1.4578)
R^2	0.7740	0.7653	0.7680	0.7763	0.7483	0.7859
N	7043	8636	5677	7160	5159	5706

注：括号内为聚类到企业层面的标准误。＊、＊＊、＊＊＊分别表示在 10%、5%、1% 的水平上显著。

其次，仅保留主板上市企业样本。考虑到近年来创业板企业的创新水平高于普通企业（段军山、庄旭东，2021），为了排除创业板企业特殊性所带来的估计结果偏误，本章采用仅保留主板企业的相关样本数据，通过缩小企业样本范围重新检验知识产权保护对企业技术创新的影响，结果如表 6 – 5 的列（3）和列（4）所示，从中可以看出，知识产权保护仍然显著地促进了企业研发投入和研发产出，说明得到的结论较为可靠。

最后，仅保留制造业样本。考虑到相比于制造业企业，非制造业企业的创新能力一般较弱，本章剔除了非制造业企业样本，回归结果如表 6 – 5 的列（5）和列（6）所示，从中可以看出，知识产权示范城市显著地促进了制造业企业研发投入和研发产出。

4. 改变企业创新衡量标准

为确保研究结论的稳健性，本章直接采用企业研发支出作为研发投入的测度指标。同时，考虑到发明专利由于严格的申请标准和要求，技术含量最高，因而，采用发明专利数量加 1 取自然对数的方式对企业研发产出进行衡量。回归结果如 6-6 所示，从中可以看出，无论是否加入控制变量，知识产权示范城市建设均能够显著地促进企业研发投入和研发产出，进一步证明了知识产权保护能够促进企业创新的核心结论。

表 6-6　　　　　　　　　变化企业创新的衡量标准

变量	(1)	(2)	(3)	(4)
	RD	RD	IO	IO
Ipp	0.0056 **	0.0061 **	0.0998 **	0.1046 **
	(0.0025)	(0.0026)	(0.0471)	(0.0436)
控制变量	不控制	控制	不控制	控制
时间效应	控制	控制	控制	控制
企业效应	控制	控制	控制	控制
行业效应	控制	控制	控制	控制
城市效应	控制	控制	控制	控制
常数项	0.0231 ***	-0.6088 **	2.0747 ***	-8.9695 ***
	(0.0010)	(0.2722)	(0.0173)	(1.2755)
R^2	0.8427	0.8304	0.7649	0.7892
N	8134	7161	9793	8741

注：括号内为聚类到企业层面的标准误。** 、*** 分别表示在5% 、1%的水平上显著。

5. 改变回归方法

首先，考虑到被设立为知识产权示范城市当中的企业可能创新水平更高，进而造成选择性偏差问题。本章在企业层面和城市层面对处理组和控制组样本进行倾向得分匹配，具体选用前述企业层面和城市层面的控制变量分别作为匹配变量，采用1∶1 近邻匹配的方式通过组别虚拟变量对匹配变量进行 Logit 回归，计算出某个城市被设立为知识产权示范城市的倾向得分值，得分最接近的城市即为控制组，然后再次运用双重差分法进行回归。回归结果如表 6-7 所示，从列（1）到列（4）可以看出，知识产权示范城市对企业研发投入和研发产出的影响均显著为正，表明知识产权示范城市创建促进了企业创新。

表 6 - 7　　　　　　　　　　改变回归方法稳健性检验

变量	(1)	(2)	(3)	(4)	(5)	(6)
	倾向得分匹配的双重差分法（PSM - DID）				Tobit 模型	
	企业层面匹配		城市层面匹配		—	—
	RD	IO	RD	IO	RD	IO
Ipp	0.0024 **	0.0784 *	0.0024 **	0.0801 *	0.0094 ***	0.2467 ***
	(0.0010)	(0.0410)	(0.0010)	(0.0411)	(0.0006)	(0.0315)
控制变量	控制	控制	控制	控制	控制	控制
时间效应	控制	控制	控制	控制	不控制	不控制
企业效应	控制	控制	控制	控制	不控制	不控制
行业效应	控制	控制	控制	控制	不控制	不控制
城市效应	控制	控制	控制	控制	不控制	不控制
常数项	0.0803 **	- 7.8274 ***	0.0792 **	- 7.7830 ***	0.0696 ***	- 5.8436 ***
	(0.0319)	(1.2495)	(0.0317)	(1.2393)	(0.0065)	(0.3053)
R^2	0.7741	0.7648	0.7739	0.7656	—	—
N	7035	8628	7034	8627	7099	8696

注：括号内为聚类到企业层面的标准误。* 、** 、*** 分别表示在 10% 、5% 、1% 的水平上显著。

其次，考虑到本章因变量为受限变量，采用了 Tobit 模型进行回归。结果列示于表 6 - 7 的列（5）和列（6），结果表明，知识产权示范城市设立对企业研发投入和产出的影响均在 1% 的水平上显著为正，表明知识产权示范城市促进了企业研发投入和研发产出，证明前述研究结论的有效性。

二、异质性检验

本部分主要考察知识产权示范城市设立是否会因企业特征的不同或者城市特征的不同进而对企业技术创新的作用产生差异，这一分析对于因地制宜开展知识产权保护，切实促进企业创新具有重要的政策指导意义。

1. 高新技术行业与非高新技术行业

相比于非高新技术行业，高新技术行业是知识密集、技术密集的经济实体，往往成为政府税收减免及财政资助的重点考虑对象，而对于非高新技术行业而言，研发创新的需求则相对较小（龙小宁等，2018）。因此，本章根据样本企业所处行业的不同进行分样本回归，结果如表6－8所示。

表6－8　　　　　　　　　　　　是否为高新技术行业

变量	（1）	（2）	（3）	（4）
	RD	RD	IO	IO
	非高新技术行业	高新技术行业	非高新技术行业	高新技术行业
Ipp	0.0013	0.0022 *	0.0081	0.1249 **
	(0.0014)	(0.0014)	(0.0680)	(0.0521)
控制变量	控制	控制	控制	控制
时间效应	控制	控制	控制	控制
企业效应	控制	控制	控制	控制
行业效应	控制	控制	控制	控制
城市效应	控制	控制	控制	控制
常数项	－ 0.0076	0.1419 ***	－ 9.9836 ***	－ 7.5530 ***
	(0.0578)	(0.0409)	(2.5368)	(1.5290)
R^2	0.7467	0.7530	0.7405	0.7785
N	2764	4279	3915	4721

注：括号内为聚类到企业层面的标准误。*、**、*** 分别表示在10%、5%、1%的水平上显著。

从表6－8中可以看出，无论是从系数还是从显著性方面来看，无论是从研发投入还是从研发产出方面来看，知识产权试点政策对高新技术行业企业的影响均更大，这与龙小宁等（2018）的研究结论类似。可能的原因在于，非高新技术行业不仅生产技术含量较低，而且更多地依赖标准化的生产工艺流程，对研发创新的动力不足。而高新技术行业高知识密度、高竞争和高收益的特点（顾夏铭等，2018），使其在市场竞争中获取优势，倒逼该行业中的企业必须进行研发创新活动，良好的知识产权环境为该行业的企业专利提供了有效的保护，因而，对于高新技术行业，知识产权保护对企业技术创新的作用更强。

2. 国有企业与非国有企业

国有企业和非国有企业在激励机制和经营目标等方面存在诸多不同。

国有企业往往资金实力雄厚，并且其经营目标兼顾市场和社会效益，技术创新基础完善并且动力较大。因此，本章根据样本企业的产权性质进行分样本回归，结果如表 6 - 9 所示。

表 6 - 9　　　　　　　　　是否为国有企业

变量	(1)	(2)	(3)	(4)
	RD	RD	IO	IO
	非国有企业	国有企业	非国有企业	国有企业
Ipp	0.0030 *	0.0026 **	0.0853	0.0945 *
	(0.0018)	(0.0012)	(0.0709)	(0.0507)
控制变量	控制	控制	控制	控制
时间效应	控制	控制	控制	控制
企业效应	控制	控制	控制	控制
行业效应	控制	控制	控制	控制
城市效应	控制	控制	控制	控制
常数项	0.1661 ***	0.0481	- 5.1642 ***	- 11.2066 ***
	(0.0534)	(0.0371)	(1.6415)	(1.8066)
R^2	0.7849	0.7766	0.7337	0.7937
N	2694	4321	3211	5383

注：括号内为聚类到企业层面的标准误。*、**、*** 分别表示在 10%、5%、1% 的水平上显著。

　　表 6 - 9 显示，在研发投入方面，无论是国有企业还是非国有企业，知识产权保护均提升了企业研发投入动力，促进了企业研发投入。而在研发产出方面，知识产权保护促进了国有企业的研发产出，而对非国有企业研发产出的影响虽然为正但并不显著，因而，知识产权保护仅促进了国有企业的研发产出。可能的原因在于，国有企业受到更多的政府监督，在知识产权制度日益完善的基础上，将研发投入转化为创新产出。而非国有企业将研发投入转化为创新产出的能力和资源不足，使得知识产权保护对非国有企业研发产出的影响并不显著。

3. 制造业企业与非制造业企业

　　考虑到相比于非制造业企业，制造业企业的创新水平可能更高，进而使得知识产权示范城市建设对企业创新的影响作用在制造业企业和非制造业企业间存在异质性。因此，本章根据样本企业的行业属性进行分样本回归，结果如表 6-10 所示。表 6-10 的估计结果表明，在研发投入方面，知识产权保护水平的提升显著地促进了制造业企业研发投入，而对非制造业企业的影响并不显著。在研发产出方面，同样知识产权保护促进了制造业企业的研发产出，而对非制造业企业研发产出的影响并不显著。可能的原因在于，制造业企业拥有更高的创新水平，对知识产权保护的需求远远强于非制造企业，因而，伴随着知识产权示范城市建设所引致的知识产权保护水平的提升，对制造业企业创新水平的提升起到了"雪中送炭"的积极作用。

表 6-10 是否为制造业企业

变量	(1) RD 制造业	(2) RD 非制造业	(3) IO 制造业	(4) IO 非制造业
Ipp	0.0031 ** (0.0012)	0.0009 (0.0018)	0.0979 ** (0.0475)	0.0635 (0.0773)
控制变量	控制	控制	控制	控制
时间效应	控制	控制	控制	控制
企业效应	控制	控制	控制	控制
行业效应	控制	控制	控制	控制
城市效应	控制	控制	控制	控制
常数项	0.0801 ** (0.0393)	0.0573 (0.0508)	-9.0449 *** (1.4578)	-5.2608 ** (2.2680)
R^2	0.7483	0.8175	0.7859	0.6885
N	5159	1884	5706	2930

注：括号内为聚类到企业层面的标准误。*、**、*** 分别表示在10%、5%、1%的水平上显著。

4. 区位异质性

相比于西部，东部地区地理位置优越、市场机制成熟、创新基础较为完善，中部地区交通发达，且近年来在城市圈战略的强力带动下以及承接东部地区转移下，在企业创新方面形成了比较优势。鉴于此，本章将企业按所处地理位置划分为中东部和西部进行分组回归，以考察知识产权保护创新效应的区位异质性，回归结果如表 6 - 11 所示。从表 6 - 11 中可以看出，无论是在研发投入还是在研发产出方面，知识产权保护对中东部企业技术创新均有显著的促进作用，而在西部地区知识产权保护并没有明显地促进企业技术创新。这可能跟西部地区身居内陆、制度环境欠缺有关，尽管近年来与中东部地区差距在逐步缩小，但仍面临人才流失、发展潜能有待释放的难题，进而影响了知识产权保护创新效应的发挥。

表 6 - 11　　　　　　　　　　　　　区位异质性

变量	(1)	(2)	(3)	(4)
	RD	RD	IO	IO
	中东部	西部	中东部	西部
Ipp	0.0018 *	0.0026	0.0909 **	- 0.1913
	(0.0011)	(0.0025)	(0.0443)	(0.1168)
控制变量	控制	控制	控制	控制
时间效应	控制	控制	控制	控制
企业效应	控制	控制	控制	控制
行业效应	控制	控制	控制	控制
城市效应	控制	控制	控制	控制
常数项	0.0825 **	0.2198 **	- 6.3375 ***	- 15.0084 ***
	(0.0366)	(0.0879)	(1.4084)	(3.8023)
R^2	0.7789	0.7251	0.7705	0.7577
N	5581	1088	6839	1311

注：括号内为聚类到企业层面的标准误。* 、** 、*** 分别表示在 10%、5%、1% 的水平上显著。

5. 城市等级异质性

不同等级的城市往往拥有不同的资源配置能力。一般而言，当城市行政级别较高时，往往资金、技术、制度环境、优惠政策等要素资源集聚（纪祥裕、顾乃华，2021），高等级城市可以凭借等级优势实现创新环境的优化（江艇等，2018）。为识别此异质性，本章将样本进一步划分为高等级城市（直辖市、副省级城市、省会城市）的企业和一般城市（其他地级市）的企业，进行分组回归。结果如表 6 - 12 所示，从中可以看出，在重点城市，知识产权保护显著地促进了企业的研发投入和研发产出，促进了重点城市的企业技术创新。而在一般地级市，本身拥有上市公司数量较少，制度环境基础薄弱，知识产权保护制度并未促进企业研发投入和研发产出。

表 6 - 12　　　　　　　　　　城市等级异质性

变量	(1)	(2)	(3)	(4)
	RD	RD	IO	IO
	高	低	高	低
Ipp	0.0021 * (0.0012)	0.0011 (0.0018)	0.1104 ** (0.0520)	- 0.0495 (0.0708)
控制变量	控制	控制	控制	控制
时间效应	控制	控制	控制	控制
企业效应	控制	控制	控制	控制
行业效应	控制	控制	控制	控制
城市效应	控制	控制	控制	控制
常数项	0.1069 ** (0.0485)	0.0767 * (0.0463)	- 6.9353 *** (1.8032)	- 7.6286 *** (1.7464)
R^2	0.7825	0.7657	0.7703	0.7614
N	3929	3114	4908	3728

注：括号内为聚类到企业层面的标准误。*、**、*** 分别表示在10%、5%、1%的水平上显著。

三、机制检验

前述分析表明，知识产权保护整体上促进了企业研发投入和研发产出，那么，知识产权试点政策到底通过何种机制影响企业技术创新呢？基于理论部分的分析，本章着重检验融资约束、交易成本及法制环境等三大机制。借鉴宋弘（2019）等研究思想，构建以下模型：

$$M_{rit} = \lambda_0 + \lambda_1 Ipp_{rt} + \rho X_{it} + \gamma C_{rt} + \mu_i + \nu_t + \eta_r + \lambda_n + \varepsilon_{rnit} \quad (6.3)$$

其中，M 代表机制变量。本章从融资约束、交易成本及法制环境三个角度进行衡量。首先，对于融资约束的量化，借鉴鞠晓生等（2013）的做法，构建 SA 指数，其计算公式为：$-0.737 \times Size + 0.043 \times Size2 - 0.04 \times Age$，其中，$Size$ 和 Age 分别代表企业规模和年龄。与其他融资约束的测度指标相比，SA 指数具有没有包含有内生性特征的融资变量、易于计算及较为稳健等特征。其次，对于交易成本的量化，借鉴石大千等（2020）的研究，采用管理费用、销售费用、财务费用等占总资产的比重进行衡量。最后，对于法制环境的量化，借鉴余明桂和潘红波（2008）的做法，采用各省份执业律师人数进行衡量，数据根据司法部、各省份司法厅、律师协会官方网站、《中国律师年鉴》及各省份统计年鉴综合整理而得。

知识产权示范城市创建对企业创新影响机制的回归结果在表 6 - 13 中呈现。其中，列（1）可知，知识产权示范城市对融资约束的回归系数为 -0.0069，并且在 10% 的水平上显著，表明知识产权保护水平的提高显著地缓解了企业的融资约束。由列（2）可知，知识产权示范城市对企业销售费用的回归系数为 -0.0026，并且通过了 5% 的显著性水平检验，表明知识产权示范城市保护降低了企业销售费，进而降低了企业交易成本。由列（3）可知，知识产权示范城市对企业管理费用的回归系数为 0.0022，在 1% 的水平上显著，表明知识产权示范城市并未降低企业的管理费用。由列（4）可知，知识产权示范城市对企业财务费用的回归系数为 0.0007，并且在 5% 的水平上显著，表明知识产权示范城市并未降低企业的财务费用。究其原因，可能是由于知识产权示范城市创建形成了有利的创新环境，企业为了获取创新优势，管理层会进行知识产权保护的管理咨询进而增加了管理费用和财务费用，而这些成本的产生能够在一定程度上激励企业增加创新投入并提高创新产出，并且知识产权保护对企业销售成本的降低幅度在一定程度上可以抵消管理费用和财务费用的增加，进而在整体上知识产权示范城市建设通过降低交易费用，进而促进了企业创新。由列（5）可知，知识产权保护对法制环境的回归系数为 0.8981，并且通过了 1% 的显著性水平检验，因此，知识产权示范城市的创建促进了法制环境的改善。总之，以上结果表明，知识产权示范城市建设可以通过缓解企业融资约束、降低企业销售费用、完善法制环境保障等途径促进企业研发投入和创新。

表 6 - 13　　　　　　　　　　　　　　　机制检验

变量	(1)	(2)	(3)	(4)	(5)
	机制 1	机制 2			机制 3
	融资约束	销售费用	管理费用	财务费用	制度保障
Ipp	- 0. 0069 * (0. 0041)	- 0. 0026 ** (0. 0013)	0. 0022 *** (0. 0008)	0. 0007 ** (0. 0003)	0. 8981 *** (0. 1370)
控制变量	控制	控制	控制	控制	控制
时间效应	控制	控制	控制	控制	控制
企业效应	控制	控制	控制	控制	控制
行业效应	控制	控制	控制	控制	控制
城市效应	控制	控制	控制	控制	控制
常数项	3. 7270 *** (0. 0233)	0. 0511 *** (0. 0088)	0. 2547 *** (0. 0280)	- 0. 0044 (0. 0087)	14. 4672 *** (0. 8338)
R^2	0. 9630	0. 8956	0. 8182	0. 7792	0. 9694
N	8711	7451	8543	8603	7566

注：括号内为聚类到企业层面的标准误。*、**、***分别表示在10%、5%、1%的水平上显著。

四、知识产权示范城市对创新质量的影响

前述分析表明，知识产权示范城市的设立显著地促进了企业创新，但前述研究只能证明知识产权保护水平的提升促进了企业研发投入和专利数量的增加，知识产权示范城市能否促进企业创新质量的提升有待检验。本章借鉴黎文靖等（2021）的做法，采用申请专利的平均累计非自引次数衡量专利的引用价值，采用专利的引用价值表征创新质量，在回归过程中取对数处理。

表 6 - 14 报告了知识产权示范城市设立对创新质量的回归结果，列（1）为未加入控制变量的回归结果，列（2）在列（1）的基础上加入了控制变量。从表 6 - 14 可以看出，无论是否加入控制变量，知识产权示范城市政策变量的回归系数均在 5% 的水平上显著为正，表明知识产权示范城市设立显著促进了企业创新质量的提升。

表6-14　　　　　　　知识产权示范城市对创新质量的影响

变量	(1)	(2)
Ipp	0.1153 ** (0.0476)	0.0984 ** (0.0477)
控制变量	不控制	控制
时间效应	控制	控制
企业效应	控制	控制
行业效应	控制	控制
城市效应	控制	控制
常数项	3.6931 *** (0.0203)	-4.2128 *** (1.5871)
R^2	0.8728	0.8789
N	8636	8636

注：括号内为聚类到企业层面的标准误。 ** 、 *** 分别表示在5%、1%的水平上显著。

第七章　知识产权保护、专利质押融资与中国企业创新*

——基于专利质押融资试点的准自然实验

第一节　引　言

经过几十年的高速发展，中国的经济增长方式逐渐向高质量发展转变，经济增长的动力也越来越依赖于技术创新驱动。企业作为技术创新的活动主体，近年来，企业的研发创新和转型升级受到政府越来越多的关注，如 2019 年推行的科创板，其目的就是促进科技型中小企业获得融资，为科技型中小企业开辟新的融资途径。由于研发创新具有前期投入大、研发产出不确定性强和研发成果具有公共品性质等特征，很多企业不愿进行自主研发，或者即使有意愿进行研发创新，但受制于自有资金不足的约束，研发创新不足。尤其对于中小企业来说，融资约束一直是我国中小企业发展中面临的并且尚未有效解决的问题，融资约束抑制了企业进行研发创新的积极性。为了缓解企业研发投入不足的问题，一方面，需要加强对

　　* 本部分原题为《知识产权保护力度，专利质押融资与企业创新——基于专利质押融资试点的准自然实验》，载于《制度经济学研究》2021 年第 1 期，作者为孟祥旭、余长林。

研发创新的激励，使企业确实能够从研发成果中获得益处，提高企业研发创新的积极性；另一方面，需要加大对创新型企业的资金支持，尤其是要引导资金流向技术创新型企业，缓解企业因资金约束而导致创新投入不足的问题，提高资金的使用效率。为此，我国推出了专利质押融资这一新型融资方式以缓解科技型企业的融资约束，促进企业研发创新，推动企业转型升级。专利质押融资是指通过对企业所拥有的专利进行价值评估，并将其作为质押品向金融机构进行融资，这不仅直接促进了企业研发成果的价值实现，而且有利于促进金融资源更加合理的配置，提高企业研发创新的积极性，推动我国向创新驱动型经济转变。

近年来，我国大力推行专利质押融资业务，该业务是指通过将专利权所具有的财产权经评估作为质押物进行融资，以增加科技型中小企业的资金来源，激励企业增加创新，提升企业创新能力。那么专利质押融资在实施过程中的实际效果如何？何种因素会影响到专利质押融资政策的实施效果？专利质押融资能否通过缓解企业融资约束激励企业创新？专利质押融资对不同类型企业创新的影响是否具有异质性？这些问题亟待更多的理论探讨和经验总结，但对于相关问题的深入研究并不多见。

目前看来，现有考察专利质押融资的政策实施效果特别是对企业创新影响的文献尚不多见。专利质押融资在国外已有实践，耶尔等（Yael et al.，2018）认为，企业在进行专利质押的同时，还可以享受配套的创新补贴，从而进一步缓解企业的融资约束，促进企业增加创新。针对发达国家的研究表明，专利质押可以促进企业获得融资，提高企业的创新能力（William，2018）。我国先后在多个城市对专利质押融资的业务实施进行了试点，而对于专利质押融资试点政策效果的研究还比较缺乏，已有对于专利质押融资政策的研究主要集中于法学领域，并且研究方法主要是逻辑论述，针对专利质押融资政策效果的定量分析较少。张魁伟和许可（2014）指出，专利质押融资在实施过程中存在评估方面、法律方面和经济方面的风险，产生这些风险的原因是专利的评估方法不同、专利市场的模式不同以及专利管理制度的缺失。因此需要建立更加完善的专利质押融资市场和相关的制度保障。吴戴乐（2020）认为，专利质押融资作为一种新型的资产利用方式，可以改善中小企业融资困难的问题，是优化我国营商环境的重要一环，同时，专利质押融资在发展中也存在着很大风险，并提出应建立完善的专利质押融资评估体系、扩展变现渠道、建立交易市场、完善多方参与和风险共担机制并完善专利权质押的事前审查机制。袁晓东和李晓桃（2008）认为，专利质押融资可以促进企业专利的资本化，实现资本与技术的融合，提高资金的使用效率，支持科技型企业的研发创新。刘冲等（2019）认为，专利质押融资可以通过缓解企业的融资约束，促进企业的创新。

现有研究仍然存在一些不足之处。一是现有文献未能考虑知识产权保护力度在专利质押融资政策实施过程中发挥的作用及其大小。二是国内对于专利质押融资政策效果的研究大多属于定性研究，定量研究较少，朱国军和许长新（2012）指出，银行与企业之间的博弈决定了专利质押融资的质押率。刘冲等（2019）对专利质押对企业创新的影响进行了估计，但并未考虑知识产权保护的因素。三是专利质押融资政策在不同类型企业中的作用差异还需要进一步研究。

为此，本章基于中国 2009 年以来分批进行的专利质押融资试点，以 2007～2017 年中国沪深 A 股上市企业为样本，对专利质押融资试点的政策实施效果进行考察，运用双重差分法研究了专利质押融资政策对企业创新的影响。研究发现，专利质押融资促进了企业专利申请的增加，且这一作用受到地区知识产权保护力度的影响。专利质押融资通过缓解企业融资约束这一重要作用机制促进了企业创新。专利质押融资促进企业专利申请增加的作用效果在不同类型企业中呈现异质性，专利质押融资对企业创新的促进作用在技术密集型行业、融资约束较强的企业中更为显著，而专利质押融资政策对企业创新的促进作用在不同所有权属性的企业中并不存在显著差异。

第二节　政策实施背景与研究假说

一、政策实施背景

专利质押融资是指融资方将其所拥有的专利经过价值评估后质押给金

融机构从而获得融资。这一融资方式可以缓解科技型企业的融资约束，提高企业的创新积极性，促进企业增加研发投入。尽管在理论上专利质押融资对专利的价值开发作用非常突出，对缓解企业融资约束、促进企业研发创新作用明显，但由于专利权价值评估困难、专利保护时间有限、专利权交易渠道不通畅等因素使得我国的专利质押融资在实践中发展缓慢，我国专利质押融资的实践始于国家知识产权局于 1996 年 9 月颁布的《专利质押合同登记管理暂行办法》。但发展缓慢，直到 2006 年，全国进行专利质押登记的仅有 682 项专利，质押总价值不足 50 亿元。① 直到 2008 年 12 月，国家知识产权局批复了首批专利质押融资试点地区，包括北京市海淀区、吉林省长春市、江西省南昌市、湖南省湘潭市、广东省佛山市和宁夏回族自治区，首批专利质押融资试点自 2009 年 1 月 1 日启动。2009 年 9 月，国家知识产权局又批复了第二批专利质押融资试点地区，批准四川省成都市、江苏省无锡市、浙江省温州市、湖北省宜昌市、广东省广州市和广东省东莞市进行知识产权质押融资试点。2010 年，国家知识产权局又批准了上海市浦东新区、天津市、江苏省镇江市和湖北省武汉市进行知识产权质押融资试点。随后，安徽省蚌埠市和山东省潍坊市也在 2012 年被列入知识产权质押融资试点城市。其间，政府发布了一系列支持专利质押融资的政策文件，包括《关于进一步加大对科技型中小企业信贷支持的指导意见》《关于加强知识产权质押融资与评估管理支持中小企业发展的通知》《专利权质押登记办法》《关于商业银行知识产权质押贷款业务的指导意见》，为专利质押融资的规范和有效实施提供了制度保障。在专利质押融资试点期间，国家知识产权局为试点城市提供政策、人才和技术上的支持。专利质押融资试点工作是我国促进企业创新发展的重要政策尝试，同时为缓解中小企业融资约束提供了新的途径。

二、研究假说

创新活动是一项复杂的工作，在技术创新过程中，许多活动必须有外

---

① 国家知识产权局网站。

部的协作和支持。建立有效的制度保障，有利于技术创新主体积极寻求外部协作，尤其是知识产权保护制度在企业创新过程中有着至关重要的制度保障作用（林秀芹等，2010）。专利质押融资无疑也是获取外部力量的重要手段，它不仅可以解决技术创新者在技术创新过程中的融资困境，更重要的是它能为技术创新者提供有效的激励机制，实现技术创新的可能并促进技术创新。同时，专利转化为现实的生产力是技术创新的最终目标，而专利研发需要耗费巨大的资金投入，专利质押制度无疑能够解决这些困难并促进专利技术的进一步发展，从而促进企业创新。利用知识产权来融资对发明人来说会比其他方式更有吸引力，因为专利质押融资的信贷风险并不是想象中的那样高，且融资成本更低，借款人无须通过改变他的资金结构来获得融资（Alexander，2005），因此，专利权人也迫切希望能够通过自己的专利来获得融资。总之，专利质押融资是缓解中小型科技企业融资约束、提高企业研发积极性、增加企业创新产出的新型融资方式，是将科技成果转化为生产率的一个重要手段，有利于促进企业创新。基于此，本章提出以下有待检验的假说 7.1。

假说 7.1：专利质押融资能够促进企业创新。

专利质押融资的实施效果依赖于不同地区知识产权保护的力度。知识产权保护是为了促进创新而产生的，在历史上推动了全世界科学技术的进步和人类社会的发展。已有文献中，知识产权保护对企业创新影响的研究已经很多。吴超鹏、唐菂（2016）发现，政府加强知识产权保护力度可以促进企业研发投入的增加和专利的产出，从而有利于企业创新能力的提升，知识产权保护既可以通过减少研发溢出损失，又可以通过缓解外部融资约束促进企业创新。研发成果的公共物品特征以及研发投入未来收益的不确定性，使社会上研发投入和研发产出低于最优水平，而知识产权保护在一定程度上弥补了由于研发的外部性而产生的损失，知识产权保护的实施也有利于保障研发投入未来收益的实现，提高研发产出的价值。李莉等（2014）发现，知识产权保护水平还可以通过降低信息不对称程度促进企业研发创新。知识产权保护水平的提高可以激励企业更加及时全面地披露研发活动的相关信息，有利于投资者了解企业的技术水平，从而更有效地进行投资。通过缓解信息不对称这一渠道，知识产权保护将有利于科技型企业获得研发投入所需的资金。知识产权本身能够促进企业增加创新投入和创新产出，同时完善的知识产权保护制度能够更有效地保障专利质押融资政策的实施，提高专利质押融资政策的实施效果。基于此，本章提出以下有待检验的假说7.2。

假说7.2：专利质押融资政策的实施效果受到地区知识产权保护力度的影响。

阿德里亚诺和拉姆皮尼（Adriano & Rampini，2013）的研究也表明，研发创新需要大量资金支持。鞠晓生等（2013）利用中国非上市工业企业数据研究发现，企业的营运资本可以通过缓解企业的融资约束促进企业创新。由于研发产出具有很大不确定性，不利于激励企业进行研发投资，也不利于投资者进行投资，尤其对于面临融资约束的中小企业而言，研发产出的不确定性限制了其研发积极性。解维敏等（2011）认为，金融发展程度对企业的创新具有重要作用，金融发展程度高的地区可以有效缓解当地企业的融资约束，促进企业增加研发投入，从而可以有效支持当地企业的创新，并且金融发展对小规模和民营企业的作用更为明显。李汇东（2013）则通过将企业资金划分为内源资金和外源资金对企业融资结构对企业创新的影响进行研究，发现外源融资对企业增加创新投入的作用大于内源融资，表明企业的外部融资环境对企业的创新行为有着重要影响。张璇等（2017）也发现，当企业面临信贷寻租行为时，企业将减少研发投入，从而降低企业的创新能力。并且信贷寻租抑制企业创新的作用在中小企业、民营企业和资本密集型企业中作用更大。专利质押融资政策的推出正是为了优化科技型中小企业的外部融资环境，缓解企业面临的融资约束问题，促进企业增加研发投入，进而提高企业的创新水平。基于此，本章提出以下有待检验的假说7.3。

假说7.3：专利质押融资能够通过缓解企业融资约束提高企业的创新产出。

由于专利质押融资政策的推出主要是为了缓解科技型中小企业的融资约束问题，提高企业的创新积极性和研发投入，从而提高企业的创新水平，因此，专利质押融资政策对不同类型的企业将发挥不同程度的作用。对于技术密集型行业的企业而言，研发创新对企业的发展至关重要，获取充足的研发资金是支持技术密集型行业企业进一步发展的重要途径。专利质押融资政策正是为创新能力较强的企业提供的另外一条融资途径，可以实现企业创新成果的价值，缓解企业因面临融资约束而导致的研发投入不足和创新能力受限的问题。因此，对于技术密集型行业的企业而言，专利质押融资政策将对其创新能力的提高起到重要的支持作用。同时对于面临不同程度融资约束的企业而言，专利质押融资对企业增加创新投入的促进作用不同，因此，其对企业创新水平的促进作用也将有所差异。基于此，本章提出以下有待检验的假说7.4。

假说7.4：专利质押融资对企业创新水平的促进作用具有异质性。

第三节 研究设计

一、计量模型与变量选择

专利质押融资试点可以为企业融资提供另外一条有效途径，缓解科技型和中小型企业的融资约束，旨在促进企业的技术创新和转型升级。专利权的价值实现及其流动性受到政策环境的影响，尤其是受到地区知识产权保护力度的影响。同时，专利质押融资试点的作用效果在不同类型企业之间的差异仍有待检验。为此，本章针对以上问题及研究假说进行实证检验，计量模型具体设定如下：

$$y_{it} = \beta_0 + \beta_1 Treat\_i \times post\_it + \beta_2 Ipr_{it} + \beta_3 X_{it} + \mu_c + \varepsilon_{it} \tag{7.1}$$

$$y_{it} = \beta_0 + \beta_1 post\_it \times Ipr_{it} + \beta_2 Ipr_{it} + \beta_3 X_{it} + \mu_c + \varepsilon_{it} \tag{7.2}$$

$$y_{it} = \beta_0 + \beta_1 post\_it \times Constraint_{it} + \beta_2 Ipr_{it} + \beta_3 Constraint_{it} + \beta_4 X_{it} + \mu_c + \varepsilon_{it} \tag{7.3}$$

由于专利质押融资试点在不同城市的实施时间不同，本章首先采用异时双重差分方法对专利质押融资试点的政策效果进行估计，如式（7.1）所示。

在回归模型中，y_{it} 代表企业 i 在时间 t 的创新水平，本章使用企业的专利申请量来表示。$Treat\_i$ 代表专利质押融资试点城市虚拟变量，当企业所在城市为专利质押融资试点城市时为 1，否则为 0。$post\_it$ 代表专利质押融资试点的处理变量，当企业所在城市为专利质押融资试点城市，且处于政策实施后的时间为 1，其余为 0。X_{it} 代表影响企业创新能力的控制变量，包括企业年龄、企业规模、企业资产负债率、企业营业收入、企业无形资产、企业资产利润率、政府补贴。μ_c 代表企业所在城市的效应，控制城市层面影响企业创新能力的不可观测的变量。ε_{it} 代表误差项。

由于知识产权保护力度会影响专利质押融资试点的政策效果，本章接着采用广义差分法对知识产权保护力度对专利质押融资政策影响企业创新的异质性进行研究，如式（7.2）所示。其中，Ipr_{it} 代表企业所在省份在时间 t 的知识产权保护力度，本章将知识产权保护力度与专利质押融资试点的处理变量相乘来研究不同知识产权保护力度下的专利质押融资对企业创新的影响。

进一步地，本章对专利质押融资试点促进企业创新的作用机制进行了检验，专利质押融资为科技型和中小型企业提供了另外一种融资渠道，缓解了科技型企业的融资约束问题，尤其是中小型科技企业的融资约束问题，是提高企业创新积极性的重要渠道。本章对这一作用渠道进行了实证检验，回归方程如式（7.3）所示。其中，$Constraint_{it}$ 代表企业 i 在 t 时期面临的融资约束程度。

二、变量构建与数据来源

本章使用企业 i 在 t 时期的专利申请量来度量企业的创新能力。企业 i 在时期 t 专利申请数量的数据来源于国泰安数据库，考虑到样本数量，本章将专利申请量中缺失的数据补充为 0，并将专利申请数量加 1 后取对数作为回归方程中所使用的企业创新能力指标。知识产权保护力度对于专利质押融资试点的政策效果具有重要影响。知识产权保护力度越大，意味着专利质押融资的流程更加规范，专利价值的实现更有保障；同时，知识产权保护力度过大时会阻碍技术的扩散，削弱技术的溢出效应，因此也会对企业的创新产生不利影响。目前尚未有研究对不同知识产权保护力度下的专利质押融资试点的政策效果进行分析，这也是本章在文献方面的一个贡献。

对于知识产权保护力度的度量一般有三种方法：一是对知识产权保护力度及其构成要素设定详细的分数等级，然后通过问卷以及实地调查，感性地获得公民对知识产权保护力度及其相关要素的满意度评分；二是分析影响知识产权保护力度的主要因素，对各因素进行赋值，综合判定知识产权的保护力度；三是结合问卷调查和赋值法，对其中一部分影响因素，诸如立法规定等因素进行赋值，而对另外一部分影响因素，如法律适用范围等通过问卷调查的方式进行评分，综合得出知识产权保护的力度。这三种度量方式各有优势与不足，其中，调查法得出的结论完全由调查者自身的感受以及对调查问卷的理解来决定，受主观因素影响较大；而完全根据立法构建的客观评价方法则没有考虑执法力度等其他因素对知识产权保护力度的影响；综合法的指标选取还没有统一的体系，不同国家通常都会选择不同的指标，具有较强的倾向性。我国不同地区的知识产权保护力度在立法层面上是一致的，但在具体实施层面，我国的知识产权保护力度在不同地区之间却存在很大差异。在文献中，选用吉纳特和帕克（Ginarte & Park，1997）所构建的 GP 指数作为知识产权保护力度度量指标的文献占多数，但由于 GP 指数只反映一国知识产权保护的立法程度，在发达国家，执法较为完善的前提下，GP 指数能够较好地反映该国的知识产权保护力度，但在执法不够完善的国家，如诸多发展中国家，仅用 GP 指数是无法准确刻画一国知识产权保护力度，还需要对该国的执法力度进行测量，文献中通常使用 GP 指数与执法力度的乘积来反映该国的知识产权保护力度（韩玉雄、李怀祖，2005）。基于以上考虑，本章使用两种方式对不同地区间知识产权保护力度进行度量。一种方法为使用吉纳特和帕克（1997）的方法计算出相应的值，再借鉴世界知识产权组织（WIPO，2011）的方法引入以省份为单位的"执法强度"因子，将两者相乘，所计算出来的指标即为最终各省份的实际知识产权保护强度。计算公式如下：知识产权保护力度（IPR）= GP 指数（GP）× 执法力度（L）。其中，GP 指数是从立法的角度对知识产权的保护力度进行定量化分析的指标，它从五个方面进行考察，包括是否建立执法机制、是否加入国际条约、专利保护的期限长短、权利保护损失是否可能出现、专利的覆盖范围大小。而关于执法力度指标的计算，包括经济发展水平、社会法制化程度、国际监督和公众意识。另一种方法则是采用各地区知识产权执法力度作为对知识产权保护力度的度量，作为稳健性检验。

对于企业融资约束的度量，本章采用 SA 指数，SA 指数具有外生性强、构建简单的优势（Hadlock & Pierce，2009），SA 指数的计算方法如下：$SA = -0.737 \times$ 企业规模$(size) + 0.043 \times$ 企业规模$^2(size^2) - 0.04 \times$ 企业年龄 (age)。当 SA 指数的绝对值越大时，说明企业面临的融资约束越大。

影响企业研发创新的因素很多，包括企业自身的特征、企业的资金流水平、政府的补助以及企业所处城市的经济发展水平等因素，本章将这些影响企业创新的变量作为控制变量。对于企业自身的特征，本章使用的变量包括企业年龄，用企业成立年限的自然对数表示；企业规模，用企业总资产的自然对数表示；企业的资产负债率，用企业的总负债与企业总资产的比值来表示；企业的营业收入率，用企业营业收入与企业总资产的比值来表示；企业无形资产率，用企业无形资产与企业总资产的比值来表示；企业资产利润率，用企业净利润与企业总资产的比值来表示；政府补助率，用政府本期补助与企业总资产的比值来表示；同时还控制了城市固定效应，以便控制可能影响企业创新能力但又不可观测的城市层面的因素。

本章中所使用的企业个体特征变量以及政府补助数据来源于国泰安数据库和 Wind 数据库，用于度量知识产权保护力度的数据来源较多，包括国家统计局、世界银行、商务部、《中国律师年鉴》、《中国知识产权年鉴》以及各省份统计年鉴。

三、变量的描述性统计

本章所使用的样本为 2007～2017 年沪深 A 股上市企业，主要变量的描述性统计如表 7 –1 所示。

表 7 – 1　　　　　　　　　　　　变量的描述性统计

变量	符号	均值	标准差	最小值	最大值
处理组虚拟变量	Treat_i	0. 340	0. 474	0	1
政策实施虚拟变量	post_it	0. 289	0. 453	0	1
专利申请量	patent	0. 717	1. 797	0	6. 038
发明专利申请量	invention	0. 512	1. 458	0	5. 493
实用新型专利申请量	utility	0. 249	0. 968	0	5. 004
外观设计专利申请量	Design	0. 107	0. 559	0	4. 543
知识产权保护力度指标 1	Ipr1	0. 632	0. 246	0. 07	1
知识产权保护力度指标 2	Ipr2	2. 788	1. 086	0. 309	4. 41
融资约束	Constraint	– 3. 207	0. 095	– 3. 306	– 0. 103
企业规模	size	9. 193	0. 999	0	10. 189
企业年龄	age	2. 714	0. 376	0	3. 829
资产负债率	leverage	5. 562	66. 619	0. 0002	4718
营业收入率	income	7. 030	193. 708	0. 00004	24280
总资产净利率（ROA）	roa	6. 322	131. 683	0. 00006	15073
无形资产率	intangible	4. 315	52. 555	0. 00004	4122. 333
政府补助率	subsidy	4. 063	58. 264	0. 00009	4738. 25

资料来源：国泰安数据库、Wind 数据库、国家统计局、世界银行、商务部、《中国律师年鉴》、《中国知识产权年鉴》以及各省份统计年鉴。

从表 7 – 1 的描述性统计可以看出，我国沪深 A 股上市企业每年的专利申请量取自然对数后为 0. 717，并且专利申请量的标准差较大，不同企业之间的专利申请量差异很大，说明企业之间在创新能力上具有很大差异。就专利的申请类型来看，企业在发明专利上的申请量最多，其次为实用新型专利，外观设计专利申请量最少。两种对不同地区间知识产权保护力度进行度量的指标都显示知识产权保护力度有着较高的标准差，不同地区之间对于知识产权保护的力度存在很大差异，尤其是在执法力度方面，不同地区之间显示着更大的差异。用 SA 指数进行度量的企业融资约束均值为 – 3. 207，从统计结果来看，企业面临融资约束的标准差相对较小，但离差较大。

第四节　实证结果与分析

首先，我们对地区知识产权保护力度差异对专利质押融资试点政策效果的影响进行检验；其次，实证考察了专利质押融资如何通过缓解企业融资约束对企业创新产生影响；再次，本章针对不同类型的企业进行了分样本检验，从而更清晰地看出专利质押试点对不同类型企业的影响差异；最后，通过替代不同核心变量进行了稳健性检验。

一、基本估计结果

本章首先采用异时双重差分方法对专利质押融资试点对企业专利申请量的影响进行回归分析。但由于专利质押融资涉及法律制度层面多种因素的影响，对不同行为主体有着不同的激励作用，尤其是与专利质押融资紧密相关的知识产权保护力度对专利质押融资的实施以及政策效果有着重要影响，因此，本章采用广义双重差分的方法对知识产权保护力度对专利质押融资试点政策效果的影响进行实证检验，并将专利分为发明专利、实用新型、外观设计三种类型，分别进行检验，实证结果如表 7 - 2 所示。

表 7 - 2　　　　　　　　　基本估计结果

变量	(1)	(2)	(3)	(4)	(5)	(6)
	专利	专利	专利	发明专利	实用新型专利	外观设计专利
$Ipr1 \times post\_it$			0.0405001 **	0.034 ***	0.028 ***	0.0139 ***
			(2.31)	(2.60)	(3.43)	(2.58)
$Treat\_i \times post\_it$	0.286 ***	0.205 ***				
	(4.58)	(3.20)				
$Ipr1$		0.161 ***	0.1629233 ***	0.154 ***	0.061 ***	0.020 **
		(5.94)	(5.95)	(6.83)	(4.14)	(2.39)

续表

变量	(1)	(2)	(3)	(4)	(5)	(6)
	专利	专利	专利	发明专利	实用新型专利	外观设计专利
age	-0.297 *** (-7.82)	-0.372 *** (-9.16)	-0.3703343 *** (-9.11)	-0.273 *** (-8.18)	-0.179 *** (-8.04)	-0.091 *** (-6.52)
size	0.001 (0.10)	0.0008 (0.06)	0.0007213 (0.05)	-0.003 (-0.28)	-0.009 (-1.15)	-0.00008 (-0.02)
leverage	-0.001 ** (-2.18)	-0.001 ** (-2.08)	-0.0009522 ** (-2.05)	-0.0004 * (-1.86)	-0.0003 * (-1.95)	7.97E-06 (0.07)
income	-0.0002 (-1.28)	-0.0002 (-1.37)	-0.0002463 (-1.36)	0.0001 (0.99)	0.00003 (0.58)	-0.00007 (-1.02)
intangible	0.00003 (0.10)	0.00002 (0.07)	0.000015 (0.05)	-5.13E-06 (-0.04)	8.37E-06 (0.10)	-0.00008 (-0.98)
roa	0.0007 ** (2.01)	0.0007 ** (2.01)	0.0007006 ** (2.02)	0.0003 (1.21)	0.00007 (0.66)	0.00007 (0.93)
subsidy	0.0005 (1.41)	0.0005 (1.39)	0.0005093 (1.35)	-0.0002 (-1.04)	0.00002 (0.15)	0.00007 (0.74)
常数项	1.500 *** (9.22)	1.282 *** (7.73)	1.290365 *** (7.77)	0.869 *** (6.39)	0.647 *** (6.94)	0.296 *** (5.49)
城市效应	控制	控制	控制	控制	控制	控制
N	20001	20001	20001	20001	20001	20001

注：括号内为 t 值。 * 、 ** 、 *** 分别表示在 10%、5%、1% 的水平上显著。

　　表 7-2 中的列（1）显示，专利质押融资的政策实施可以显著促进企业的专利申请数量，在不考虑知识产权保护力度的情况下，专利质押融资政策的实施，使得企业的专利申请数量增加了将近 29%。但企业的创新积极性和创新能力与企业所处地区的知识产权保护力度息息相关，因此，在列（1）的回归中可能存在遗漏重要变量的问题。

　　列（2）的回归中加入了知识产权保护力度这一影响企业创新的重要因素，得到的回归结果显示，在加入知识产权保护力度后，专利质押融资试点促进企业创新的政策效果减少为约 21%，比遗漏知识产权保护力度因素得到的政策效果减少了约 1/4。同时，知识产权保护力度的系数显著为正，表明知识产权保护本身可以促进企业创新水平的提高。知识产权保护制度的完善可以促进专利质押融资政策更好地实施，提高专利质押融资政策的实施效果。为检验知识产权保护力度差异在专利质押融资试点中发挥的作用，本章进一步构建了知识产权保护力度与专利质押融资试点处理变量的交互项进行进一步检验。表 7 - 2 中的列（3）的检验结果表明，知识产权保护可以显著提高专利质押融资试点的政策效果，知识产权保护力度每增加 1 个单位，专利质押融资试点促进企业创新的效果将提高约 4%。

由于专利又包括发明专利、实用新型专利、外观设计专利三种技术含量不同的类型，为检验知识产权保护力度对专利质押融资试点促进企业创新的作用在三种不同类型专利中存在的差异，本章接下来对三种不同类型的专利分别进行研究，将被解释变量相应地依次替换为发明专利、实用新型专利和外观设计专利的申请数量，结果如表 7 - 2 中的列（4）、列（5）和列（6）所示。研究结果表明，知识产权保护对专利质押融资试点政策效果的促进作用在三种专利类型中具有异质性，知识产权保护力度每增加 1 个单位，专利质押融资试点将促进企业发明专利产出数量增加约 3%，促进企业实用新型专利产出数量增加约 3%，促进企业外观设计专利产出数量增加约 1%。从分类检验结果可以看出，专利质押融资政策对技术含量较高的发明专利、实用新型专利产出数量的促进作用较大，对技术含量较低的外观设计专利的促进作用较小。

值得注意的是，在控制变量中，企业资产负债率对企业的专利产出存在显著的负向影响，企业资产负债率越高，企业的专利产出越少，并且对于发明专利、实用新型专利来说，这种显著的负向影响持续存在。企业的资产负债率在一定程度上代表了企业的融资约束水平，企业资产负债率越高，企业将面临越强的融资约束，而专利的研发产出需要大量的资金支持，面临较强融资约束的企业在研发创新方面不具有优势，从而资产负债率越高的企业，创新产出越少。专利质押融资正是为了克服企业研发资金不足限制了企业研发投入和研发产出这一问题而推出的，通过专利质押融资缓解企业的融资约束，促进企业创新水平的提高。此外，企业年龄系数的估计结果在 1% 的水平上显著为负，说明了年龄越小的企业更有活力应对市场上的压力，更有动力进行创新。

二、平行趋势检验

在使用双重差分方法时，需要满足平行趋势假设。在本章中即为在专利质押融资试点之前，作为政策处理组的专利质押融资试点城市中企业专利申请数与作为对照组的非专利质押融资试点城市中企业专利申请数的变化趋势基本一致。为对这一假设进行检验，本章以2009年作为基期进行了检验，检验方程如式（7.4）所示，其中，当样本所处时间为j时，D_{ij}为1，否则为0，回归结果的趋势如图7-1所示。

$$y_{it} = \beta_0 + \beta_1 Treat\_i \times \sum_{j=-2, j\neq 0}^{8} D_{ij} + \beta_2\, Ipr_{it} + \beta_3\, Constraint_{it} +$$
$$\beta_4\, X_{it} + \mu_c + \varepsilon_{it} \tag{7.4}$$

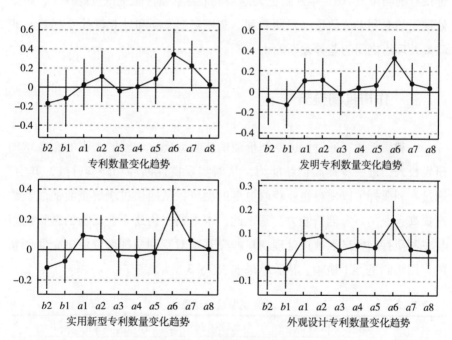

图7-1　平行趋势检验结果

注：图中纵坐标表示β_1的估计系数，横坐标表示时期，2009年取值为0，b_1和b_2分别表示-1年和-2年，以此类推，a_1、a_2、…分别表示+1年、+2年、…。

从图7-1中可以看出，在专利质押融资试点前，政策处理组（实验组）的专利申请数量（发明专利、实用新型专利和外观设计专利）与政策控制组（对照组）基本无差异，甚至，在数值上，政策处理组的专利申请数量（发明专利、实用新型专利和外观设计专利）要少于非政策处理组。随着专利质押融资试点的逐步推行，可以明显看到政策处理组的专利申请数量（发明专利、实用新型专利和外观设计专利）不断增加，并且逐步显著高于非政策处理组的专利申请数量（发明专利、实用新型专利和外观设计专利）。从后期政策处理组的专利申请数量（发明专利、实用新型专利和外观设计专利）逐步增加的趋势中可以看出，专利质押融资试点的政策效果具有一定的滞后性。由此可以看出，专利质押融资试点的平行趋势假设基本满足，专利质押融资政策确实促进了企业的研发投入和专利产出，并且该政策效果具有一定的延续性和滞后性。最后，随着前一阶段逐步推进试点的结束及 2016 年开始更大范围城市专利质押融资试点的开展，政策处理组的专利申请数量（发明专利、实用新型专利和外观设计专利）与非政策处理组之间的差异逐渐缩小。

三、作用机制检验

专利质押融资通过促进专利价值的实现，促进创新能力强的企业增加研发投入，进一步提高创新能力，从而实现良性循环和转型升级，其中，通过专利质押可以使得企业获取更多的融资，从而通过缓解企业的融资约束提高企业的研发创新能力。基于此，本章通过构建企业面临的融资约束与专利质押融资试点政策处理变量的交互项对专利质押融资促进企业创新的作用机制进行了检验，检验结果如表 7 - 3 所示。

表 7 - 3　　　　　　　　　作用机制检验结果

变量	(1)	(2)	(3)	(4)
	专利	发明专利	实用新型专利	外观设计专利
$Constraint \times post\_it$	- 0. 064 *** (- 3. 19)	- 0. 051 *** (- 3. 33)	- 0. 041 *** (- 4. 29)	- 0. 021 *** (- 3. 68)
$Ipr1$	0. 162 *** (5. 96)	0. 154 *** (6. 89)	0. 062 *** (4. 17)	0. 02 ** (2. 31)

续表

变量	(1)专利	(2)发明专利	(3)实用新型专利	(4)外观设计专利
Constraint	-0.203 (-0.96)	-0.126 (-0.74)	-0.056 (-0.48)	-0.003 (-0.05)
age	-0.381*** (-9.15)	-0.28*** (-8.25)	-0.182*** (-7.99)	-0.092*** (-6.40)
size	-0.001 (-0.10)	-0.005 (-0.39)	-0.01 (-1.21)	-0.0001 (-0.03)
leverage	-0.0008* (-1.75)	-0.0003 (-1.36)	-0.0003 (-1.49)	0.00002 (0.17)
income	-0.0003 (-1.45)	0.0001 (0.84)	0.00003 (0.51)	-0.00007 (-1.03)
intangible	0.00002 (0.05)	-7.72E-06 (-0.06)	3.33E-06 (0.04)	-0.00008 (-1.03)
roa	0.0008** (2.28)	0.0003 (1.52)	0.0001 (0.94)	0.00007 (0.96)
subsidy	0.0005 (1.44)	-0.0002 (-1.02)	0.00002 (0.19)	0.00007 (0.75)
常数项	0.673 (1.03)	0.484 (0.93)	0.474 (1.33)	0.285 (1.38)
城市效应	控制	控制	控制	控制
N	20001	20001	20001	20001

注：括号内为 t 值。*、**、***分别表示在 10%、5%、1% 的水平上显著。

表 7-3 的回归结果表明，专利质押融资政策可以通过缓解企业面临的融资约束促进企业创新产出的增加。企业面临的融资约束越强，专利质押融资促进企业创新增加的作用越大，企业面临的融资约束每减少 1 个单位将使得专利质押融资促进企业创新的效果提高约 6%。就发明专利而言，企业面临的融资约束每减少 1 个单位，专利质押融资试点促进企业发明专利产出数量增加约 5%；就实用新型专利而言，企业面临的融资约束每减少 1 个单位，专利质押融资试点促进企业实用新型专利产出数量将增加约 4%；就外观设计专利而言，企业面临的融资约束每减少 1 个单位，专利质押融资促进企业外观设计专利产出数量增加约 2%。该检验结果进一步说

明专利质押融资可以通过缓解企业面临的融资约束，促进企业增加研发投入，提高企业的专利产出。专利质押融资政策对于面临较强融资约束的企业创新促进作用更大，同时，专利质押融资政策对技术含量更高的发明专利和实用新型专利产出增加的促进作用更大。知识产权保护对企业创新的影响均显著为正，进一步说明了知识产权保护是促进企业创新的重要因素。

四、专利质押融资效果的异质性检验

由于企业所属的行业不同，技术密集程度存在很大差异，因此，专利质押融资政策的试点对处于不同行业企业创新水平提高的促进作用将存在很大差异。专利质押融资在一定程度上更加有利于缓解技术密集型行业企业的融资约束，从而提高技术密集型行业企业的专利产出，对于技术密集程度较低行业的企业而言，由于企业本身的研发需求和专利存量不高，因此，专利质押融资政策的实施可能对其经营以及创新的促进作用较小。专利质押融资为科技型企业提供了一种融资渠道，可以缓解科技型企业面临的融资约束，增加企业的研发投入，从而促进企业创新水平的提高。在我国的上市企业中，企业所有权属性对企业面临的融资约束具有很大的影响，国有企业由于其具有规模大、可抵押资产多、违约率低等特点，使得国有企业更容易获得金融资源，面临较小的融资约束，但同时，国有企业也拥有较多的专利存量，因此，在专利质押融资试点的过程中，国有企业可能同样会受益更多。为了进一步研究专利质押融资试点政策效果的异质性，本章将样本企业按照所属行业技术密集程度、面临的融资约束大小以及企业所有权属性对样本进行划分，从而比较不同类型企业在专利质押融资试点过程中受到影响的差异。

本章将 A 股上市企业样本根据所属行业划分为技术密集型行业和非技术密集型行业，按照企业面临融资约束的强弱分为面临较强融资约束的企业和面临较弱融资约束的企业，按照企业所有权性质划分为国有企业和非国有企业，对专利质押融资对企业创新影响的异质性进行研究。其中，技术密集型行业包括专业技术服务业、专用设备制造业、互联网和相关服务、仪器仪表制造业、医药制造业、卫生、研究和试验发展、科技推广和应用服务业、计算机、通信和其他电子设备制造业、软件和信息技术服务业。企业面临的融资约束强度则根据企业面临融资约束与样本均值的比较来确定，企业面临融资约束小于样本均值的为融资约束较强的企业。国有企业则既包括中央国有企业，也包括地方国有企业。在回归中，加入 *dummy* 虚拟变量与政策处理变量的交互项，其中，当企业为技术密集型行业时，*dummy* 虚拟变量取 1，否则取 0；当企业面临较强的融资约束时，*dummy* 虚拟变量取 1，否则取 0；当企业为国有企业时，*dummy* 虚拟变量取 1，否则取 0。

表 7－4 的回归结果显示，专利质押融资政策对企业创新水平提高的促进作用在不同技术密集型行业中存在显著差异，在技术密集型行业中，专利质押融资政策对企业专利申请数量增加的促进作用比在非技术密集型行业中高出 33%。该结果表明，专利质押融资政策的作用对象主要是技术密集型行业，专利质押融资政策能够显著促进技术密集型行业的创新水平，这与专利质押融资政策设计和推出的目标一致，说明专利质押融资政策确实有助于企业创新水平的提高和转型升级。此外，在技术密集型行业中，专利质押融资对企业发明专利申请数量增加的促进作用比在非技术密集型行业中高出约 25%，对企业实用新型专利申请数量增加的促进作用比在非技术密集型行业中高出约 11%，对企业外观设计专利申请数量增加的促进作用比非技术密集型行业中高出 12%，说明专利质押融资对技术密集型行业企业创新的影响更显著。

表 7－4　　　　　　　　　技术密集度异质性检验

变量	(1)	(2)	(3)	(4)
	专利	发明专利	实用新型专利	外观设计专利
dummy × post_it	0.330 ***	0.251 ***	0.109 ***	0.120 ***
	(5.46)	(5.17)	(3.39)	(5.57)
*Ipr*1	0.172 ***	0.162 ***	0.070 ***	0.023 ***
	(6.47)	(7.43)	(4.87)	(2.71)
Constraint	−0.226	−0.144	−0.069	−0.011
	(−1.07)	(−0.85)	(−0.60)	(−0.16)

续表

变量	(1)	(2)	(3)	(4)
	专利	发明专利	实用新型专利	外观设计专利
age	− 0.373 *** (− 9.00)	− 0.274 *** (− 8.10)	− 0.177 *** (− 7.80)	− 0.089 *** (− 6.29)
size	− 0.001 (− 0.09)	− 0.004 (− 0.38)	− 0.0100 (− 1.23)	− 0.00003 (− 0.01)
leverage	− 0.0008 * (− 1.77)	− 0.0003 (− 1.38)	− 0.0003 (− 1.55)	0.00002 (0.16)
income	− 0.0003 (− 1.51)	0.00009 (0.76)	0.00003 (0.43)	− 0.00007 (− 1.09)
intangible	0.00002 (0.06)	− 5.81E − 06 (− 0.04)	5.22E − 06 (0.06)	− 0.00008 (− 1.02)
roa	0.0008 ** (2.38)	0.0003 * (1.65)	0.0001 (1.10)	0.00008 (1.09)
subsidy	0.0005 (1.43)	− 0.0002 (− 1.05)	0.00002 (0.17)	0.00007 (0.73)
常数项	0.584 (0.90)	0.412 (0.79)	0.424 (1.19)	0.255 (1.23)
城市效应	控制	控制	控制	控制
N	20001	20001	20001	20001

注：括号内为 t 值。 * 、 ** 、 *** 分别表示在10%、5%、1%的水平上显著。

　　表 7 - 5 的回归结果显示，在面临不同融资约束强度的企业中，专利质押融资政策促进企业创新水平提高的效果也存在显著差异，其中，在面临较强融资约束的企业中，专利质押融资促进专利申请数量增加的作用要比面临较弱融资约束的企业高出约10%。该结果表明专利质押融资政策确实对缓解企业融资约束发挥了重要作用，缓解企业融资约束是专利质押融资政策促进企业创新水平提高的重要途径，同时也为我国如何缓解中小企业融资约束提供了有益的参考。此外，在面临较强融资约束的企业中，专利质押融资促进发明专利申请数量增加的作用要比面临较弱融资约束的企业高出约11%，专利质押融资促进实用新型专利申请数量增加的作用要比面临较弱融资约束的企业高出约7%，专利质押融资

促进外观设计专利申请数量增加的作用要比面临较弱融资约束的企业高出约4%，进一步说明了专利质押融资对企业创新的作用在面临较强融资约束企业中更加显著。

表7-5　　　　　　　　　　　　融资约束异质性检验

变量	(1)	(2)	(3)	(4)
	专利	发明专利	实用新型专利	外观设计专利
$dummy \times post\_it$	0.101**	0.113***	0.067***	0.043***
	(2.03)	(2.90)	(2.57)	(2.76)
Ipr1	0.175***	0.163***	0.070***	0.024***
	(6.60)	(7.48)	(4.84)	(2.82)
Constraint	−0.065	0.035	0.037	0.058
	(−0.29)	(0.20)	(0.31)	(0.84)
age	−0.378***	−0.279***	−0.180***	−0.091***
	(−9.06)	(−8.20)	(−7.89)	(−6.37)
size	0.003	0.001	−0.007	0.002
	(0.24)	(0.11)	(−0.79)	(0.43)
leverage	−0.0009*	−0.0004	−0.0003*	−8.67E−06
	(−1.87)	(−1.63)	(−1.70)	(−0.07)
income	−0.0003	0.0001	0.00004	−0.00006
	(−1.41)	(0.95)	(0.63)	(−0.97)
intangible	5.99E−06	−0.00002	−2.91E−06	−0.00009
	(0.02)	(−0.14)	(−0.03)	(−1.09)
roa	0.0008**	0.0003	0.00007	0.00005
	(2.16)	(1.29)	(0.68)	(0.72)
subsidy	0.0005	−0.0002	8.78E−06	0.00006
	(1.37)	(−1.12)	(0.07)	(0.65)
常数项	1.067	0.949*	0.740**	0.461**
	(1.57)	(1.75)	(1.99)	(2.19)
城市效应	控制	控制	控制	控制
N	20001	20001	20001	20001

注：括号内为t值。*、**、***分别表示在10%、5%、1%的水平上显著。

表7-6的估计结果显示，在国有企业中，专利质押融资促进专利申请

增加的作用与非国有企业并不存在显著的差异，表明国有企业虽然在传统的融资环境中具有很大优势，但由于其创新能力并没有显著高于非国有企业，即使国有企业具有较大的专利存量优势，但相对于非国有企业而言，专利质押融资政策并没有显著提高国有企业的创新能力。特别需要注意的是，对于发明专利和实用新型专利而言，$dummy \times post\_it$ 的系数均在 1% 的水平上显著为负，说明专利质押融资对国有企业发明专利和实用新型专利的影响不仅没有起到正面促进作用，相反还起到了负面抑制作用，从而在一定程度上造成了金融资源浪费现象，不能有效地实现金融资源的高效配置，这与专利质押融资旨在将资金精准地引导至研发创新能力更强的行业和企业而实现金融资源更合理高效配置的目标是不相符合的，这种现象值得关注。

表 7 - 6　　　　　　　　　　　所有权异质性检验

变量	(1)	(2)	(3)	(4)
	专利	发明专利	实用新型专利	外观设计专利
$dummy \times post\_it$	0.074	-0.109 ***	-0.064 ***	-0.020
	(1.33)	(-2.91)	(-2.62)	(-1.33)
lpr1	0.178 ***	0.170 ***	0.074 ***	0.026 ***
	(6.70)	(7.79)	(5.12)	(3.07)
Constraint	-0.221	-0.144	-0.069	-0.01
	(-1.05)	(-0.85)	(-0.60)	(-0.15)
age	-0.378 ***	-0.265 ***	-0.172 ***	-0.087 ***
	(-9.05)	(-7.82)	(-7.58)	(-6.19)
size	-0.003	-0.004	-0.010	-0.0002
	(-0.19)	(-0.38)	(-1.22)	(-0.05)
leverage	-0.0008 *	-0.0003	-0.0003	9.96E-06
	(-1.83)	(-1.45)	(-1.59)	(0.08)
income	-0.0003	0.00009	0.00003	-0.00007
	(-1.44)	(0.78)	(0.45)	(-1.04)
intangible	0.00002	-3.38E-06	6.49E-06	-0.00008
	(0.06)	(-0.03)	(0.08)	(-1.01)

续表

变量	(1)	(2)	(3)	(4)
	专利	发明专利	实用新型专利	外观设计专利
roa	0.0008**	0.0003	0.0001	0.00008
	(2.35)	(1.57)	(1.02)	(1.02)
subsidy	0.0005	-0.0002	0.00002	0.00007
	(1.41)	(-1.03)	(0.20)	(0.74)
常数项	0.621	0.403	0.416	0.258
	(0.95)	(0.77)	(1.17)	(1.25)
城市效应	控制	控制	控制	控制
N	20001	20001	20001	20001

注：括号内为 t 值。*、**、***分别表示在10%、5%、1%的水平上显著。

五、稳健性检验

接下来，本章对研究结论进行稳健性检验。一是本章使用知识产权保护力度的替代指标对上述回归结果进行稳健性检验。在回归中加入了知识产权保护力度的替代指标，即地区知识产权保护执法力度的指标与政策处理变量的交互项，对基本估计、作用机制和异质性分别进行稳健性检验。二是专利质押融资在缓解企业融资约束的同时，将激励企业研发投入的增加。本章将被解释变量分别替换为：企业是否投入研发人员、企业是否投入研发资金、企业投入研发人员数量占比和企业投入研发资金占比四个度量企业研发投入的变量，对专利质押融资促进企业创新的作用进行稳健性检验。其中，对于企业是否投入研发人员的度量，本章将投入研发人员的企业赋值为1，否则为0；同样地，对于企业是否投入研发资金的度量，将投入研发资金的企业赋值为1，否则为0。为避免样本数据缺失对估计结果所造成的误差，对于研发人员数量占比数据和研发资金占营业收入比例缺失的样本，本章将其补充为0。

1. 基于知识产权保护执法力度的稳健性检验

基本估计结果的稳健性检验如表7-7所示，为了节省篇幅，我们略去了控制变量的估计结果。表7-7的回归结果表明,在使用知识产权保护力度的替代指标之后,专利质押融资政策对企业专利申请数量增加的促进作用依然显著,并且在发明专利、实用新型专利、外观设计专利三种不同类型专利中的显著促进作用依然存在,值得指出的是,专利质押融资政策对发明专利和实用新型专利申请量增加的促进作用依然是最大的。上述稳健性检验与基本估计结果相一致,从而在一定程度上验证了本章估计结果的稳健性。

表7-7　　　　　　　　　　基本估计结果的稳健性检验

变量	专利	发明专利	实用新型专利	外观设计专利
$Ipr2 \times post\_it$	0.178 ** (2.31)	0.151 *** (2.60)	0.125 *** (3.43)	0.055 *** (2.57)
$Ipr2$	0.720 *** (5.96)	0.680 *** (6.84)	0.271 *** (4.14)	0.090 ** (2.39)
$Constraint$	-0.221 (-1.04)	-0.141 (-0.83)	-0.067 (-0.58)	-0.009 (-0.13)
城市效应	控制	控制	控制	控制
N	20001	20001	20001	20001

注:括号内为 t 值。*、*** 分别表示在 10%、1% 的水平上显著。控制变量的估计结果省略。

表7-8显示了作用机制的稳健性检验结果。表7-8的估计结果显示,通过运用知识产权保护力度的替代指标进行估计后,无论是对于专利申请总量还是发明专利、实用新型专利和外观设计专利,$Constraint \times post\_it$ 的估计系数符号及显著性并没有发生太大变化,表明了专利质押融资能够通过缓解企业融资约束而激励企业创新。

表7-8　　　　　　　　　　作用机制的稳健性检验

变量	专利	发明专利	实用新型专利	外观设计专利
$Constraint \times post\_it$	-0.064 *** (-3.19)	-0.051 *** (-3.33)	-0.041 *** (-4.29)	-0.021 *** (-3.68)
$Ipr2$	0.714 *** (5.96)	0.678 *** (6.89)	0.272 *** (4.17)	0.087 ** (2.31)

续表

变量	专利	发明专利	实用新型专利	外观设计专利
Constraint	-0.203 (-0.96)	-0.126 (-0.74)	-0.056 (-0.48)	-0.003 (-0.05)
城市效应	控制	控制	控制	控制
N	20001	20001	20001	20001

注：括号内为 t 值。** 、*** 分别表示在 5%、1% 的水平上显著。控制变量的估计结果省略。

　　表 7-9 显示了技术密集度异质性的稳健性检验结果。表 7-9 的估计结果表明，无论是对于专利申请总量还是发明专利、实用新型专利和外观设计专利，$dummy \times post\_it$ 系数均在 1% 的水平上显著为正，说明了专利质押融资对技术密集型行业中企业创新的影响更加显著。

表 7-9　　　　　　　　　技术密集度异质性的稳健性检验

变量	专利	发明专利	实用新型专利	外观设计专利
$dummy \times post\_it$	0.330 *** (5.46)	0.251 *** (5.17)	0.109 *** (3.39)	0.120 *** (5.57)
Ipr2	0.756 *** (6.47)	0.714 *** (7.43)	0.309 *** (4.87)	0.100 *** (2.71)
Constraint	-0.226 (-1.07)	-0.144 (-0.85)	-0.069 (-0.60)	-0.011 (-0.16)
城市效应	控制	控制	控制	控制
N	20001	20001	20001	20001

注：括号内为 t 值。*** 表示在 1% 的水平上显著。控制变量的估计结果省略。

　　表 7-10 显示了融资约束异质性的稳健性检验结果。估计结果显示，无论是对于专利申请总量还是发明专利、实用新型专利和外观设计专利，$dummy \times post\_it$ 的估计系数均在 5% 和 1% 的水平上显著为正，说明专利质押融资对面临较强融资约束企业创新的促进作用更加显著。

表7－10　　　　　　　融资约束异质性的稳健性检验

变量	专利	发明专利	实用新型专利	外观设计专利
$dummy \times post\_it$	0.101 ** (2.03)	0.113 *** (2.90)	0.067 *** (2.57)	0.043 *** (2.76)
$lpr2$	0.773 *** (6.60)	0.720 *** (7.48)	0.309 *** (4.84)	0.104 *** (2.82)
$Constraint$	−0.065 (−0.29)	0.035 (0.20)	0.037 (0.31)	0.058 (0.84)
城市效应	控制	控制	控制	控制
N	20001	20001	20001	20001

注：括号内为t值。** 、*** 分别表示在5%、1%的水平上显著。控制变量的估计结果省略。

　　表7－11显示了所有权异质性的稳健性检验结果。估计结果显示，对于专利总量和外观设计专利而言，$dummy \times post\_it$ 的估计系数不显著，对于发明专利和实用新型专利而言，$dummy \times post\_it$ 的估计系数在1%的水平上显著为负，估计结果及其结论的解释与上述估计结果基本一致，这里不再赘述。

表7－11　　　　　　　所有权异质性的稳健性检验

变量	专利	发明专利	实用新型专利	外观设计专利
$dummy \times post\_it$	0.074 (1.53)	−0.109 *** (−2.91)	−0.064 *** (−2.62)	−0.020 (−1.33)
$lpr2$	0.784 *** (6.70)	0.750 *** (7.79)	0.326 *** (5.12)	0.114 *** (3.07)
$Constraint$	−0.221 (−1.05)	−0.144 (−0.85)	−0.069 (−0.60)	−0.010 (−0.15)
城市效应	控制	控制	控制	控制
N	20001	20001	20001	20001

注：括号内为t值。*** 表示在1%的水平上显著。控制变量的估计结果省略。

2. 基于研发投入作为被解释变量的稳健性检验

　　基于研发投入作为被解释变量的稳健性检验结果如表7－12所示。表7－12的估计结果显示，知识产权保护力度每增加1个单位，专利质押融资促进企业投入研发人员进行研发创新的概率将增加约2%，促进企业投入研发资金进行研发创新的概率将增加约8%。该回归结果表明，专利质押融资可以显著提高企业进行研发投入的概率。以研发人员投入数量占比对研发投入力度进行度量的回归结果表明，知识产权保护力度每增加1个单位，专利质押融资将促使企业研发人员投入比例提高44.897个单位，以研发资金占营业收入比例对研发投入力度进行度量的回归结果表明，知识产权保护力度每增加1个单位，专利质押融资将促使企业提高研发资金占营业收入比例提高82.821个单位。从回归结果中可以看出，专利质押融资可以显著提高企业进行研发创新的概率以及研发投入的力度，并且知识产权保护力度在促进企业研发创新中仍然发挥了重要的作用。上述稳健性检验进一步说明了本章的估计结果是稳健的。

表 7 – 12　　　　　　　基于研发投入作为被解释变量的稳健性检验

变量	是否投入 研发人员	是否投入 研发资金	研发人员 数量占比	研发资金占 营业收入比例
$Ipr1\_i \times post\_it$	0.018 *** (6.39)	0.075 *** (18.57)	44.897 *** (9.34)	82.821 *** (20.60)
$Ipr1$	0.426 *** (76.18)	0.373 *** (61.17)	575.485 *** (50.90)	370.942 *** (47.68)
$Constraint$	−0.046 (−1.03)	0.036 (0.79)	−200.728 ** (−2.38)	133.649 ** (2.14)
城市效应	控制	控制	控制	控制
N	20001	20001	20001	20001

注：括号内为 t 值。** 、*** 分别表示在 5%、1% 的水平上显著。控制变量的估计结果省略。$Ipr1\_i$ 表示地区知识产权保护力度。

第八章 知识产权保护、产品市场竞争与中国企业创新

第一节 引　　言

　　当前，我国经济已由高速增长阶段转向高质量发展阶段，经济高质量发展的关键在于技术创新驱动。企业作为技术创新活动的主体，企业创新可以通过增加高科技产业占比来调整产业结构，进而推动经济的高质量发展。由于企业创新对提升一国自主创新能力和实现经济的高质量发展具有重要影响，因而，探究企业创新的影响因素一直是学术界关注的重要课题。一方面，由于研发投资的正外部性和创新产出的公共物品特征，因此，知识产权保护是保证企业获得创新的预期收益和促进企业创新的制度保障。严苛的知识产权保护有助于降低技术创新的风险，激励企业将创新资源从模仿转向自主创新，不断提高自主创新能力。已有的较多研究表明，知识产权保护对企业创新均具有显著影响（Lee，1980；Mansfield，1986；Denicolo，1996；Gangopadhyay & Monda，2012）。另一方面，产品市场竞争也是激励企业创新的重要因素（Gilbert，1982；Aghion & Howitt，1992；Tishier & Milstein，2009；Aghion et al.，2015）。基于此，本章旨在探讨知识产权保护、产品市场竞争以及两者的交互作用对中国企业创新的影响，以期能够为激励中国企业创新提供丰富的政策含义。

相对而言，直接考察知识产权保护和产品市场竞争的交互作用对企业创新影响的研究文献并不多见。阿西莫格鲁（Acemoglu，2012）为研究知识产权与竞争之间的相互作用尤其是了解这些政策对未来激励的影响开发了一个动态框架，表明完全的专利保护并不是最理想的。阿吉翁等（Aghion et al.，2012）基于 1987～2005 年 15 个 OECD 国家的 13 个制造业数据研究表明，产品市场竞争对研发支出的影响在美国专利强度较高的行业中更为明显，这证明了知识产权和产品市场竞争之间似乎确实存在这种互补性。阿吉翁等（2015）研究表明，加强专利权和市场竞争是互补的，加强专利权提高了产品市场改革对企业创新的正向作用，并通过分步创新的 Schumpeterian 增长模型证明了加强专利保护和产品市场竞争之间的互补性。铃木（Suzuki，2017）通过在动态一般均衡模型中引入内生的市场结构来重新审视竞争与创新之间的关系，证明了竞争与创新之间存在非单调关系，在竞争足够激烈时，加强专利保护会对创新产生积极影响，也在一定程度上表明了竞争政策和专利政策是互补的。

现有多数研究仅仅研究知识产权保护或者市场竞争对企业创新的单一影响，鲜有文献同时将知识产权保护与市场竞争结合起来研究两者对企业创新的交互影响，且多数研究针对的是国外或者某一行业的情况，而很少有学者专门针对中国国情做研究，本章旨在弥补这一缺憾。为此，本章运用中国上市公司数据考察知识产权保护、产品市场竞争以及两者的交互作用对企业创新的影响，证明了当知识产权保护水平越强时，市场竞争对企业创新的促进作用也越强，即知识产权保护与市场竞争对企业创新的影响是互补的，从而在一定程度上弥补了现有文献的不足。

第二节　理论分析

本部分在阿吉翁等（2015）提出的熊彼特分步创新（step by step innovation）增长模型的基础上，研究知识产权保护、产品市场竞争对企业创新的影响，同时探讨两者对企业创新的交互作用，为后面的实证分析提供坚实的理论基础。本章与阿吉翁等（2015）研究的不同之处在于：本章同时考察了在平等行业和非平等行业情形下知识产权保护、产品市场竞争以及两者的交互作用对企业创新的影响，而阿吉翁等（2015）只分析了平等行业情形下知识产权保护和产品市场竞争以及两者的交互作用对企业创新的影响。

一、模型设定

模型的基本假设如下：（1）时间是连续的，经济由连续统一的个体组成；（2）经济是封闭的，劳动力是唯一要素投入，工资给定；（3）劳动供给无弹性；（4）折现率 $\rho > 0$。

1. 代表性家庭

代表性家庭在 t 时刻的消费为 C_t，效用函数为 $U(C_t) = \ln C_t$。

2. 最终品厂商

最终产品市场是完全竞争的，最终品厂商利用中间产品生产出最终产品。假设最终产品厂商的生产函数为：

$$\ln Y_t = \int_0^1 X_{jt} \mathrm{d}j \tag{8.1}$$

其中，X_{jt} 是中间品数量。

假定中间品厂商的每个行业 j 都是双寡头，分别为 A_j 和 B_j，则最终品厂商的最大化问题为：

$$\max X_A + X_B \tag{8.2}$$
$$\text{s. t. :} P_A X_{A_j} + P_B X_{B_j} = 1$$

其中，P_{A_j} 和 P_{B_j} 分别为行业 j 中两种中间产品的价格。

3. 中间品厂商

中间品厂商的投入为劳动力，生产函数为 $X_{it} = A_{it} l_{it}$，其中，$i \in \{A, B\}$，l_{it} 是被雇用的劳动力，$A_i = \gamma^{s_i}$，其中，$\gamma > 1$ 为衡量企业创新水平的参

数，s_i 为行业 j 中企业 i 的技术水平。

对双寡头中间品厂商行为，我们作如下设定。

（1）一个行业完全是由一对整数 (s_j, r_j) 表示，s_j 为领先于竞争对手的领导者的技术水平；r_j 是领导者和落后者之间的技术差距，假设 $r_j \leqslant 1$，即任何企业都不能领先于其他企业超过一个单位阶梯的技术水平。

（2）在任何时间点，中间品厂商会出现两种行业：一是平等行业，该行业中所有企业的技术水平相同；二是非平等行业，该行业中会出现一个领先企业和一个落后企业，领先企业领先于落后企业一个单位的技术水平。

（3）领先企业以速度 v 领先一个技术水平，落后企业以概率 k 提高一个技术水平，即使没有研发投入，落后企业也可以通过单纯模仿领先企业的技术而获得技术进步，k 表示落后企业模仿领先企业技术的难易程度，k 越大，表示知识产权保护水平越弱。

（4）落后企业以 $m + k$ 的概率获得技术进步所产生的每单位劳动者投入的研发成本为 $\varphi(m) = \dfrac{m^2}{2}$，$m$ 表示企业的研发强度。

（5）m_0 表示平等行业公司的研发强度，m_{-1} 表示不平等行业中落后企业的研发强度，m_1 表示不平等行业中领先企业的研发强度。由于领先企业没有超越竞争者的动力，我们假设 $m_1 = 0$。

二、模型构建与求解

1. 非平等行业

企业利润为中间品厂商所产生的收入减去成本，c 为单位中间品所花费的成本，P_1 为非平等行业中领先企业的定价，X_1 为中间品的产量，π_1 和 π_{-1} 分别为领先企业和落后企业所获得的利润。对于领先企业来说，为了利润最大化，有以下方程：

$$\max \pi_1 = P_1 X_1 - c X_1$$
$$\text{s. t.} \quad P_1 \leqslant \gamma c \tag{8.3}$$

均衡时，领导企业会获取整个市场份额：

$$\max \pi_1 = 1 - cX_1$$

$$\text{s. t.} \quad P_1 = \frac{1}{X_1} \leqslant \gamma c \tag{8.4}$$

均衡收益如下：

$$\pi_1 = 1 - cX_1 = 1 - \frac{c}{P_1} = 1 - \gamma^{-1}$$

$$\pi_{-1} = 0 \tag{8.5}$$

因此，对于非平等行业来说，在均衡状态下，领先企业会获取整个市场份额，获得的收益为 $1 - \gamma^{-1}$，落后企业获得的利润为 0。

2. 平等行业

如果两家公司不合谋，均衡价格将降到每个企业的单位成本，导致利润为 0；如果两家公司合谋，则每个企业的利润为 $\frac{\pi_1}{2}$，则两家企业有合谋的趋势，以 β 表示两个企业竞争程度，设：

$$\pi_0 = (1 - \beta) \pi_1 \tag{8.6}$$

其中，$\frac{1}{2} \leqslant \beta \leqslant 1$。

V_1 表示在非平等行业中领先企业在均衡状态下经调整的价值，V_{-1} 表示在非平等行业中落后企业在均衡状态下经调整的价值，V_0 表示平等行业的企业在均衡状态下经调整的价值。$\omega = \frac{W}{Y}$ 为均衡状态下标准化的工资水平。则对于平等行业来说，在均衡状态下两家企业选择合谋。

三、知识产权保护和产品市场竞争对企业创新的影响

均衡状态下平等行业的企业经调整的价值为企业利润加上如果对手创新而成为领导企业所带来的预期损失以及企业自身通过创新从而领先于竞

争对手所获得的收益再减去研发投入，非平等行业中的落后企业经调整的价值为该企业的利润加上企业通过创新而追上竞争对手所获得的收益再减去研发投入，非平等行业中的领导企业经调整的价值为该企业的利润加上该企业被竞争对手追上所造成的预期损失。因此可以得到三个无套利条件方程：

$$\rho V_0 = \max_{m_0}\left[\pi_0 + m_0(V_{-1} - V_0) + m_0(V_1 - V_0) - \frac{\omega m_0^2}{2}\right] \qquad (8.7)$$

$$\rho V_{-1} = \max_{m_{-1}}\left[\pi_{-1} + (m_{-1} + k)(V_0 - V_{-1}) - \frac{\omega m_{-1}^2}{2}\right] \qquad (8.8)$$

$$\rho V_1 = \pi_1 + (m_{-1} + k)(V_0 - V_1) \qquad (8.9)$$

一阶条件为：

$$\omega m_0 = V_1 - V_0 \qquad (8.10)$$

$$\omega m_{-1} = V_0 - V_{-1} \qquad (8.11)$$

假设 $\omega = 1$，结合式（8.7）、式（8.8）、式（8.9）、式（8.10）、式（8.11），可得：

$$式(8.9) - 式(8.7) \Rightarrow \frac{m_0^2}{2} + (\rho + k)m_0 - (\pi_1 - \pi_0) = 0 \qquad (8.12)$$

$$式(8.7) - 式(8.8) \Rightarrow \frac{m_{-1}^2}{2} + (\rho + m_0 + k)m_{-1} - (\pi_0 - \pi_{-1}) - \frac{m_0^2}{2} = 0$$

$$(8.13)$$

对式（8.12）解方程得：

$$m_0 = -(\rho + k) + \sqrt{(\rho + k)^2 + 2\beta\pi_1} \qquad (8.14)$$

对式（8.14）两边关于知识产权保护 k 和市场竞争 β 求一阶导，可得式（8.15）和式（8.16）：

$$\frac{\partial m_0}{\partial k} = -1 + \frac{\rho + k}{\sqrt{(\rho + k)^2 + 2\beta\pi_1}} < 0 \qquad (8.15)$$

$$\frac{\partial m_0}{\partial \beta} = \frac{\pi_1}{\sqrt{(\rho + k)^2 + 2\beta\pi_1}} > 0 \qquad (8.16)$$

对式（8.16）的两边关于知识产权保护 k 求导，可得：

$$\frac{\partial m_0^2}{\partial \beta \partial k} = \frac{-(\rho+k)\pi_1}{[(\rho+k)^2+2\beta\pi_1]^{\frac{3}{2}}} < 0 \qquad (8.17)$$

由式（8.15）、式（8.16）和式（8.17）可知，在平等行业中，知识产权保护会促进企业加大研发投入，竞争也会使企业加大研发投入——逃离竞争效应，且较强的知识产权保护使逃离竞争效应更加严重，即市场竞争和知识产权保护对企业创新的影响是互补的。

对式（8.13）解方程得：

$$m_{-1} = -(\rho+m_0+k) + \sqrt{(\rho+m_0+k)^2+2(1-\beta)\pi_1+m_0^2} \quad (8.18)$$

同理，对式（8.18）两边关于知识产权保护 k 和市场竞争 β 求一阶导，可得：

$$\frac{\partial m_{-1}}{\partial k} = \left(\frac{\rho+2m_0+k}{\sqrt{(\rho+m_0+k)^2+2(1-\beta)\pi_1+m_0^2}} - 1 \right)\frac{\partial m_0}{\partial k} +$$

$$\frac{\rho+m_0+k}{\sqrt{(\rho+m_0+k)^2+2(1-\beta)\pi_1+m_0^2}} - 1 \qquad (8.19)$$

$$\frac{\partial m_{-1}}{\partial \beta} = \left(\frac{\rho+2m_0+k}{\sqrt{(\rho+m_0+k)^2+2(1-\beta)\pi_1+m_0^2}} - 1 \right)\frac{\partial m_0}{\partial k} -$$

$$\frac{\pi_1}{\sqrt{(\rho+m_0+k)^2+2(1-\beta)\pi_1+m_0^2}} \qquad (8.20)$$

由式（8.19）和式（8.20）的求导结果可知，知识产权保护对企业创新的影响不明确，而产品市场竞争对企业创新的影响与折现率有关。ρ 很大时，$\frac{\partial m_{-1}}{\partial \beta} < 0$，落后者非常不耐烦，它会更加注重短期利润，一旦竞争加剧，短期利润会减少，它便会减少研发投入，这就是熊彼特效应。ρ 较小时，$\frac{\partial m_{-1}}{\partial \beta} > 0$，这一效应会被逃离竞争效应抵消。虽然无法判断二阶导的符号，从式（8.20）可以看出，知识产权保护与产品市场竞争对企业创新的影响具有交互作用。

四、模型结论总结

理论分析表明，知识产权保护、产品市场竞争以及两者的交互作用对企业创新的影响是不确定的，取决于行业是否平等以及折现率 ρ 的大小。

（1）当行业是平等行业时，知识产权保护能促进企业创新，产品市场竞争会促进创新，且知识产权保护越强，产品市场竞争对企业创新的促进作用也越强，即知识产权保护与产品市场竞争对企业创新的影响是互补的。

（2）当行业是不平等行业时：一是知识产权保护对企业创新的作用方向不明确；二是产品市场竞争对企业创新的作用取决于折现率的大小。若 ρ 足够大，熊彼特效应优于逃离竞争效应，则竞争会抑制创新。若 ρ 较小，逃离竞争效应优于熊彼特效应，则竞争会促进创新。知识产权保护与产品市场竞争对企业创新具有交互影响，但这种交互影响的方向是不确定的，知识产权保护与产品市场竞争对企业创新的交互作用可能是互补的或者替代的。

本章接下来将运用 2007～2016 年中国沪深 A 股上市公司数据对上述分析结论进行检验，考察知识产权保护、产品市场竞争以及两者的交互作用对中国企业创新的影响。

第三节 计量模型、变量与数据

一、计量模型设定

根据前文的理论分析，为了验证知识产权保护、产品市场竞争以及两者的交互项对企业创新的影响，本章设定如下计量模型：

$$\ln Innov_{ijt} = \beta_1 + \beta_2 \times \ln IPR_{jt} + \beta_3 \times \ln MC_{ijt} + \beta_4 \times \ln IPR_{jt} \times \ln MC_{ijt} +$$
$$\theta_1 \times \ln Scale_{ijt} + \theta_2 \times \ln Age_{ijt} + \theta_3 \times \ln AL_{ijt} + \theta_4 \times GV_{ijt} +$$
$$\lambda_i + \eta_j + \mu_t + \varepsilon_{ijt}$$

$$(8.21)$$

其中，i 代表企业，j 代表省份，t 代表年份，λ_i 代表行业效应，η_j 代表省份效应，μ_t 代表时间效应，ε_{ijt} 代表服从正态分布的随机扰动项，均值为零、方差有限。$\ln IPR_{jt}$ 代表省级层面的知识产权保护水平，$\ln MC_{ijt}$ 代表产品市场竞争度，$\ln Scale_{ijt}$ 代表企业规模，$\ln Age_{ijt}$ 代表企业年龄，$\ln AL_{ijt}$ 代表资产负债率，GV_{ijt} 代表政府补贴，$\ln IPR_{ijt} \times \ln MC_{ijt}$ 代表知识产权保护与产品市场竞争的交互项，为两者对企业创新的交互作用。

二、变量测算与数据说明

1. 企业创新（*Innov*）

目前，企业创新的测算方法主要有三种：产出法、投入法和新产品法。产出法是指以专利量来衡量企业创新的方法，具体又可分为专利申请量和专利授予量两类指标。莱默（Lemer，1994）选用专利申请总量表示创新产出，王海成和昌铁（2016）采用企业新增专利数量来度量创新。投入法是指以研发活动的投入费用来衡量企业创新程度的方法，如张杰等（2014）选用研发投入量来衡量企业创新。新产品法是指以新产品销售收入或者是否引入新产品来度量企业创新的方法，如尹志峰等（2013）。本章参考莱默（1994）的方法，采用专利申请数来表示企业创新。专利申请数量越大，表示企业的创新产出越大，则企业的创新能力越强。

2. 知识产权保护（*IPR*）

本章参照韩玉雄和李怀祖（2005）、沈国兵和刘佳（2009）等文献关于知识产权保护的测度方法，同时考察立法因素和执法因素来测度我国省级层面的知识产权保护力度。省级知识产权保护水平（*IPR*）= 国家级 GP 指数×省级执法力度。*IPR* 越大，表示知识产权保护水平越高。

首先，测算国家层面的知识产权保护水平。本章以帕克（Park，2008）研究为基础，来测算我国国家层面的知识产权保护力度。吉纳特和帕克

（Ginarte & Park，1997）从五个方面对 GP 指数进行了测算，GP 指数的计算涉及权利保护的损失、专利覆盖、国际条约、保护期限、执法机制五个因素，每个一级指标又包含不同的二级指标。该指数越大，表示该国的知识产权保护水平越高。其次，计算省级执法力度。省级知识产权保护水平的测算仅仅有国家级 GP 指数是不够的，还需对省级执法强度进行计算。关于执法强度的计算，不同学者有不同的考虑。有的学者考虑了法律体系的完备程度和社会法制化程度等因素，有的学者还考虑经济发展水平、公众参与度和国际监督等方面。本章考虑社会法制化程度、经济发展水平、公众参与意识和国际监督四个方面。最后，我们用国家层面的 GP 指数和省级执法力度的乘积计算出省级知识产权的实际保护水平。

3. 市场竞争程度

我们运用两种方法来测算市场竞争程度，分别用 MC_1 和 MC_2 表示。

MC_1 为 1 减去赫芬达尔指数。MC_1 越大，产品市场竞争度越高。赫芬达尔指数是一种用于测量市场集中度的指标，由于测算效果较好，常被经济学界和政府监管部门使用。赫芬达尔指数是以贝恩的产业组织理论——结构—经营—表现理论为基础的。该理论是指厂商的经营受市场结构影响，当市场结构集中时，厂商会趋于合谋，而由此产生的市场价格会偏离完全竞争市场价格，根据经济学原理，完全竞争市场是最理想的市场结构，社会福利水平达到最高，因而，市场结构过于集中会造成市场竞争减小，从而导致社会福利的损失。该理论认为市场集中度与市场垄断力呈正相关关系，较低的市场集中度会使厂商竞争更加激烈。赫芬达尔指数根据 CSMAR 数据库导出的企业资产总值测算得出，我们设为 H，$H = \sum \left(\dfrac{\text{企业总资产}}{\text{企业所在行业的总资产}} \right)^2$，由于赫芬达尔指数为 0 的值无法取对数，我们采取 1 减去赫芬达尔指数来表示市场竞争度。赫芬达尔指数越大，表示垄断程度越高，市场竞争度越低，因而 MC_1 越大，表明产品市场竞争度越高。

MC_2 为销售费用与主营业务收入的比值。MC_2 越大，表示市场竞争度越高。本章参考唐跃军、左晶晶（2014）的做法，以销售费用和主营业务收入的比值作为市场竞争度的第二种测算方法。该比值越大，说明在这个市场上产品的单位营业收入所消耗的销售费用越高，说明该行业市场竞争越激烈。销售费用和主营业务收入直接从 CSMAR 数据库中导出，将缺失的数据设为 0。

4. 控制变量

除了知识产权保护水平和产品市场竞争度这两个主要解释变量之外，还有一些变量也会对企业创新水平造成影响，因此需要对这些变量进行控制，本章纳入了四个控制变量，分别为企业规模、企业年龄、企业融资约束以及政府补贴。企业规模用企业的总资产表示；企业年龄则以年份减去企业成立日期再除以 365 获得；企业融资约束以资产负债率表示；政府补贴是虚拟变量，企业获得补贴，取值为 1，无补贴，取值为 0。我们预计，企业规模、企业年龄、企业融资约束以及政府补贴可能促进企业创新，也有可能抑制企业创新。企业规模越大，一方面，该企业创新投入的成本占总成本的比重低，因而更有可能进行企业创新；另一方面，规模越大很有可能传统业务稳定，没有创新的需求，从而抑制企业创新。企业年龄越大，表示企业存在的时间越久，一方面从一定程度上说明企业的综合实力越强，那么创新能力也相对会强；另一方面也有可能造成企业墨守成规，不利于创新。资产负债率越高，说明该企业的支出占比较大，当造成负债的这些支出用于研发活动时会促进企业创新，若这些支出不用于研发活动，则不利于创新。类似地，当政府补贴被企业用于创新活动时，政府补贴会促进企业创新，而当政府补贴被企业用于除了创新以外的活动时，就有可能会抑制企业创新。企业总资产、企业成立日期、资产负债率以及政府补贴的数据直接从 CSMAR 数据库中导出。本章的样本为 2007 ~ 2016 年中国沪深 A 股上市公司数据，数据来源于 CSMAR 数据库。

第四节 实证结果与分析

本部分的实证研究思路为：首先，对所有企业、东中西部三个地区①的企业、不同要素密集型行业的企业、不同所有制企业进行基本估计，以验证地区差异性、行业异质性和所有制差异；其次，通过解决产品市场竞争变量的内生性问题，对上述问题进行估计；最后，通过利用不同指标替代核心解释变量对结论进行稳健性检验。

一、基本估计结果

1. 所有企业样本的基本估计结果

所有企业样本的基本估计结果如表 8 – 1 所示。

表 8 – 1　　　　　　　　　　所有企业样本的基本估计结果

变量	所有企业	
	不包含交互项	包含交互项
$\ln IPR$	0.17 * (1.86)	0.07 ** (2.42)
$\ln MC_1$	0.47 ** (2.08)	1.54 *** (3.52)
$\ln IPR \times \ln MC_1$	—	1.49 *** (3.37)
$\ln Scale$	0.83 *** (21.13)	0.79 *** (22.26)
$\ln Age$	0.20 *** (4.81)	0.26 *** (4.56)

① 东部地区包含：北京市、福建省、广东省、广西壮族自治区、海南省、浙江省、河北省、山东省、上海市、天津市、江苏省和辽宁省。中部地区包含：湖南省、吉林省、江西省、安徽省、河南省、黑龙江省、湖北省、内蒙古自治区和山西省。西部地区包含：新疆维吾尔自治区、甘肃省、贵州省、宁夏回族自治区、青海省、陕西省、四川省和云南省。

续表

变量	所有企业	
	不包含交互项	包含交互项
$\ln AL$	0.22 *** (3.87)	0.23 *** (3.81)
$\ln GV$	0.26 *** (3.61)	0.22 *** (3.74)
时间效应	控制	控制
省份效应	控制	控制
行业效应	控制	控制
R^2	0.5578	0.5536
N	10818	10818

注：括号内为 t 值。* 、** 、*** 分别表示在 10% 、5% 、1% 的水平上显著。

　　包含交互项的估计结果显示，知识产权保护的估计系数在 5% 的水平上显著为正，说明加强知识产权保护激励了企业创新。这是因为企业研发投入的成果具有外部性特征，很容易被竞争者模仿或者剽窃（Arrow，1962），从而使企业的利益受损。加强知识产权保护可以使企业的效益得到保障，研发投入的意愿增强，促进了企业的研发投入，进而提高了企业创新能力。

　　产品市场竞争对企业创新的影响在 1% 的水平上呈现正向影响，说明产品市场竞争促进了企业创新，这是因为激烈的竞争会使企业的利润减少，为了逃离竞争而获取更大的利润，企业会加大对创新的投入，从而促进创新，这是逃离竞争效应，另外，在竞争过于激烈时，企业减少利润会导致企业承担很多研发成本，所以会造成企业减少创新，这是熊彼特效应。近年来，中国企业科技创新能力大大提高，政府对研发活动提供了许多补助，对中国上市企业来说，逃离竞争效应大于熊彼特效应，即市场竞争对企业创新有促进作用。知识产权保护和产品市场竞争的交互项系数在 1% 的水平上显著为正，这说明知识产权保护和产品市场竞争对企业创新的影响是互补的，即知识产权保护越强，产品市场竞争对企业创新的激励效应也越强。

　　从控制变量的估计结果来看，企业规模、企业年龄、资产负债率和政府补贴对企业创新的影响系数为正且都显著，符合理论预期。这说明企业规模、企业年龄、资产负债率和政府补助对企业创新的影响都是正向的。对中国上市企业而言，企业规模越大，该企业创新投入的成本占总成本的比重越低，因而更有可能进行企业创新；企业年龄越大，说明企业的综合实力越强，那么创新能力也相对会强；资产负债率越高，说明该企业支出相对较多，则创新活动的支出也相对越大，从而能够促进企业创新水平的提高。政府补贴能够促进企业创新，说明政府补贴的费用被用于创新活动。

2. 分地区基本估计结果

不同地区企业样本的基本估计结果如表 8 - 2 所示。

表 8 - 2　　　　　　　　分地区基本估计结果

变量	东部		中部		西部	
	不含交互项	包含交互项	不含交互项	包含交互项	不含交互项	包含交互项
$\ln IPR$	0.35 *** (2.80)	0.26 ** (2.13)	−0.25 (−0.75)	0.21 (1.37)	0.25 (0.71)	0.18 (0.61)
$\ln MC_1$	0.31 (1.14)	0.86 ** (2.28)	1.35 *** (2.84)	2.36 *** (3.78)	0.28 (0.83)	1.41 (1.52)
$\ln IPR \times \ln MC_1$	—	0.85 *** (5.27)	—	2.51 *** (2.95)	—	1.32 (1.43)
$\ln Scale$	0.84 *** (18.15)	0.91 *** (18.36)	0.79 *** (15.29)	0.86 *** (13.27)	0.83 *** (6.43)	0.84 *** (6.53)
$\ln Age$	0.21 *** (4.44)	0.24 *** (4.32)	0.14 *** (3.14)	0.18 *** (3.63)	0.22 (1.53)	0.26 (1.52)
$\ln AL$	0.20 *** (3.11)	0.22 *** (3.23)	0.31 *** (5.37)	0.34 *** (5.67)	0.22 (1.22)	0.26 (1.35)
$\ln GV$	0.22 *** (2.67)	0.28 *** (2.82)	0.24 (1.61)	0.26 (1.29)	0.43 * (1.93)	0.48 * (1.92)
时间效应	控制	控制	控制	控制	控制	控制
省份效应	控制	控制	控制	控制	控制	控制

续表

变量	东部		中部		西部	
	不含 交互项	包含 交互项	不含 交互项	包含 交互项	不含 交互项	包含 交互项
行业效应	控制	控制	控制	控制	控制	控制
R^2	0.5720	0.5739	0.5896	0.5936	0.6130	0.6139
N	7658	7658	2050	2050	11110	1110

注：括号内为 t 值。* 、** 、*** 分别表示在 10%、5%、1% 的水平上显著。

结果显示，对于东部地区企业来说，知识产权保护对企业创新的影响系数为正且显著，说明东部地区的知识产权保护激励了企业创新。东部地区的市场竞争对企业创新的影响显著为正，说明东部地区的市场竞争促进了企业创新，东部地区企业相对于中西部企业来说技术水平较高，对创新的需求较大，逃离竞争效应大于熊彼特效应，所以加强竞争可以促使企业加大研发投入，提高企业创新产出。知识产权保护与产品市场竞争的交互项在 1% 的水平上显著为正，说明东部地区的知识产权保护与市场竞争对企业创新的影响是互补的，即东部地区的知识产权保护力度越强，产品市场竞争对企业创新的激励就越强。

对于中部地区而言，知识产权保护对企业创新的影响方向不明确，且结果不显著，这是因为中部地区产业之间技术水平参差不齐，对于技术水平较高的行业，产业创新能力较强，加强知识产权保护对企业创新的促进作用大，而对于技术水平较低的行业，产业创新能力较弱，技术主要以模仿创新为主，知识产权保护对企业创新的促进作用很小甚至阻碍企业创新。产品市场竞争能促进企业创新且显著，说明中部地区的逃离竞争效应大于熊彼特效应，产品市场竞争能对企业加大研发投入造成正向影响，进而提高了企业创新能力。知识产权保护和产品市场竞争的交互项在 1% 的水平上显著为正，说明中部地区知识产权保护和产品市场竞争对企业创新的影响具有互补性，即中部地区的知识产权保护越强，市场竞争越有利于促进企业创新。

对西部地区来说，知识产权保护、产品市场竞争以及两者的交互项对企业创新的影响都不显著，原因可能在于，相对而言，西部地区技术水平发展相对落后，知识产权保护水平较低，技术获取主要以模仿为主，同时西部地区的市场竞争程度较低，垄断程度较高，对于受到地方政府支持的集体企业且相对处于垄断地位的国有企业来说，西部地区的知识产权保护和产品市场竞争均未对企业创新产生激励作用，从而两者的交互作用也未对企业创新产生明显的激励作用。

3. 分行业基本估计结果

对不同行业企业的基本估计结果如表8-3所示。

表8-3　　　　　　　　分行业基本估计结果

变量	劳动密集型		资本密集型		技术密集型	
	不含交互项	包含交互项	不含交互项	包含交互项	不含交互项	包含交互项
$\ln IPR$	0.06 (0.37)	-0.07 (-0.53)	0.27** (2.36)	0.19 (1.51)	-0.01 (-0.00)	0.21** (2.21)
$\ln MC_1$	0.54 (1.55)	1.64** (2.39)	0.15 (0.62)	1.05 (1.48)	12.85** (2.46)	12.32** (2.36)
$\ln IPR \times \ln MC_1$	—	-1.77** (-2.37)		1.19 (1.42)	—	5.31*** (3.92)
$\ln Scale$	0.67*** (10.28)	0.66*** (10.31)	0.84*** (16.22)	0.85*** (16.47)	1.13*** (11.85)	1.27*** (15.21)
$\ln Age$	0.26*** (3.58)	0.28*** (3.62)	0.18*** (3.38)	0.18*** (3.37)	0.18*** (4.02)	0.19*** (4.02)
$\ln AL$	0.12 (1.30)	0.11 (1.21)	0.17** (2.25)	0.17** (2.24)	0.37*** (5.97)	0.38*** (5.94)
$\ln GV$	-0.01 (-0.14)	-0.002 (-0.05)	0.32*** (3.25)	0.31*** (3.21)	0.49*** (3.25)	0.47*** (3.21)
时间效应	控制	控制	控制	控制	控制	控制
省份效应	控制	控制	控制	控制	控制	控制
行业效应	控制	控制	控制	控制	控制	控制
R^2	0.5846	0.5849	0.5770	0.5778	0.5626	0.5631
N	3170	3170	5528	5528	2120	2120

注：括号内为t值。**、***分别表示在5%、1%的水平上显著。

　　结果显示，对于劳动密集型行业来说，知识产权保护对企业创新的影响系数为正，但是不显著。这是因为劳动密集型行业主要以劳动力投入为主，对创新的需求本身就不高，他们对创新的需求通过模仿来满足，一方面，提高知识产权保护水平能激励企业为了获取更多利润而创新；另一方面也阻止了企业的模仿行为，不利于企业创新。因此，知识产权保护对劳动密集型行业企业创新的影响不显著。产品市场竞争对企业创新的影响系数显著为正，说明产品市场竞争能够促进企业创新。这是因为劳动密集型企业以劳动力为主要投入，生产成本低，不太关注创新造成的成本增加，导致逃离竞争效应大于熊彼特效应，因此，劳动密集型企业市场竞争能够促进企业创新。知识产权保护与产品市场竞争的交互项对企业创新的影响系数为负且显著，两者对企业创新的影响是替代的，可能原因是劳动密集型产业的技术水平一般较低，对知识产权保护的要求不高，加强知识产权保护反而会在一定程度上抑制产品市场竞争对企业创新的激励效应。

　　对于资本密集型行业来说，知识产权保护和产品市场竞争以及两者的交互项对企业创新的影响都不显著，因此，知识产权保护和产品市场竞争以及两者的交互项对企业创新的影响都不明确。可能的解释是：资本密集型行业的主要投入是资本，知识产权保护水平的提高一方面会促使企业扩大规模，促使企业进行创新；另一方面会增加企业的成本从而不利于企业创新，因而，知识产权保护对资本密集型行业企业创新的影响不显著。资本密集型行业有扩张规模的需求，同时又要考虑成本，逃离竞争效应和熊彼特效应没有哪一方有明显优势，因此，资本密集型行业市场竞争度对企业创新的影响也是不明确的。

　　对于技术密集型行业，知识产权保护的估计系数在5%的水平上显著为正，说明加强知识产权保护促进了技术密集型行业的企业创新。这是因为技术密集型行业属于高技术行业，技术含量高，对知识产权保护和专利的要求也较高，加强知识产权保护能够激励企业为了获取更大的收益而创新。企业有扩张规模的需求，面临的行业竞争也更加激烈，导致产品市场竞争的逃离竞争效应大于熊彼特效应，因此，技术密集型行业市场竞争度能促进企业创新。知识产权保护和产品市场竞争的交互项在1%的水平上显著为正，说明技术密集型行业的知识产权保护和产品市场竞争对企业创新的影响具有互补性，知识产权保护越强，产品市场竞争对高科技企业的创新激励效应也越强。

4. 分不同所有制企业的基本估计结果

对不同所有制企业的基本估计结果如表 8 - 4 所示。

表 8 - 4　　　　　　　　　　分不同所有制企业的基本估计结果

变量	国有企业		民营企业	
	不含交互项	包含交互项	不含交互项	包含交互项
ln*IPR*	0.21 (1.52)	0.04 (0.31)	0.07 (0.55)	0.05 ** (2.18)
lnMC_1	1.21 (1.04)	2.27 (1.41)	0.07 (0.32)	0.56 *** (3.36)
ln*IPR* × lnMC_1	—	1.74 (1.42)	—	0.63 *** (3.21)
ln*Scale*	0.87 *** (9.48)	0.86 *** (9.21)	0.80 *** (17.56)	0.80 *** (17.57)
ln*Age*	0.07 (0.86)	0.07 (0.95)	0.23 *** (3.94)	0.22 *** (3.93)
ln*AL*	0.06 (0.58)	0.05 (0.73)	0.22 *** (3.41)	0.22 *** (3.40)
ln*GV*	0.43 *** (3.21)	0.41 *** (3.17)	0.04 (0.49)	0.03 (0.49)
时间效应	控制	控制	控制	控制
省份效应	控制	控制	控制	控制
行业效应	控制	控制	控制	控制
R^2	0.4731	0.4768	0.6437	0.6432
N	4160	4160	6078	6078

注：括号内为 t 值。** 、*** 分别表示在 5%、1% 的水平上显著。

结果显示，对国有企业来说，知识产权保护对企业创新具有正向影响，但结果不显著，我们认为是由于国企之间技术水平参差不齐，对于技术水平要求较高的行业，知识产权保护对企业创新的促进作用大，而对于技术水平要求较低的行业，知识产权保护对企业创新的促进作用很小甚至阻碍企业创新，因此，知识产权保护对国有企业创新的作用是不明确的。市场竞争对企业创新的影响不显著，这是因为对于国有企业而言，一般垄断程度较高、竞争程度较低，面临的市场竞争压力较小，因此，市场竞争的熊彼特效应可能大于逃离竞争效应，进而导致产品市场竞争对国有企业创新的影响不显著。知识产权保护和产品市场竞争的交互项对国有企业创新的影响不显著。

对民营企业而言，知识产权保护对企业创新的估计系数在 5% 的水平上显著为正，说明加强知识产权保护促进了民营企业的创新，这是因为民营企业相对于国有企业而言，一般科技含量水平比较高，对知识产权保护的要求比较高，因而加强知识产权保护能够激励企业创新。产品市场竞争对民营企业创新的估计系数在 1% 的水平上显著为正，意味着产品市场竞争激励了民营企业的创新，这是因为民营企业在市场上一般面临的竞争压力比较大，当面临的市场竞争压力加大时，为了逃离竞争倾向于不断加大研发投入，提高创新能力，导致逃离竞争效应大于熊彼特效应，因而市场竞争越激烈，民营企业的创新能力就越强，从而促进了创新能力的提升。知识产权保护和产品市场竞争的交互项的系数在 1% 的水平上显著为正，说明两者对民营企业创新的影响具有互补性，即知识产权保护越强，产品市场竞争对民营企业创新的激励效应也越强。

二、内生性估计结果

由于企业创新和产品市场竞争两者可能存在双向因果关系以及遗漏变量等因素①，模型可能存在内生性问题。为了解决内生性问题，我们选取产品市场竞争的一阶滞后项作为产品市场竞争的工具变量，进行工具变量两阶段最小二乘法（2SLS）估计。

1. 所有企业样本的 2SLS 估计结果

所有企业样本的 2SLS 估计结果如表 8 - 5 所示。2SLS 估计结果显示，

---

① 由于知识产权保护变量是省级层面的变量，而企业创新是微观企业层面的变量，因此我们认为，知识产权保护和企业创新之间的内生性问题并不是很强，所以本章重点解决产品市场竞争的内生性问题。

知识产权保护对企业创新的影响在5%的水平上显著为正。产品市场竞争对企业创新的估计系数在1%的水平上显著为正，证明了产品市场竞争的逃离竞争效应大于熊彼特效应，因此，产品市场竞争促进了企业创新。知识产权保护和产品市场竞争的交互项的估计系数在1%的水平上显著为正，进一步证明了知识产权保护和产品市场竞争在促进企业创新方面具有互补性，即知识产权保护越强，产品市场竞争对企业创新的激励效应就越强。上述核心解释变量的2SLS估计结果和基本估计结果是一致的，从而在一定程度上证明了本章估计结果的稳健性。

表8-5　　　　　　　　所有企业样本的2SLS估计结果

变量	所有企业	
	不含交互项	包含交互项
LlnIPR	0.11 (1.00)	0.03 ** (2.21)
LlnMC_1	0.43 ** (2.26)	1.36 *** (3.51)
LlnIPR × LlnMC_1	—	1.41 *** (2.93)
控制变量	控制	控制
时间效应	控制	控制
省份效应	控制	控制
行业效应	控制	控制
R^2	0.4880	0.4895
N	9736	9736

注：括号内为 t 值。**、***分别表示在5%、1%的水平上显著。

2. 分地区的2SLS估计结果

分地区的2SLS估计结果如表8-6所示。东部地区的2SLS估计结果与基本估计结果是一致的。知识产权保护和产品市场竞争均能够促进企业创新，知识产权保护和产品市场竞争的交互项的估计系数也在1%的水平上显著为正，进一步说明了东部地区的知识产权保护与产品市场竞争对企业创新的影响是互补的，即东部地区的知识产权保护有利于提高产品市场竞争对企业创新的激励效应。中部企业的 2SLS 估计结果与基本估计结果大多一致，知识产权保护对企业创新的影响不显著，产品市场竞争对企业创新具有促进作用，知识产权保护和产品市场竞争对企业创新的影响也具有互补性，说明中部地区的知识产权保护越强，产品市场竞争对企业创新的激励效应也越强。西部地区的 2SLS 估计结果与基本估计结果大多一致，知识产权保护、产品市场竞争以及两者的交互项对企业创新的影响都不显著。

表 8 - 6　　　　　　　　　分地区的 2SLS 估计结果

变量	东部		中部		西部	
	不含交互项	包含交互项	不含交互项	包含交互项	不含交互项	包含交互项
LlnIPR	0.33 ** (2.23)	0.28 ** (2.36)	− 0.07 (− 0.20)	0.24 (0.86)	0.08 (0.25)	0.2 (0.16)
LlnMC_1	0.41 ** (2.29)	0.95 ** (2.19)	1.18 ** (2.33)	1.92 *** (2.83)	0.01 (0.04)	0.86 (1.51)
LlnIPR × LlnMC_1	—	0.68 *** (3.67)	—	2.34 ** (2.32)	—	1.21 (1.42)
控制变量	控制	控制	控制	控制	控制	控制
时间效应	控制	控制	控制	控制	控制	控制
省份效应	控制	控制	控制	控制	控制	控制
行业效应	控制	控制	控制	控制	控制	控制
R^2	0.4992	0.4998	0.5405	0.5436	0.5598	0.5631
N	6892	6892	1845	1845	999	999

注：括号内为 t 值。** 、*** 分别表示在 5%、1% 的水平上显著。

　　总之，分地区检验时，东部地区知识产权保护和产品市场竞争都能够促进企业创新，知识产权保护与产品市场竞争对企业创新的交互作用会促进企业创新；中部地区知识产权保护对企业创新的影响不显著，产品市场竞争能促进企业创新，知识产权保护与产品市场竞争对企业创新的交互作用会促进企业创新；西部地区知识产权保护、产品市场竞争以及两者的交互项对企业创新的影响都不显著。

3. 分行业的 2SLS 估计结果

分行业的 2SLS 估计结果如表 8 - 7 所示。劳动密集型产业的 2SLS 估计结果表明，知识产权保护对企业创新的影响不显著，产品市场竞争促进了企业创新，知识产权保护与产品市场竞争的交互项对企业创新的影响显著为负，说明两者的交互作用是相互替代的，这与前文的基本估计结果一致。资本密集型行业的 2SLS 估计结果表明，知识产权保护和产品市场竞争对企业创新的影响都不显著，两者的交互项对企业创新的影响在 10% 的水平上显著为负，说明知识产权保护和产品市场竞争对企业创新的影响也存在一定程度上的替代性。技术密集型行业的 2SLS 估计结果表明，知识产权保护和产品市场竞争都能够促进企业创新，两者的交互项对企业创新的影响在 5% 的水平上为正，进一步证明了知识产权保护和产品市场竞争的交互作用对企业创新的影响是互补的，知识产权保护越强，产品市场竞争越能够促进技术密集型企业的创新，这与前文的估计结果基本一致。

表 8 - 7　　　　　　　　　　分行业的 2SLS 估计结果

变量	劳动密集型		资本密集型		技术密集型	
	不含交互项	包含交互项	不含交互项	包含交互项	不含交互项	包含交互项
L$\ln IPR$	0.11 (0.65)	0.02 (0.10)	0.22 * (1.82)	0.11 (0.84)	- 0.18 (- 0.63)	0.48 ** (2.31)
L$\ln MC_1$	0.62 * (1.81)	1.39 ** (2.02)	- 0.10 (- 0.39)	0.81 (1.32)	18.16 *** (3.23)	26.24 *** (3.63)
L$\ln IPR \times$ L$\ln MC_1$	—	- 1.16 ** (- 1.48)	—	- 1.20 * (- 1.68)	—	9.87 ** (2.28)
控制变量	控制	控制	控制	控制	控制	控制
时间效应	控制	控制	控制	控制	控制	控制
省份效应	控制	控制	控制	控制	控制	控制
行业效应	控制	控制	控制	控制	控制	控制
R^2	0.5278	0.5288	0.5049	0.5059	0.4944	0.4948
N	2853	2853	4975	4975	1908	1980

注：括号内为 t 值。*、**、*** 分别表示在 10%、5%、1% 的水平上显著。

4. 分不同所有制企业的 2SLS 估计结果

分不同所有制企业的 2SLS 估计结果如表 8 – 8 所示。国有企业的估计结果显示，知识产权保护以及知识产权保护和产品市场竞争的交互项对企业创新的影响都不显著，产品市场竞争对国有企业创新的影响在 10% 的水平上显著为正，这与前文的估计结果类似。民营企业的估计结果显示，知识产权保护和产品市场竞争对民营企业创新的影响均显著为正，并且两者的交互项具有互补性，即知识产权保护越强，产品市场竞争对民企创新的激励效应就越强，这与前文的估计结果也基本类似。

表 8 – 8   **分不同所有制企业的 2SLS 估计结果**

变量	国有企业		民营企业	
	不含交互项	包含交互项	不含交互项	包含交互项
LlnIPR	0.16 (1.34)	− 0.03 (− 0.09)	0.03 ** (2.22)	0.02 ** (2.24)
LlnMC_1	1.36 * (1.92)	2.21 * (1.82)	0.06 ** (2.14)	0.28 ** (2.28)
LlnIPR × LlnMC_1	—	1.63 (0.95)	—	0.35 *** (3.75)
控制变量	控制	控制	控制	控制
时间效应	控制	控制	控制	控制
省份效应	控制	控制	控制	控制
行业效应	控制	控制	控制	控制
R^2	0.4237	0.4296	0.5679	0.5674
N	3744	3744	5470	5470

注：括号内为 t 值。* 、** 、*** 分别表示在 10% 、5% 、1% 的水平上显著。

三、稳健性估计

为了进一步检验结论的稳健性，我们将所有估计模型中的 MC_1（1 减赫芬达尔指数）都改为 MC_2（销售费用/主营业务收入），再对所有样本、分地区、分行业和分不同所有制企业进行估计，并与 2SLS 估计结果相比较，如果估计结果与内生性估计结果一致，则意味着估计结果稳健，否则估计结果不稳健。估计结果如表8-9至表8-12所示。

表8-9 所有企业样本的稳健性估计结果

变量	所有企业	
	不含交互项	包含交互项
Lln*IPR*	0.11 (1.21)	0.17** (2.39)
Lln*MC*$_2$	0.24*** (4.77)	0.34*** (5.92)
Lln*IPR* × Lln*MC*$_2$	—	0.18*** (3.71)
控制变量	控制	控制
时间效应	控制	控制
省份效应	控制	控制
行业效应	控制	控制
R^2	0.4971	0.4927
N	9747	9747

注：括号内为t值。**、***分别表示在5%、1%的水平上显著。

表8-10 分地区的稳健性估计结果

变量	东部		中部		西部	
	不含 交互项	包含 交互项	不含 交互项	包含 交互项	不含 交互项	包含 交互项
Lln*IPR*	0.30** (2.44)	0.06** (2.31)	−0.005 (−0.02)	0.32 (0.81)	0.06 (0.18)	0.17 (0.41)
Lln*MC*$_2$	0.19* (3.19)	0.32*** (3.37)	0.580*** (12.43)	0.61*** (10.45)	0.13 (1.14)	0.11 (1.31)
Lln*IPR* × Lln*MC*$_2$	—	0.17*** (3.15)	—	0.13** (2.16)	—	0.07 (0.82)
控制变量	控制	控制	控制	控制	控制	控制
时间效应	控制	控制	控制	控制	控制	控制
省份效应	控制	控制	控制	控制	控制	控制
行业效应	控制	控制	控制	控制	控制	控制
R^2	0.5053	0.5036	0.5721	0.5778	0.5624	0.5639
N	6894	6894	1854	1854	999	999

注：括号内为t值。*、**、***分别表示在10%、5%、1%的水平上显著。

表 8 - 11　　　　　　　　　　　分行业的稳健性估计结果

变量	劳动密集型		资本密集型		技术密集型	
	不含交互项	包含交互项	不含交互项	包含交互项	不含交互项	包含交互项
Lln*IPR*	0.09 (0.54)	-0.12 (-0.68)	0.24 ** (2.02)	0.07 * (1.82)	-0.16 (-0.56)	0.55 ** (2.36)
Lln*MC*₂	0.12 * (1.65)	0.23 *** (2.85)	0.29 *** (3.92)	0.43 ** (2.23)	0.28 *** (5.24)	0.42 *** (5.37)
Lln*IPR* × Lln*MC*₂	—	-0.12 ** (-2.21)	—	0.14 (1.23)	—	0.22 *** (2.92)
控制变量	控制	控制	控制	控制	控制	控制
时间效应	控制	控制	控制	控制	控制	控制
省份效应	控制	控制	控制	控制	控制	控制
行业效应	控制	控制	控制	控制	控制	控制
R^2	0.5297	0.5336	0.5173	0.5181	0.5022	0.5089
N	2862	2862	4977	4977	1908	1908

注：括号内为 t 值。* 、** 、*** 分别表示在 10%、5%、1% 的水平上显著。

表 8 - 12　　　　　　　　分不同所有制企业的稳健性估计结果

变量	国有企业		民营企业	
	不含交互项	包含交互项	不含交互项	包含交互项
Lln*IPR*	0.13 (0.96)	-0.32 (-1.37)	0.05 (0.41)	0.13 *** (2.88)
Lln*MC*₂	0.29 *** (3.19)	0.43 *** (3.28)	0.23 *** (3.97)	0.34 *** (4.89)
Lln*IPR* × Lln*MC*₂	—	0.15 (1.36)	—	0.14 *** (3.21)
控制变量	控制	控制	控制	控制
时间效应	控制	控制	控制	控制
省份效应	控制	控制	控制	控制
行业效应	控制	控制	控制	控制
R^2	0.4392	0.4463	0.5754	0.5787
N	3753	3753	5472	5472

注：括号内为 t 值。*** 表示在 1% 的水平上显著。

表 8-9 至表 8-12 的估计结果显示，知识产权保护、产品市场竞争以及两者的交互项在所有样本、分地区、分行业和分不同所有制企业的估计系数及其显著性没有发生太大的变化，都与前文的 2SLS 估计的基本结果类似，控制变量估计结果的系数及显著性也基本保持一致，这里不再赘述。总体而言，上述估计结果表明，本章的研究结论是稳健的。

第九章 知识产权保护、技术创新与中国企业绩效

第一节 引 言

知识产权保护在企业的发展战略中占据了很重要的地位，知识产权保护能够使企业在愈演愈烈的市场竞争压力中脱颖而出，为企业赢取更大的经济效益，进而影响到企业的经营绩效水平。一直以来，企业绩效是管理者、股东等利益相关者关注的重要内容之一。因此，本章在前面各章研究的基础上，进一步考察知识产权保护对企业绩效的影响及其作用机制。

现有文献大多数仅研究企业创新（周煊等，2012）、融资约束（叶建木等，2015）对企业绩效的单一影响，或者仅仅研究知识产权保护与研发投入等因素对企业绩效的交互影响（Kanwar & Evenson，2001），或者其他因素如激励机制（李增泉，2000）、股权结构（陈晓悦等，2001）等对企业绩效的影响，而鲜有文献研究知识产权保护对企业绩效的影响，以及同时将知识产权保护与企业创新和融资约束结合起来研究知识产权保护对公司绩效的影响机制。已有文献大多研究的是国外的或者是针对某一行业的情况，而很少有学者专门针对中国国情进行研究。因此，本章旨在考察知识产权保护对中国上市企业绩效的影响效应，揭示知识产权保护如何通过提升企业技术创新能力和缓解企业融资约束进而提升企业财务绩效，从而填补现有文献的缺口。

第二节　理论分析与研究假说

一、知识产权保护、技术创新与企业绩效

关于企业创新与企业绩效的相关研究，国外学者较早涉足这一领域，国内学者与国外相比开始的较晚，但总的来说，现有的文献研究对此进行了多角度、深层次的理论分析和实证研究，并得出了大量的有参考价值的研究结论。由于所选行业、公司性质、地区等视角的不同，对企业创新和企业绩效的研究没有形成统一的结论。早期的研究中，格里利切斯（Griliches，1986）以美国企业为对象进行研究，结果均表明，企业研发投入与企业业绩正相关。此后，贝克尔等（Becker et al.，2003）以英国重工业企业为研究对象进行研究得到了同样的结论。舒欣和安同良（2020）将知识产权行为纳入 CDM 模型，研究发现，采取保密等非正式知识产权保护机制的企业绩效会显著降低，而采取正式知识产权的保护机制对企业绩效不会产生显著影响。沈飞等（2021）、陈晨等（2021）通过实证研究发现，专利执行保险和企业技术创新都能对企业财务绩效产生显著影响，国家的创新企业政策也能够对企业产生短期和长期增长效应。杨蓉和彭安祺（2021）以我国重污染企业为研究对象，研究发现，环境规制可以通过技术创新这个中介变量对企业绩效产生正向作用，对环保企业的企业绩效的促进作用更加显著。解学梅等（2020）选取了制造业上市公司的数据作为研究对象进行研究，研究结果表明，绿色工艺创新可以正向影响企业的环境绩效，但是同时对企业财务绩效具有滞后效应。

为了保持在市场竞争中的有利形势，企业需要时刻注意保持和提升自己的核心竞争力，政府加强知识产权保护执法力度可以激励企业创新，通过增加研发投资强度和提升专利产出等方式，不断适应推陈出新，革新生产工艺和产品质量，从而实现企业绩效的可持续性增长。现有文献中，对

知识产权保护和企业创新以及企业创新和企业绩效的研究较多，而对知识产权保护影响企业绩效的作用机制研究较少。部分学者认为，地方政府加强知识产权保护执法力度，可以激励当地企业创新，通过增加研发投资强度和提升专利产出的方式提高企业绩效（吴超鹏和唐菂，2016；王雪斐，2016；陶宇，2017；林霜，2018）。在分别研究知识产权保护和企业创新以及企业创新和企业绩效的关系中，因行业、研究方法等异质性呈现不同的结论（Yuichi Furukawa，2010；郭春野和庄子银，2012；刘思明等，2015；宗庆庆等，2015；李蕊和沈坤荣，2014）。

综合本书第三章至第八章的研究结论，我们认为，保护知识产权有利于保护创新，从而有助于提升企业绩效。基于此，我们提出以下有待检验的假说9.1。

假说9.1：加强知识产权保护有助于激励企业创新从而提升企业绩效。

二、知识产权保护、融资约束与企业绩效

随着资本市场的快速发展及对融资约束问题的深入研究，近些年国内外许多学者开始探索融资约束对企业绩效的影响，并取得了一定的研究成果。席尔瓦（Silva，2011）等认为，企业所受到的融资约束程度越大，研发投入将会越低，进而负面影响企业的创新绩效。布尔特等（Bulter et al.，2011）的研究显示，企业从外部融资的程序越简单，企业生产率水平提升越明显。而一些学者则认为，融资约束的存在有利于提升企业绩效（Badia，2009）。本尼迪克特（Benedicte，2004）以美国企业为样本，实证研究表明，企业在融资约束的情况下，研发投入会使投资回报率提升。巴迪亚等（Badia et al.，2008）认为，在融资约束程度较高时，企业管理者倾向于提高资金使用效率、减少非效率行为，他们会选择收益较高的投资项目以此提升企业绩效。也就是说融资约束能促使管理者减少非效率投资行为，促进企业经营效率提升。

也有部分学者认为，两者之间存在的关系会受到其他变量的影响，黄蔚和汤湘希（2019）认为，合并商誉账面价值对企业绩效存在负面影响，且融资约束在其中起到部分中介作用，即合并商誉账面价值通过影响融资

约束进而对企业绩效产生了消极作用。张爱美等（2019）以我国 A 股上市公司为研究对象，运用 Logit 模型和倾向得分匹配法进行实证，结果显示，对外直接投资（OFDI）起到了调节的作用，当企业的融资约束程度越高时，OFDI 越能更好地提升企业绩效。褚杉尔等（2019）认为，融资约束对文化创意上市企业的创新绩效具有抑制作用，企业家专业技能资本能够缓解文化创意企业的融资约束进而对创新绩效产生了促进作用。胥朝阳等（2018）发现，融资约束减少了新兴产业上市公司的研发投入，而研发投入作为中间变量，又对企业绩效产生了促进作用，研发投入对企业绩效的影响作用在高融资约束企业中更明显。

在知识产权保护加强的环境下，企业所拥有的无形资产在市场评估、认定和交易方面更加有效，减少了公司和外部股东、债权人之间的信息不对称，同时给外部投资者增加了保障，从而缓解了融资约束。企业从外部融资的程序越简单，企业的融资成本越低，越能提高企业的负债能力和竞争能力，从而提高企业生产率水平，提升企业的绩效水平。

根据本书第三章至第八章的研究结论，我们提出以下有待检验的假说9.2。

假说 9.2：加强知识产权保护有助于缓解企业融资约束从而提升企业绩效。

第三节　计量模型、变量与数据

一、变量选取

1. 核心解释变量：知识产权保护（*IPR*）

本章的国家层面知识产权保护力度主要参考帕克（Park，2008）对 GP 指数的设定，并在 GP 指数基础上进行改进，借鉴魏浩（2018）的方法引入"执法强度"因子度量执法层面的保护力度，并将两者相乘综合来度量省级知识产权保护力度。本章的 GP 指数从国际条约、专利覆盖范围、权利保护的损失、执法机制、专利保护期限五个方面对知识产权保护力度的立法水平进行量化测算。关于执法强度指标的测算，本章参考吴超鹏和唐菂（2016）、魏浩（2018）的做法，主要选取了四个相关的指标，分别是社会法治化程度、政府的执法效率、专利未被侵权率和公众参与意识。

各省执法强度（L）的计算包括两个步骤。

第一，对上述四项指标进行标准化处理。处理方法为，用样本中 s 省第 n 项指标原始值与样本中第 n 项指标最小值之差除以样本中第 n 项指标最大值与第 n 项指标最小值之差，得到 s 省第 n 项指标标准化后的指数。计算公式为：$L_s^n = (l_s^n - l_{\min}^n)/(l_{\max}^n - l_{\min}^n)$，$l_s^n$ 指 s 省第 n 项指标原始值，$l_{\min}^n$ 指样本中第 n 项指标最小值，$l_{\max}^n$ 样本中第 n 项指标最大值，L_s^n 为 s 省第 n 项指标标准化后的指数。

第二，对标准化后的四项指标采用简单算术平均数进行汇总，得到 s 省执法强度（L）。

$$知识产权保护力度（IPR）= GP 指数（GP）\times 执法强度（L）$$

2. 作用机制变量

（1）企业创新投入（$INNOV$）。本章使用技术创新投入强度来度量企业创新，借鉴柯东昌（2020）的做法，研发强度是公司的研发费用存量除以公司年末总资产。研发费用存量的计算方法如下：$k_{i,t} = (1 - \delta)k_{i,t-1} + r_{i,t}$。其中，$k_{i,t}$ 代表 t 年末的研发费用存量，$r_{i,t}$ 代表第 t 年的研发费用，折旧率 δ 设定为 15%。技术创新投入强度（$INNOV$）= 研发费用/期末总资产。

（2）企业创新产出（$INNOV2$）。本章使用专利申请数量来度量企业创新产出，专利申请数量为国家知识产权部门统计企业所在集团整体在调查当年申请的专利总数，并对相关数据取对数以消除量纲。具体计算为：$INNOV2_{it} = \ln(1 + patents_{it})$。其中，$patents_{it}$ 代表专利申请数量。

（3）企业融资约束（KZ）。借鉴卡普兰和津加莱斯（Kaplan & Zingales，1997）、魏志华等（2014）的做法[①]，将企业融资约束根据企业

[①] 详见第三章和第四章关于企业融资约束的 KZ 指数的测算方法。

经营性净现金流、股利、现金持有、资产负债率以及托宾 Q 值等财务指标构建融资约束指数。

3. 被解释变量：企业绩效（*ROA*）

资产回报率（*ROA*）能反映企业资产的总体获利能力，以及企业的竞争实力和发展能力，是评价企业全部资产运营效益的重要指标。同时，我们也采取净资产收益率（*ROE*）进行稳健性检验。

4. 控制变量

为使模型估计更准确，我们尽可能地控制可能影响企业绩效的企业层面因素。本章选择企业规模、企业年龄、企业性质、企业成长性、股权集中度、高管持股比、资本密集度和总资产周转率等作为控制变量。

本章的变量定义及测算方法如表 9 - 1 所示。

表 9 - 1　　　　　　　　　主要变量及测算方法

变量	符号	测度方法
企业绩效	*ROA*	净利润/平均总资产
知识产权保护水平	*IPR*	GP 指数 × 执法强度
企业创新	*INNOV*	研发费用/期末总资产
创新产出	*INNOV2*	ln（1 + 集团年度申请专利数）
企业融资约束	*KZ*	KZ 指数，借鉴卡普兰和津加莱斯（Kaplan & Zingales, 1997）和魏志华等（2014）的做法
企业规模	*SIZE*	企业销售收入的自然对数
企业年龄	*AGE*	企业的存续年数
企业性质	*SOE*	哑变量，国有企业为 1，其他企业为 0
企业成长性	*GRO*	主营业务收入增长率
股权集中度	*TOP5*	前五大股东持股数量与总股数量之比
高管持股比	*CHS*	高管团队持股数量之和与总股数量之比
资本密集度	*K*	固定资产净值与员工人数之比
企业人力资本	*R*	应付职工薪酬与营业收入之比
总资产周转率	*TURN*	主营业务收入净额与平均总资产的之比

二、模型构建

为了验证知识产权保护如何通过提升企业创新和缓解企业融资约束进而影响企业绩效，我们首先设计如下计量经济模型进行估计[①]：

$$ROA_{ijkt} = \beta_0 + \beta_1 IPR_{kt} + \Theta CON_{ijkt} + \gamma_j + \gamma_k + \gamma_t + \varepsilon_{ijkt} \tag{9.1}$$

$$ROA_{ijkt} = \beta_0 + \beta_1 IPR_{kt} + \beta_2 INNOV_{ijkt} + \Theta CON_{ijkt} + \gamma_j + \gamma_k + \gamma_t + \varepsilon_{ijkt} \tag{9.2}$$

$$ROA_{ijkt} = \beta_0 + \beta_1 IPR_{kt} + \beta_2 KZ_{ijkt} + \Theta CON_{ijkt} + \gamma_j + \gamma_k + \gamma_t + \varepsilon_{ijkt} \tag{9.3}$$

其中，i 代表企业，j 代表行业，k 代表省份，t 代表时间。IPP_{kt} 代表省际的知识产权保护力度，若 β_1 显著为正，说明知识产权保护与企业绩效呈显著的正相关关系，当知识产权保护水平增强时，企业绩效就会提高；反之，当知识产权保护水平减弱时，企业绩效就会降低。$INNVO_{ijkt}$ 代表企业研发投入强度或专利申请量，若式（9.2）中的 β_2 显著为正，意味着研发投入与企业绩效呈显著的正相关关系，说明当企业创新能力越强时，企业绩效越高；反之，当企业创新能力越弱时，企业绩效越低。KZ_{ijkt} 代表企业的融资约束程度，若式（9.3）中的 β_2 显著为负，意味着企业绩效与融资约束呈显著的负相关关系，说明当企业融资约束越强时，企业绩效就越低；反之，当企业融资约束越弱时，企业绩效就越高。CON_{ijkt} 代表影响企业研发投入的控制变量，包括了企业规模、企业年龄、企业性质、企业成长性、股权集中度、高管持股比、资本密集度、企业人力资本和总资产周转率等。γ_j 代表行业效应，γ_k 代表省份效应，γ_t 代表时间效应，ε_{ijkt} 代表随机扰动项。其中，模型（9.1）仅考虑知识产权保护作用的总效应模型，而模型（9.2）和模型（9.3）进一步检验分别引入技术创新和融资约束时，知识产权保护对企业绩效的影响。

三、数据与变量的描述性统计

本章选用 2009 ~ 2018 年的中国 A 股上市公司数据，数据来源于 Wind

[①]　作用机制检验采取完整的中介效应模型进行估计。

数据库、CSMAR 数据库、《中华人民共和国专利法》、《中国律师年鉴》、《中国统计年鉴》等资料。对数据的具体处理如下：（1）剔除金融、房地产、保险行业上市公司与 ST、*ST、PT 公司及明显不符合要求的企业样本；（2）在以上处理的基础上，对 ROE、ROA、GRO 和 TURN 四个连续的比率指标进行了上下 1% 的缩尾。变量的描述性统计如表 9－2 所示。

表 9－2   变量的描述性统计

变量	样本数	均值	标准差	最小值	最大值	p1	p99
ROA	4961	0.033	0.046	−0.201	0.211	−0.109	0.156
ROE	4961	0.059	0.099	−0.678	0.355	−0.331	0.267
IPR	4961	0.658	0.221	0.090	1.000	0.200	1.000
INNOV	4961	0.019	0.029	0	1.040	0	0.085
INNOV2	4961	2.131	1.633	0	8.663	0	6.503
KZ	4961	1.678	1.641	−8.022	9.110	−3.395	5.101
SIZE	4961	22.088	1.456	18.269	28.487	19.204	25.900
AGE	4961	13.865	5.547	1.000	28.000	2.000	25.000
SOE	4961	0.183	0.387	0	1.000	0	1.000
GRO	4961	0.043	0.418	−1.000	2.823	−1.000	1.444
TOP5	4961	0.504	0.152	0.106	0.984	0.189	0.879
lnK	4961	12.743	1.054	8.981	17.941	10.361	15.603
R	4961	0.018	0.027	0	0.772	0	0.098
TURN	4961	0.638	0.428	0	2.618	0	2.114

第四节 实证结果与分析

一、基准回归

基准回归结果如表 9－3 所示。首先，从模型本身的主效应来看，IPR 的总效应系数为 0.0167 且显著为正，在加入了 INNOV、INNOV2 和 KZ 的效应模型中，其系数也高达 0.0159、0.0158 和 0.00681，都体现出高度的显著性，说明知识产权保护提高了企业绩效。进一步地，从控制变量的结果来看，各控制变量基本显著，各控制变量系数的方向也基本符合理论预期，如企业年龄、产权属性和公司人均资本对数对企业绩效具有负效应，估计结果基本与老企业较为固化、国有企业相对低效率和强政策性以及固定资本投入对企业短期盈利的负向影响相吻合。企业增长、公司股权集中度以及员工薪酬与公司绩效的正相关性也符合理论预期，这是由于企业成长性、公司集中决策以及员工激励等性质都会为企业带来更高的盈利。注意到公司规模对企业绩效存在正向影响，说明大企业更注重盈利，这是因为大企业可能在成本层面由于规模效应带来更大的总资产收益，从而提高了综合盈利能力。

表 9-3　　　　　　　　知识产权保护对企业绩效的影响

变量	(1) ROA	(2) ROA	(3) ROA	(4) ROA
IPR	0.0167 *** (5.34)	0.0159 *** (5.07)	0.0158 *** (5.03)	0.00681 ** (2.53)
INNOV		0.106 *** (4.65)		
INNOV2			0.00112 ** (2.38)	
KZ				-0.0144 *** (-42.00)
SIZE	0.00498 *** (8.68)	0.00490 *** (8.56)	0.00421 *** (6.38)	0.00495 *** (10.06)
AGE	-0.000293 ** (-1.98)	-0.000225 (-1.52)	-0.000265 * (-1.79)	0.0000350 (0.27)
SOE	-0.00856 *** (-5.15)	-0.00876 *** (-5.28)	-0.00885 *** (-5.31)	-0.00838 *** (-5.87)
GRO	0.0133 *** (8.16)	0.0134 *** (8.26)	0.0130 *** (7.93)	0.00785 *** (5.59)
TOP5	0.0213 *** (4.51)	0.0220 *** (4.64)	0.0222 *** (4.68)	0.00606 (1.48)

续表

变量	(1)	(2)	(3)	(4)
	ROA	ROA	ROA	ROA
ln*K*	− 0.00732 ***	− 0.00678 ***	− 0.00699 ***	− 0.00596 ***
	(− 9.92)	(− 9.09)	(− 9.31)	(− 9.41)
R	0.123 ***	0.121 ***	0.123 ***	0.0588 **
	(4.54)	(4.46)	(4.52)	(2.51)
TURN	0.00183	0.00120	0.00278	0.00242
	(0.97)	(0.64)	(1.44)	(1.49)
时间效应	控制	控制	控制	控制
省份效应	控制	控制	控制	控制
行业效应	控制	控制	控制	控制
常数项	− 0.00417	− 0.0115	0.00549	0.0141
	(− 0.32)	(− 0.89)	(0.40)	(1.27)
调整 R^2	0.116	0.120	0.117	0.349
F	46.91	44.56	42.83	233.8
P	9.74E − 82	1.73E − 85	4.30E − 82	0
N	4960	4960	4960	4960

注：括号内为 t 值。 * 、 ** 、 *** 分别表示在10%、5%、1%的水平上显著。

二、内生性分析

知识产权保护执法力度和企业业绩之间可能存在"反向因果"和"遗漏变量"等内生性问题，知识产权保护与企业绩效之间的正相关可能是由于企业绩效提升会倒逼政府提高知识产权保护执法水平；同时，也可能是因为遗漏了其他控制变量导致了模型估计结果存在偏差。为减少内生性问题的干扰，我们选取英租界哑变量（*british settlement*）作为知识产权保护的工具变量，若清朝晚期到民国初期，一省份存在英租界则取 *british settlement* 为 1，否则取 0。

表 9-4 显示了以英租界哑变量为工具变量的估计结果。表 9-4 的估计结果均表明，与基准估计结果相比较，*IPR* 的估计系数都有所提高，说明如果不考虑知识产权保护的内生性问题，可能会低估知识产权保护对企

业业绩的影响效应。基准估计结果还表明，创新投入和创新产出的直接效应仅有 0.015~0.017，融资约束的效应仅有约 0.007，与工具变量估计结果相比，创新投入和创新产出的直接效应到达了 0.04 左右，融资约束的直接效应也高达约 0.018。创新投入和产出的直接效应则比基准估计结果小，而且创新产出的效应甚至不显著，这意味着创新产出的效应可能存在一定的高估。

表 9 - 4　　　　　　内生性估计（工具变量：英租界哑变量）

变量	(1)	(2)	(3)	(4)
	ROA	ROA	ROA	ROA
IPR	0.0411 ***	0.0394 ***	0.0399 ***	0.0183 **
	(4.94)	(4.71)	(4.67)	(2.54)
INNOV		0.0962 ***		
		(4.14)		
INNOV2			0.000691	
			(1.39)	
KZ				-0.0143 ***
				(-40.61)
SIZE	0.00469 ***	0.00463 ***	0.00422 ***	0.00482 ***
	(8.01)	(7.93)	(6.36)	(9.63)
AGE	-0.000298 **	-0.000237	-0.000281 *	0.0000297
	(-2.00)	(-1.59)	(-1.88)	(0.23)
SOE	-0.00799 ***	-0.00819 ***	-0.00818 ***	-0.00811 ***
	(-4.75)	(-4.88)	(-4.84)	(-5.64)
GRO	0.0135 ***	0.0136 ***	0.0133 ***	0.00799 ***
	(8.22)	(8.31)	(8.06)	(5.67)
TOP5	0.0182 ***	0.0189 ***	0.0188 ***	0.00472
	(3.74)	(3.88)	(3.84)	(1.13)
lnK	-0.00728 ***	-0.00679 ***	-0.00708 ***	-0.00596 ***
	(-9.81)	(-9.06)	(-9.37)	(-9.38)
R	0.116 ***	0.114 ***	0.116 ***	0.0558 **
	(4.21)	(4.16)	(4.21)	(2.37)
TURN	0.00150	0.000950	0.00210	0.00226
	(0.79)	(0.50)	(1.07)	(1.39)

续表

变量	(1)	(2)	(3)	(4)
	ROA	*ROA*	*ROA*	*ROA*
时间效应	控制	控制	控制	控制
省份效应	控制	控制	控制	控制
行业效应	控制	控制	控制	控制
调整 R^2	0.061	0.066	0.062	0.315
F	45.92	43.73	42.01	232.9
P	5.69E−80	7.22E−84	1.71E−80	0
N	4960	4960	4960	4960

注：括号内为 t 值。* 、** 、*** 分别表示在 10%、5%、1% 的水平上显著。

工具变量的检验结果如表 9 – 5 所示。工具变量检验包含了不可识别检验（Anderson Canon LM 检验量）和弱工具变量检验（Cragg-Donald Wald 检验）。结果表明，我们选择的英租界哑变量在模型中起到了很好地去除内生性的作用，同时也很好地通过了弱工具变量检验和不可识别检验，说明工具变量的选择是有效且合理的。

表 9 – 5   工具变量检验

模型	弱工具变量检验		不可识别检验	
	检验量	10% 临界值	检验量	P 值
模型（1）	821.167	16.38	708.695	0.0000
模型（2）	811.899	16.38	701.950	0.0000
模型（3）	784.938	16.38	681.845	0.0000
模型（4）	799.959	16.38	693.070	0.0000

三、异质性分析

为了考察知识产权保护对不同类型企业绩效影响的差异，我们分不同企业规模、不同企业融资约束、不同技术企业、不同行业企业和不同所有权企业进行异质性分析，异质性企业样本划分标准如表 9 – 6 所示。

表 9 - 6　　　　　　　　　　　异质性企业划分标准

异质性	划分标准
企业规模异质性	取全样本中大于规模均值的样本为大规模企业样本，其他为小规模企业样本，用于判断大规模企业和小规模企业的差异
企业融资约束异质性	取 KZ 指数大于样本均值的样本为高融资约束样本，其他为低融资约束样本，用于判断企业在面对强约束和弱约束状态下知识产权保护对业绩的影响
企业产权异质性	将样本分为国有控股样本和非国有控股样本，用于研究国有企业和非国有企业在知识产权保护等问题上的异质性
技术企业异质性	将样本分为高技术样本和低技术企业样本，其判断依据为在 A 股基础信息下被认定为高科技企业，若是，则定义为高技术企业，其他为低技术企业，用于判断不同技术企业异质性
行业异质性	这里采用了制造业和非制造业进行异质性分析，一方面，考虑到传统制造业和非制造业之间的异质性在会计准则、营业方式等方面的差异较为明显；另一方面，由于非制造业的其他 15 个行业（除去了金融业、保险业和房地产业）的样本过于稀少，因此，统一为非制造业样本进行估计，以提升样本规模，增加估计的一般性

1. 不同企业规模异质性检验

表 9 - 7 显示了不同企业规模异质性检验结果。估计结果均表明，知识产权保护对大规模企业经营绩效存在显著的正向影响，而这种效应也并未因三个新变量的出现而有所变化。相对地，在融资约束模型中，小型企业的知识产权保护这一变量转向了不显著，其原因可能是由于小型企业的融资约束对企业的影响非常剧烈，而知识产权保护的效果可能极大程度上作用在了对融资约束的制约上，从而在机制上缺乏直接作用于小型企业的能力。相对地，知识产权保护通过降低融资约束来作用于企业业绩的占比是非常大的。但对于大型企业来说，知识产权保护仍然可以跳过一部分影响融资约束的效应来直接作用于企业的绩效。

表 9 - 7　　　　　　　　　　　不同企业规模异质性检验

变量	创新投入		创新产出		融资约束	
	大型企业	小型企业	大型企业	小型企业	大型企业	小型企业
IPR	0.0218 *** (5.38)	0.0144 *** (3.06)	0.0215 *** (5.21)	0.0147 *** (3.13)	0.0110 *** (3.39)	0.00648 (1.53)

续表

变量	创新投入		创新产出		融资约束	
	大型企业	小型企业	大型企业	小型企业	大型企业	小型企业
INNOV	0.116*** (3.04)	0.0883*** (3.06)				
INNOV2			0.000879 (1.53)	0.00195** (2.51)		
KZ					−0.0159*** (−35.82)	−0.0128*** (−24.96)
控制变量	控制	控制	控制	控制	控制	控制
时间效应	控制	控制	控制	控制	控制	控制
省份效应	控制	控制	控制	控制	控制	控制
行业效应	控制	控制	控制	控制	控制	控制
调整 R^2	0.101	0.165	0.098	0.164	0.424	0.323
F	18.63	33.41	17.88	33.07	155.9	102.3
P	3.22E−33	1.07E−61	8.70E−32	4.74E−61	3.76E−249	1.88E−179
N	2301	2659	2301	2659	2301	2659

注：括号内为 t 值。**、***分别表示在 5%、1% 的水平上显著。

　　此外，小型企业的创新投入对经营绩效的作用相对较弱，但同时大型企业的创新产出对企业业绩没有显著影响，这是因为大型企业投入创新的资源能够很好地作用在企业绩效上，但与此同时，大型企业由于其成熟的生产和相对充足的资金导致了它们的创新产出并不会在提升业绩方面更加锦上添花。相对地，小型企业虽然在创新投入上可能有所欠缺，创新产出对这些缺乏资金和销路的企业可以说是救命稻草，这也导致了它们对创新产出的依赖。

2. 融资约束异质性检验

　　表 9 - 8 显示了不同融资约束企业的异质性检验结果。估计结果表明，高融资约束的企业，其知识产权保护对企业绩效呈现显著的正向影响，而低融资约束企业的知识产权保护对企业绩效的影响不显著；创新产出对高融资约束企业绩效具有显著的正向影响，但低融资约束企业的创新产出对

企业绩效的影响并不显著。当企业的融资渠道相对顺畅时，其创新投入和创新产出由于融资的充足而相对顺畅，但也因为融资渠道顺畅，这些企业通过融资扩大生产、降低成本甚至再投资等运营带来的效应可能成为企业提升盈利空间的主要模式，而创新产出的作用相对退居其后，因此导致这种效应不显著。

表 9 – 8   不同融资约束异质性检验

变量	创新投入		创新产出		融资约束	
	高融资约束	低融资约束	高融资约束	低融资约束	高融资约束	低融资约束
IPR	0.00980 *** (2.76)	0.00286 (0.62)	0.00910 ** (2.54)	0.00347 (0.75)	0.00614 * (1.78)	0.00492 (1.17)
INNOV	0.0966 *** (3.58)	0.0788 ** (2.49)				
INNOV2			0.00153 *** (2.81)	0.000147 (0.22)		
KZ					−0.0115 *** (−13.72)	−0.0136 *** (−20.89)
控制变量	控制	控制	控制	控制	控制	控制
时间效应	控制	控制	控制	控制	控制	控制
省份效应	控制	控制	控制	控制	控制	控制
行业效应	控制	控制	控制	控制	控制	控制
调整 R^2	0.118	0.113	0.116	0.111	0.172	0.256
F	22.31	25.04	21.78	24.35	41.22	72.73
P	1.53E − 40	2.01E − 45	1.62E − 39	3.93E − 44	2.74E − 76	3.93E − 129
N	2682	2278	2682	2278	2682	2278

注：括号内为 t 值。*、**、*** 分别表示在 10%、5%、1% 的水平上显著。

3. 不同技术企业的异质性检验

表 9 – 9 显示了不同技术企业的异质性检验结果。估计结果表明，知识产权保护促进了高技术企业的经营绩效；创新投入、创新产出和融资约束对低技术类企业的系数均显著且符合理论预期（即创新投入和创新产出的正效应以及融资约束的负效应）。这意味着无论融资约束还是研发投入和产出，都是直接作用于低技术企业，而知识产权保护对低技术企业绩效的

提升作用不明显。换言之，低技术企业的知识产权保护对企业绩效的影响是通过对研发产出和降低融资约束的影响实现的，而知识产权保护并不能直接有效影响低技术企业的经营绩效。知识产权保护对低技术企业的经营绩效的直接效应不明显。

表 9 – 9　　　　　　　　　不同技术企业的异质性检验

变量	创新投入		创新产出		融资约束	
	高技术	低技术	高技术	低技术	高技术	低技术
IPR	0.0205 ***	0.00530	0.0211 ***	0.00383	0.0107 ***	− 0.00125
	(4.72)	(1.17)	(4.85)	(0.84)	(2.84)	(− 0.32)
INNOV	0.0990 ***	0.0650 *				
	(3.08)	(1.95)				
INNOV2			− 0.000613	0.00180 **		
			(− 0.96)	(2.37)		
KZ					− 0.0144 ***	− 0.0140 ***
					(− 31.90)	(− 26.34)
控制变量	控制	控制	控制	控制	控制	控制
时间效应	控制	控制	控制	控制	控制	控制
省份效应	控制	控制	控制	控制	控制	控制
行业效应	控制	控制	控制	控制	控制	控制
调整 R^2	0.145	0.108	0.142	0.109	0.358	0.349
F	40.12	10.14	39.16	10.33	153.9	82.76
P	6.31E − 75	8.75E − 17	4.09E − 73	3.83E − 17	1.53E − 261	5.96E − 141
N	3064	1896	3064	1896	3064	1896

注：括号内为 t 值。* 、** 、*** 分别表示在10%、5%、1%的水平上显著。

4. 不同所有制企业的异质性检验

表 9 – 10 显示了不同产权性质企业的异质性检验结果。估计结果表明，知识产权保护同时促进了国有企业和非国有企业的经营绩效。从两者的估计系数来看，知识产权保护更能有效促进国有企业的创新。考虑到国有企业的政策性和福利性，其内部的运作可能存在一定的低效性，而与此同时，国有企业内部管理存在很大程度的僵化和落后，且由于政策性、合规

性等制约了企业的营利性诉求，这一系列的因素导致了国有企业在创新投入和产出上相比于非国有企业落后。需要注意的是，知识产权保护虽然有效地提升了国有企业的绩效，但是从具体的创新投入和产出效应结果来看，这种保护更多的是对国有企业生态位的维护，而并未真正提升创新活动在国有企业中应有的地位。

表 9 – 10　　　　　　　　　不同产权性质企业的异质性检验

变量	创新投入		创新产出		融资约束	
	国有企业	非国有企业	国有企业	非国有企业	国有企业	非国有企业
IPR	0.0221 *** (3.79)	0.0146 *** (4.02)	0.0233 *** (3.97)	0.0146 *** (3.98)	0.0137 *** (2.63)	0.00616 ** (1.98)
INNOV	0.00648 (0.20)	0.159 *** (5.46)				
INNOV2			− 0.00116 (− 1.26)	0.00166 *** (3.07)		
KZ					− 0.0106 *** (− 14.77)	− 0.0152 *** (− 39.24)
控制变量	控制	控制	控制	控制	控制	控制
时间效应	控制	控制	控制	控制	控制	控制
省份效应	控制	控制	控制	控制	控制	控制
行业效应	控制	控制	控制	控制	控制	控制
调整 R^2	0.172	0.115	0.173	0.111	0.337	0.356
F	11.12	40.05	11.32	37.61	38.13	221.5
P	1.49E – 16	5.60E – 69	7.20E – 17	1.15E – 64	2.49E – 57	0
N	909	4051	909	4051	909	4051

注：括号内为 t 值。 ** 、 *** 分别表示在 5% 、1% 的水平上显著。

5. 行业异质性

表 9 – 11 显示了不同行业异质性检验结果。估计结果表明，从制造业、非制造业的异质性分析来看，知识产权保护对制造业企业绩效的总体效应比较弱，而知识产权保护对非制造业企业绩效的影响相对较大。这是因为制造业本身的行业结构更趋于传统，自有的专利等知识产权比较固化，行

业内的自主创新较少，从而导致知识产权保护政策事实上并不能直接对企业绩效产生强烈的作用。而相比之下，非制造业包括了服务业等产业，其产业结构多样，且比较依赖知识产权，因此，知识产权保护政策对非制造业企业的绩效有着更强的效应。

表 9 - 11　　　　　　　　　不同行业异质性检验

变量	创新投入		创新产出		融资约束	
	制造业	非制造业	制造业	非制造业	制造业	非制造业
IPR	0.0142***	0.0222***	0.0144***	0.0230***	0.00560*	0.0120**
	(3.87)	(3.77)	(3.90)	(3.88)	(1.79)	(2.23)
INNOV	0.0905***	0.134***				
	(3.31)	(3.37)				
INNOV2			0.000669	0.000872		
			(1.19)	(1.01)		
KZ					-0.0147***	-0.0120***
					(-37.72)	(-16.31)
控制变量	控制	控制	控制	控制	控制	控制
时间效应	控制	控制	控制	控制	控制	控制
省份效应	控制	控制	控制	控制	控制	控制
行业效应	控制	控制	控制	控制	控制	控制
调整 R^2	0.126	0.162	0.124	0.154	0.366	0.310
F	41.83	7.367	40.76	6.281	198.4	34.19
P	4.42E-79	2.08E-11	4.81E-77	1.97E-09	0	9.06E-59
N	3750	1210	3750	1210	3750	1210

注：括号内为 t 值。*、**、*** 分别表示在 10%、5%、1% 的水平上显著。

四、稳健性分析

为了检验模型的稳健性，我们将因变量由 *ROA* 改为 *ROE* 进行估计。稳健性模型包括了基准估计和工具变量估计，结果如表 9 - 12 所示。估计结果表明，知识产权保护稳健地提升了企业绩效，表明本章的估计结果是稳健的。

表 9 – 12　　　　　　　　替换不同被解释变量的稳健性估计

变量	(1)	(2)	(3)	(4)
	ROE	ROE	ROE	ROE
IPR	0.0324 ***	0.0309 ***	0.0306 ***	0.0174 ***
	(4.88)	(4.65)	(4.58)	(2.82)
INNOV		0.186 ***		
		(3.83)		
INNOV2			0.00225 **	
			(2.25)	
KZ				− 0.0217 ***
				(− 27.51)
SIZE	0.0155 ***	0.0153 ***	0.0139 ***	0.0154 ***
	(12.73)	(12.63)	(9.97)	(13.64)
AGE	− 0.000352	− 0.000235	− 0.000297	0.000141
	(− 1.12)	(− 0.75)	(− 0.94)	(0.48)
SOE	− 0.0146 ***	− 0.0149 ***	− 0.0152 ***	− 0.0143 ***
	(− 4.14)	(− 4.24)	(− 4.29)	(− 4.36)
GRO	0.0299 ***	0.0302 ***	0.0293 ***	0.0217 ***
	(8.67)	(8.75)	(8.45)	(6.74)
TOP5	0.0324 ***	0.0334 ***	0.0342 ***	0,00936
	(3.23)	(3.34)	(3.40)	(1.00)
lnK	− 0.0160 ***	− 0.0150 ***	− 0.0153 ***	− 0.0139 ***
	(− 10.21)	(− 9.50)	(− 9.61)	(− 9.55)
R	0.183 ***	0.179 ***	0.182 ***	0.0860
	(3.18)	(3.12)	(3.16)	(1.60)
TURN	0.00236	0.00127	0.00427	0.00325
	(0.59)	(0.32)	(1.04)	(0.87)
时间效应	控制	控制	控制	控制
省份效应	控制	控制	控制	控制
行业效应	控制	控制	控制	控制
常数项	− 0.116 ***	− 0.129 ***	− 0.0963 ***	− 0.0882 ***
	(− 4.22)	(− 4.66)	(− 3.35)	(− 3.45)
调整 R^2	0.126	0.129	0.127	0.242
F	56.80	52.72	51.67	134.7
P	4.04E − 99	2.34E − 101	2.59E − 99	1.01E − 249
N	4960	4960	4960	4960

注：括号内为 t 值。** 、*** 分别表示在 5% 、1% 的水平上显著。

第五节 作用机制检验

为了验证知识产权保护如何通过影响企业创新和融资约束而影响企业绩效，本章设定如下的中介效应模型进行检验。

创新投入和创新产出中介效应模型：

$$ROA_{ijkt} = \beta_0 + \beta_1 IPR_{kt} + \Theta CON_{ijkt} + \gamma_j + \gamma_k + \gamma_t + \varepsilon_{ijkt} \qquad (9.4)$$

$$INNOV_{ijkt} = \beta_0 + \beta_1 IPR_{kt} + \Theta CON_{ijkt} + \gamma_j + \gamma_k + \gamma_t + \varepsilon_{ijkt} \qquad (9.5)$$

$$ROA_{ijkt} = \beta_0 + \beta_1 IPR_{kt} + \beta_2 INNOV_{ijkt} + \Theta CON_{ijkt} + \gamma_j + \gamma_k + \gamma_t + \varepsilon_{ijkt}$$
$$(9.6)$$

融资约束中介效应模型：

$$ROA_{ijkt} = \beta_0 + \beta_1 IPR_{kt} + \Theta CON_{ijkt} + \gamma_j + \gamma_k + \gamma_t + \varepsilon_{ijkt} \qquad (9.7)$$

$$KZ_{ijkt} = \beta_0 + \beta_1 IPR_{kt} + \Theta CON_{ijkt} + \gamma_j + \gamma_k + \gamma_t + \varepsilon_{ijkt} \qquad (9.8)$$

$$ROA_{ijkt} = \beta_0 + \beta_1 IPR_{kt} + \beta_2 INNOV_{ijkt} + \Theta CON_{ijkt} + \gamma_j + \gamma_k + \gamma_t + \varepsilon_{ijkt}$$
$$(9.9)$$

上述变量的解释与式（9.1）、式（9.2）和式（9.3）相同。

中介效应模型的 Sobel 检验、直接效应和中介效应如表 9 - 13 所示。估计结果如表 9 - 14 所示。

表 9 - 13　　　　　　　　　　中介效应模型检验

模型	Sobel 检验量	直接效应	总效应	中介效应占比
INNOV 模型	0.0009 *** (3.216)	0.0159 *** (4.651)	0.0167 *** (4.947)	5.15%
*INNOV*2 模型	0.0009 ** (2.288)	0.0158 *** (5.025)	0.01671 *** (5.344)	5.34%
KZ 模型	0.099 *** (6.099)	0.6869 *** (-2.5287)	0.01671 *** (-5.3442)	59.24%

注：括号内为 t 值。** 、*** 分别表示在 5%、1% 的水平上显著。

表 9 - 14 的估计结果显示，总效应模型的 R^2 为 0.116，且 F 检验量为

表 9 - 14　　知识产权保护对中国企业绩效的作用机制检验

变量	创新投入模型			创新产出模型				融资约束模型	
	模型 (9.4) ROA	模型 (9.5) INNOV	模型 (9.6) ROA	模型 (9.4) ROA	模型 (9.5) INNOV	模型 (9.6) ROA	模型 (9.7) ROA	模型 (9.8) INNOV	模型 (9.9) ROA
IPR	0.0167** (5.34)	0.00809** (4.16)	0.0159** (5.07)	0.0167** (5.34)	0.795** (8.43)	0.0158** (5.03)	0.0167** (5.34)	-0.687** (-6.16)	0.00681** (2.53)
INNOV			0.106** (4.65)						
INNOV2						0.00112** (2.38)			
KZ									-0.0144** (-42.00)
SIZE	0.00498** (8.68)	0.000756** (2.12)	0.00490** (8.56)	0.00498** (8.68)	0.689** (39.80)	0.00421** (6.38)	0.00498** (8.68)	-0.00214 (-0.10)	0.00495** (10.06)
AGE	-0.000293* (-1.98)	-0.000634** (-6.89)	-0.000225 (-1.52)	-0.000293* (-1.98)	-0.0247** (-5.54)	-0.000265* (-1.79)	-0.000293* (-1.98)	0.0227** (4.31)	0.0000350 (0.27)
SOE	-0.00856** (-5.15)	0.00189* (1.83)	-0.00876** (-5.28)	-0.00856** (-5.15)	0.262** (5.23)	-0.00885** (-5.31)	-0.00856** (-5.15)	0.0124 (0.21)	-0.00838** (-5.87)
GRO	0.0133** (8.16)	-0.00134 (-1.33)	0.0134** (8.26)	0.0133** (8.16)	0.299** (6.10)	0.0130** (7.93)	0.0133** (8.16)	-0.377** (-6.50)	0.00785** (5.59)
TOP5	0.0213** (4.51)	-0.00571* (-1.94)	0.0220** (4.64)	0.0213** (4.51)	-0.790** (-5.53)	0.0222** (4.68)	0.0213** (4.51)	-1.061** (-6.29)	0.00606 (1.48)

续表

变量	创新投入模型			创新产出模型				融资约束模型	
	模型 (9.4) ROA	模型 (9.5) INNOV	模型 (9.6) ROA	模型 (9.4) ROA	模型 (9.5) INNOV	模型 (9.6) ROA	模型 (9.7) ROA	模型 (9.8) INNOV	模型 (9.9) ROA
$\ln K$	-0.00732** (-9.92)	-0.00510** (-11.12)	-0.00678** (-9.09)	-0.00732** (-9.92)	-0.298** (-13.39)	-0.00699** (-9.31)	-0.00732** (-9.92)	0.0941** (3.58)	-0.00596** (-9.41)
R	0.123** (4.54)	0.0214 (1.27)	0.121** (4.46)	0.123** (4.54)	0.462 (0.56)	0.123** (4.52)	0.123** (4.54)	-4.488** (-4.63)	0.0588** (2.51)
$TURN$	0.00183 (0.97)	0.00589** (5.02)	0.00120 (0.64)	0.00183 (0.97)	-0.847** (-14.87)	0.00278 (1.44)	0.00183 (0.97)	0.0409 (0.61)	0.00242 (1.49)
时间效应	控制	控制	控制	控制	控制	控制	控制	控制	控制
省份效应	控制	控制	控制	控制	控制	控制	控制	控制	控制
行业效应	控制	控制	控制	控制	控制	控制	控制	控制	控制
常数项	-0.00417 (-0.32)	0.0693** (8.62)	-0.0115 (-0.89)	-0.00417 (-0.32)	-8.602** (-22.04)	0.00549 (0.40)	-0.00417 (-0.32)	1.267** (2.75)	0.0141 (1.27)
调整 R^2	0.116	0.142	0.120	0.116	0.349	0.117	0.116	0.101	0.349
F	46.91	29.37	44.56	46.91	212.8	42.83	46.91	22.05	233.8
P	9.74E-82	2.42E-50	1.73E-85	9.74E-82	0	4.30E-82	9.74E-82	4.28E-37	0
N	4960	4960	4960	4960	4960	4960	4960	4960	4960

注：括号内为 t 值。*、**分别表示在 10%、5% 的水平上显著。

46.91，模型总体显著。从模型本身的主效应来看，IPR 的总效应系数为 0.0167 且显著为正，这意味着假说 9.1 的结果得到了证明，知识产权保护对企业绩效存在显著的正效应。进一步地，从控制变量的结果来看，变量均在 5% 的水平上显著，各控制变量系数也基本符合理论预期，与基准估计结果基本一致。

表 9-14 的估计结果显示，从创新来看，创新投入（$INNOV$）和创新产出（$INNOV2$）的中介效应占比基本一样，都在 5% 左右，而间接效应（即 Sobel 检验系数）的具体规模也并不是很大，从最终结果看，IPR 通过两个创新要素影响 ROA 的效应是存在的，且是部分中介效应。

IPR 对创新投入和创新产出的影响显著为正，其中，创新投入的估计系数为 0.00809，创新产出的估计系数为 0.795，因而，知识产权保护可以有效地促进企业的创新投入和创新产出上升。换言之，IPR 一方面直接影响到了企业的经营绩效，而另一方面也间接地通过促进创新投入和创新产出，使得知识产权保护对企业绩效的正效应得以充分发挥，知识产权保护从直接和间接两个方面对企业经营绩效产生了显著影响。

表 9-14 的模型（9.9）显示，融资约束对企业绩效存在显著的负效应，其估计系数为 -0.0144；模型（9.8）显示，知识产权保护对 KZ 的负向系数为 -0.687 且在 5% 的水平上显著，意味着知识产权保护有效地缓解了企业融资约束，而这种缓解作用也极大程度地保护了企业免于融资约束的影响，其中介效应占比甚至高达 59.24%，这是因为企业的融资行为很大程度上来源于新产品的开发，而融资约束会极大地限制尤其是小型企业的创新融资，从而极大地制约了企业发展，而知识产权保护能够有效缓解企业融资约束，从而缓解了融资约束对企业绩效的负面影响，因而大大降低了企业融资约束对经营绩效的抑制作用。总体而言，假说 9.1 和假说 9.2 得以验证。

第十章 研究结论与政策建议

第一节 研究结论

本书从理论和实证上考察了知识产权保护对中国企业创新和企业绩效的影响机理，主要得出了以下基本结论。

第一，知识产权保护可以通过使企业和投资者确信创新成果不会因为模仿而造成损失，因此企业会向投资者披露更完备的信息以减轻与投资人之间的信息不对称，进而降低融资成本，缓解企业面临的融资约束问题。同时，知识产权保护可以通过使企业形成更多的无形资产以提升企业价值，进而为企业带来更多投资以缓解融资约束。为此，本书（第三章）选择了中国上市公司 2007~2017 年的数据作为样本，构建了衡量上市企业融资约束程度的 KZ 指数，并基于国家、省份和行业的相关数据，构建了省级—行业知识产权保护指数，在此基础上，研究了知识产权保护对融资约束的缓解效果和作用机制。结果表明，知识产权保护能够缓解上市企业的融资约束，这种缓解效果的作用机制是通过使企业形成更多的无形资产而实现的，而且这种作用在无形资产多、规模小和融资约束程度高的企业中更加明显。通过替代不同指标、控制知识产权保护变量的内生性问题重新进行估算后，上述结论依然稳健。

　　第二，本书（第四章）首先从理论上考察了知识产权保护与融资约束对企业研发投入的影响，以此揭示知识产权保护如何通过缓解企业融资约束这一微观作用机制提高企业研发投入。在理论分析基础上，本书运用中国 2008～2016 年 A 股上市企业数据实证研究了知识产权保护能否通过缓解企业融资约束进而促进企业研发投入，并通过区分不同类型企业考察了这种缓解作用的异质性。结果表明，加强知识产权保护激励了企业研发投入，融资约束抑制了企业研发投入，知识产权保护能够通过缓解企业融资约束这一作用机制提高企业研发投入。加强知识产权保护缓解了融资约束对企业研发投入的抑制作用，且这种缓解作用在融资约束程度较高的企业、高新技术企业和民营企业中更加显著。通过利用不同指标替代核心解释变量、解决融资约束的内生性问题进行估算后，上述结论依然稳健。

　　第三，本书基于中国工业企业数据实证检验了知识产权保护、融资约束对中国企业创新的影响及其作用机制（第五章）。结果表明，一是加强知识产权保护显著激励了中国企业的研发投入，提升了中国企业的自主创新能力。加强知识产权保护保证了企业的创新成果不被模仿或侵权，进而保证了企业创新成果的预期收益，从而激励了企业进一步进行研发投资和创新的积极性，因而，加强知识产权保护是促进中国企业进行研发投资和自主创新的重要制度保障。二是融资约束显著抑制了中国企业的研发投入，进而对中国企业的创新能力产生负面影响。由于研发和创新是一个长期的持续的过程，需要大量的资金投入以保证研发投资顺利进行，资金不足容易导致企业研发由于面临严重的融资约束而被迫终止或失败，因此，企业所面临的融资约束往往抑制了中国企业进行研发投资项目的积极性，进而阻碍了中国企业创新能力的提升。三是知识产权保护通过缓解企业所面临的融资约束而提升了中国企业的研发投资和创新能力，而且加强知识产权保护能够缓解融资约束对中国企业研发投资和创新能力的抑制作用。知识产权保护越强，融资约束对中国企业研发投资和自主创新能力的抑制作用就越弱。这是本章最重要的研究发现，这说明要提升中国企业的研发投资和自主创新能力，需要同时结合中国的知识产权保护制度和金融制度（融资政策）两个方面来做文章。只有建立完善的知识产权保护制度和良好的融资环境、政策和制度，才能真正提升中国企业的研发投资和自主创新能力。

第四，创新是引领发展的第一动力，保护知识产权就是保护创新。全面加强知识产权保护工作不仅关系到国家治理体系和治理能力现代化，而且对于激发创新活力，促进高质量发展具有重要意义。本书（第六章）基于中国 1520 家 A 股上市公司 2008～2019 年非平衡面板数据，将国家知识产权示范城市设立视作知识产权保护的政策冲击，采用渐进的双重差分法实证检验了知识产权保护对企业创新的影响及其传导机制。研究发现，（1）知识产权示范城市显著地促进了企业创新，该结论在进行了一系列稳健性检验后依然成立。（2）异质性分析发现，知识产权保护促进了高新技术行业技术创新，而对非高新技术行业的影响并不显著；知识产权保护对国有企业和非国有企业研发投入均有促进作用，但仅促进了国有企业的研发产出；知识产权保护仅促进了制造业企业创新，而未能促进非制造业企业创新；知识产权保护促进了中东部和高级别城市企业创新，而对西部和低级别城市企业创新的影响并不显著。（3）机制分析发现，知识产权示范城市通过缓解融资约束、降低交易成本及完善法制环境等促进了企业创新。因此，在"十四五"时期，要坚决贯彻执行知识产权强国战略，以知识产权示范城市为"试验田"，为强化企业创新主体地位提供关键支撑。

第五，基于中国 2009 年以来分批进行的专利质押融资试点，以 2007～2017 年中国沪深 A 股上市企业为样本，本书（第七章）对专利质押融资试点的政策实施效果进行考察，运用双重差分法实证研究了专利质押融资对企业创新的影响。研究发现，专利质押融资促进了企业专利申请的增加，且这一作用受到地区知识产权保护力度的影响。专利质押融资通过缓解企业融资约束这一重要作用机制促进了企业创新。专利质押融资促进企业专利申请增加的作用效果在不同类型企业中呈现异质性，专利质押融资对企业创新的促进作用在技术密集型行业、融资约束较强的企业中更为显著，而专利质押融资政策对企业创新的促进作用在不同所有权属性的企业中并不存在显著差异。通过替代不同核心变量的检验结果表明，上述结论依然稳健。

第六，本书（第八章）首先从理论上分析了知识产权保护、产品市场竞争以及两者的交互作用对企业创新的影响。在此基础上，运用 2007 ~ 2016 年中国 A 股上市企业数据实证考察了知识产权保护、产品市场竞争以及两者的交互项对中国企业创新的影响。结果表明，知识产权保护激励了企业创新，产品市场竞争对企业创新具有促进作用，知识产权保护与产品市场竞争对企业创新的影响是互补的，即知识产权保护越强，产品市场竞争对企业创新的激励效应也越强。通过区分不同样本的估计结果表明，知识产权保护、产品市场竞争及两者的交互项对企业创新的影响具有明显的地区差异性、行业异质性和所有制差异。通过利用不同指标替代核心解释变量、控制产品市场竞争变量的内生性问题进行检验后，上述结论具有稳健性。

第七，强有力的知识产权保护是激励技术创新、缓解融资约束和提升企业绩效的有力保障。本书（第九章）选取 2009 ~ 2018 年上市公司数据，运用固定效应模型评估了知识产权保护对上市企业绩效的影响。研究表明，知识产权保护对企业绩效具有显著的正向影响。机制分析发现，加强知识产权保护，不但可以通过激励企业创新来提升企业绩效，而且也有助于通过缓解企业融资约束从而提升企业绩效。异质性分析发现，对于高科技企业、大规模企业、融资约束较强的企业、非国有上市公司而言，加强知识产权保护对提升企业绩效的作用更加明显。

第二节　政策建议

一、提高知识产权执法水平，稳步促进中国知识产权保护力度的提升

知识产权保护力度对中国企业研发投资和自主创新能力的提升均具有显著的正效应，尽管中国知识产权保护的立法水平已经很高，基本达到了大部分发达国家的立法水平，而执法水平还有很大的提升空间。从本书对知识产权保护力度的测算结果上看，相较于东部经济发达地区，西部地区存在明显的弱势，要继续提高中国知识产权保护力度，进一步加大对西部

地区经济发展的支持，加强西部地区的知识产权保护执法力度是很有必要的。首先，应加快完善西部地区的基础设施建设和信息工程建设，提升其教育、医疗水平，吸引人才依托当地资源促进其经济基础的提高；其次，做好法律普及工作，改变当前西部地区法务人员贫乏的现状，丰富当地法务人员储备；最后，可以考虑将较发达地区自主创新的成功经验在西部地区有针对性地推广宣传，鼓励并支持西部地区在现有基础上适当创新。

二、加强知识产权执法力度，促进市场有序竞争

首先，我国应继续完善知识产权保护制度，鼓励和支持专利技术和科技项目的研发创新。从总体样本、东部地区、技术密集型行业、民营企业的估计结果可知，加强知识产权保护不仅促进了企业创新，并且知识产权保护和产品市场竞争对企业创新的影响具有互补性。因此，应进一步贯彻落实公平的执法环境和透明的制度环境，加强对知识产权执法部门的监督管理，正确及时地保护好知识产权所有者的合法权益，对失信行为进行严惩，提高专利侵权的违法成本和司法部门的执法效率，这样做不仅能够激励企业创新，还能进一步提高产品市场竞争对企业创新的激励作用。

其次，规范市场规则，促进市场有序竞争。从本书的估计结果可知，总体样本、东中部地区的企业、技术密集型行业的企业、民营企业的产品市场竞争都能够激励企业创新，因此，政府应通过制定合理的市场法律法规、完善市场竞争规则、降低市场准入门槛等措施来促进产品市场竞争，从而激励企业创新，提高我国企业的创新水平。

三、因地制宜推进知识产权示范城市建设

首先，加快知识产权示范城市"扩容"步伐。本书的研究结论表明，知识产权示范城市建设真正实现了"保护知识产权就是保护创新"的工作目标。为此，"十四五"期间要继续以知识产权示范城市建设为契机，实行严格的知识产权保护制度，逐步形成以企业为主体、市场为导向、产学

研用深度融合的技术创新体系。试点地区要总结知识产权保护工作所取得的独特经验，予以全国范围内推广。同时，知识产权示范城市建设要继续探索仲裁、调解、公证和维权援助体系，形成"中央引领"和"地方示范"高效互动的知识产权保护格局。

其次，各地要因地制宜推进知识产权示范城市建设。具体来看，要进一步发挥知识产权示范城市建设对非高新技术行业企业创新的影响力度、非国有企业研发产出的激励力度以及非制造业企业的影响，着力提高非高新技术行业、非国有企业、非制造业企业知识产权保护法律意识和能力，可以效仿上海知识产权法院在张江高新企业园区设立"全国审判业务专家陈惠珍法官工作室"的做法，打通为非国有企业提供法律服务的"最后一公里"。西部城市和一般地级市要积极学习中东部城市和省会城市、副省级城市知识产权保护的先进经验，打通知识产权创造、运用、保护、管理、服务全链条。

最后，探索知识产权示范城市促进企业创新的多维路径。对于政府来说，一方面，要强化政府对知识产权工作的领导作用，充分应用政府投入、补贴等手段，缓解企业尤其是中小企业融资约束，进而促进企业创新；另一方面，要不断改善创新环境，尤其是完善企业创新的法制环境，在制定知识产权保护相关法律法规的基础之上，不断增强各级法院及知识产权局的执法水平。对企业来说，一方面，要坚决贯彻执行国家创新发展战略，着力提高研发支出；另一方面，要善于以知识产权的保护来实现专利产出的市场价值，全面提升企业创新能力。此外，还要重视知识产权保护政策间的联动效用，打好政策"组合拳"，强化知识产权全链条保护，为建设知识产权保护强国蓄力。

四、完善知识产权保护制度，发展知识产权质押融资

本书的研究结论为我国完善知识产权保护制度、发展知识产权质押融资和知识产权证券化等融资方式提供了比较好的政策启示。

首先，我国应继续完善知识产权保护制度，尤其要保护中小企业的创新成果，鼓励和支持专利技术和科技项目的研发创新。要贯彻落实公平的

执法环境和透明的制度环境，加强对知识产权执法部门的监督管理，正确及时地保护好知识产权所有者的合法权益，对失信行为进行严惩，提高专利侵权的违法成本和司法部门的执法效率，用诚信来化解投资人对知识产权投资的顾虑，从而减轻创新项目的融资成本。

其次，积极发展知识产权质押融资。对于知识产权本身现金流的风险性和估值的不确定性，我国应该大力推进有关知识产权质押的法律、制度以及执法体系的完善，并且大力支持知识产权质押融资的业务，应考虑到知识产权价值的不稳定性，综合考察和评估知识产权的价值，加强对相关机构的监管，公平合理地保障质押人和债权人的合法权益。

再次，推动金融体系资源配置效率的提高，推动银行等金融机构实施专利质押融资业务规范的建立和完善，做好风险评估与保障，引导金融资源进入创新能力更强的领域，提高金融资源与科技创新的融合，为科技型企业提供更加有利的融资环境，从而推动我国经济的高质量转型。

最后，促进知识产权证券化的完善和推行。我国已经有资产证券化成功的案例，这也为我国推行知识产权证券化创造了有利条件，这种融资方式将成为中小企业尤其是科技型企业融资的一条有效途径。此外，知识产权证券化还将实现知识产权的超额收益，这将是科技型中小企业把高新技术转化成现实生产力的契机。

五、结合本行业的发展特点，制定行业知识产权保护战略

各行业协会应以《国家知识产权战略纲要》为指导，同时结合本行业的技术发展特点，详细制定与本行业发展阶段相适应的知识产权保护策略，包括知识产权的创造、运用、保护和管理等。首先，各行业应成立专门的知识产权保护管理部门，对行业内企业的知识产权保护现状、专利申报以及知识产权侵权和维护行为进行引导和处理。其次，应建立行业知识产权保护信息平台，提供本行业内知识产权保护的最新信息及案例。最后，制定与本行业知识产权保护战略相配套的行业准则和法规，通过研发补贴、政策优惠及行业法规和文件的灵活政策等方式有效控制行业知识产权的实际保护水平。

六、积极拓宽企业融资渠道，为中小企业、初创企业发展提供有效的资金支撑

对于大型国有企业来说，由于信贷软约束的存在，金融机构更倾向于向这些企业提供银行贷款，我们认为，信贷软约束的存在抑制了具有创新能力的中小企业通过外部融资以弥补自有资金不足的能力，因此，拓宽中小企业乃至初创企业的融资渠道是当下需要着力解决的问题。

首先，应当推动中小金融机构的建设，特别是地区性金融机构的建设，以减少借贷双方由于信息不对称带来的潜在风险。

其次，继续促进风险投资的开展，完善创投市场，坚决打击假风投，为有资质有潜力的中小企业、初创企业提供更多正规可选的融资渠道。

再次，中小企业也应当不断完善自身的管理水平，健全财务制度，积极寻求创新，实现差异化竞争，为资金安全提供更为良好的保障。

最后，加大对民间投资的融资支持。针对中小民营企业融资难、融资贵的问题，政府应积极做好相关项目的引介和牵线搭桥作用，加大对民营企业金融服务的政策技术力度，着力强化民营企业的征信服务和信息服务，稳步推进由民间资本发起设立中小型银行等金融机构，为疏通民间资本的融资渠道奠定基础。如果可以建立起更加自由、开放、竞争的金融机构体系，那么，成千上万家规模不等、经营风格各异的金融机构相互竞争，争相提供个性化服务，就能够更加贴近不同性质的企业，从而能够更好地解决借款人和贷款人之间普遍存在的信息不对称问题。这样，多数民营企业目前不得不承受较高的融资成本的问题就有望得以缓解。同时，通过规范证券市场监管，着力构建一个多层次的资本市场，为民营企业提供更加便捷的直接融资通道，也是解决中国民营企业特别是中小民营企业融资难问题的长远之策。

七、规范市场规则，促进市场有序、合理和公平竞争

本书的研究结论表明，产品市场竞争能够促进企业创新，因而，政府

可以通过制定合理的市场规则来促进产品市场竞争，从而激励企业创新，提高我国企业的创新水平。针对知识产权保护与市场竞争的替代性，可通过完善相关法规来加大在知识产权保护弱的地区的市场竞争度，从而对创新水平会有更明显的提升作用。故需认清我国的地区差异，采取相应的措施。根据本书所得的结论，西部地区的知识产权保护水平、产品市场竞争度以及企业创新水平与东部和中部地区相比较弱而拉低了整体水平。因此，最直接的政策就是增加西部地区的研发投入，加大对西部地区企业创新活动的补贴。间接的政策可以通过增加产品市场竞争度来促进企业创新，比如降低行业的门槛、完善市场竞争法则等来鼓励企业加入市场竞争。同时，通过完善市场法律法规等手段促进东部地区市场竞争度。对于东部地区来说，市场竞争可以促进企业创新，因此，政府可以针对东部地区制定相关市场法律法规，促进东部地区的创新水平。

八、加大创新活动补贴，直接激励企业进行创新活动

研发投入与专利数量直接代表了企业的创新能力，研发投入与主营业务收入的比值越大，专利数量越多都代表了企业的研发创新能力越强。研发和创新具有很强的外部性特征，而政府研发补贴是实现资源重新配置的重要举措，政府研发补贴一般是投向具有正外部性的高科技企业以实现外部性的内部化。所以，可通过加大对高科技企业进行研发支出的补贴促使企业加大研发投入，从而增加专利数量，进而提高企业的创新水平。

主要参考文献

[1] 曹清峰. 国家级新区对区域经济增长的带动效应——基于 70 大中城市的经验证据 [J]. 中国工业经济, 2020 (7): 43 – 60.

[2] 陈晨, 孟越, 苏牧. 国家创新型企业政策对企业绩效的影响——"信号"抑或"扶持"作用? [J]. 南方经济, 2021 (9): 90 – 111.

[3] 褚杉尔, 高长春, 高晗. 企业家社会资本、融资约束与文化创意企业创新绩效 [J]. 财经论丛, 2019 (10): 53 – 63.

[4] 褚杉尔, 高长春. 知识产权保护是否放松了文化创意企业的融资约束? [J]. 财经论丛, 2018 (3): 50 – 57.

[5] 段军山, 庄旭东. 金融投资行为与企业技术创新——动机分析与经验证据 [J]. 中国工业经济, 2021 (1): 155 – 173.

[6] 方颖, 赵扬. 寻找制度的工具变量: 估计产权保护对中国经济增长的贡献 [J]. 经济研究, 2011, 46 (5): 138 – 148.

[7] 冯根福, 郑明波, 温军, 张存炳. 究竟哪些因素决定了中国企业的技术创新——基于九大中文经济学权威期刊和 A 股上市公司数据的再实证 [J]. 中国工业经济, 2021 (1): 17 – 35.

[8] 付英俊. 银行竞争、知识产权保护与企业创新——基于我国上市公司的经验证据 [J]. 金融监管研究, 2021 (8): 1 – 14.

[9] 顾雷雷, 郭建鸾, 王鸿宇. 企业社会责任、融资约束与企业金融化 [J]. 金融研究, 2020 (2): 109 – 127.

[10] 顾雷雷, 李建军, 彭俞超. 内外融资条件、融资约束与企业绩效——来自京津冀地区企业调查的新证据 [J]. 经济理论与经济管理, 2018 (7): 88 – 99.

［11］顾夏铭，陈勇民，潘士远．经济政策不确定性与创新——基于我国上市公司的实证分析［J］．经济研究，2018，53（2）：109－123.

［12］郭春野，庄子银．知识产权保护与"南方"国家的自主创新激励［J］．经济研究，2012（9）：32－45.

［13］郭丽丽，徐珊．金融化、融资约束与企业经营绩效——基于中国非金融企业的实证研究［J］．管理评论，2021，33（6）：53－64.

［14］韩玉雄，李怀祖．关于中国知识产权保护水平的定量分析［J］．科学学研究，2005（3）：377－382.

［15］何玉润，林慧婷，王茂林．产品市场竞争、高管激励与企业创新——基于中国上市公司的经验证据［J］．财贸经济，2015（2）：125－135.

［16］胡国柳，赵阳，胡珺．D&O保险、风险容忍与企业自主创新［J］．管理世界，2019，35（8）：121－135.

［17］黄蔚，汤湘希．合并商誉对企业绩效的影响——基于盈余管理和融资约束中介效应的分析［J］．山西财经大学学报，2019，41（12）：93－106.

［18］纪祥裕，顾乃华．知识产权示范城市的设立会影响创新质量吗？［J］．财经研究，2021，47（5）：49－63.

［19］江艇，孙鲲鹏，聂辉华．城市级别、全要素生产率和资源错配［J］．管理世界，2018，34（3）：38－50.

［20］解维敏，方红星．金融发展、融资约束与企业研发投入［J］．金融研究，2011（5）：171－183.

［21］解学梅，王若怡，霍佳阁．政府财政激励下的绿色工艺创新与企业绩效：基于内容分析法的实证研究［J］．管理评论，2020（5）：109－124.

［22］鞠晓生，卢荻，虞义华．融资约束、营运资本管理与企业创新可持续性［J］．经济研究，2013（1）：4－16.

［23］康志勇．融资约束、政府支持与中国本土企业研发投入［J］．南开管理评论，2013（5）：61－70.

［24］况学文，施臻懿，何恩良．中国上市公司融资约束指数设计与评价［J］．山西财经大学学报，2010（5）：110－117.

［25］黎文靖，彭远怀，谭有超．知识产权司法保护与企业创新——

兼论中国企业创新结构的变迁 [J]. 经济研究, 2021 (5): 144 – 161.

[26] 李春涛, 郭培培, 张璇. 知识产权保护、融资途径与企业创新——基于跨国微观数据的分析 [J]. 经济评论, 2015 (1): 77 – 91.

[27] 李汇东, 唐跃军, 左晶晶. 用自己的钱还是用别人的钱创新? ——基于中国上市企业融资结构与企业创新的研究 [J]. 金融研究, 2013 (2): 170 – 183.

[28] 李井林, 阳镇, 陈劲, 崔文清. ESG 促进企业绩效的机制研究——基于企业创新的视角 [J]. 科学学与科学技术管理, 2021 (9): 71 – 89.

[29] 李科, 徐龙炳. 融资约束、债务能力与公司业绩 [J]. 经济研究, 2011 (5): 62 – 74.

[30] 李莉, 闫斌, 顾春霞. 知识产权保护、信息不对称与高科技企业资本结构 [J]. 管理世界, 2014 (11): 1 – 9.

[31] 李蕊, 沈坤荣. 中国知识产权保护对企业创新的影响及其变动机制研究 [J]. 经济管理, 2014 (4): 51 – 58.

[32] 李雪, 吴福象, 竺李乐, 杨嵩. 互联网化、知识产权保护与区域创新产出 [J]. 科技进步与对策, 2021 (18): 46 – 55.

[33] 林霜. 知识产权保护、技术创新与企业财务绩效 [J]. 财会通讯, 2018 (33): 109 – 114.

[34] 林秀芹等. 促进技术创新的法律机制研究 [M]. 北京: 高等教育出版社, 2010.

[35] 刘冲, 耿伟栋, 洪欣欣. 专利质押对企业创新的影响研究 [J]. 北京大学学报, 2019 (5): 101 – 112.

[36] 刘思明, 侯鹏, 赵彦云. 知识产权保护与中国工业创新能力——来自省级大中型工业企业面板数据的实证研究 [J]. 数量经济技术经济研究, 2015 (3): 40 – 57.

[37] 龙小宁, 易巍, 林志帆. 知识产权保护的价值有多大? ——来自中国上市公司专利数据的经验证据 [J]. 金融研究, 2018 (8): 120 – 136.

[38] 卢馨, 郑阳飞, 李建明. 融资约束对企业 R&D 投资的影响研究——来自中国高新技术上市公司的经验证据 [J]. 会计研究, 2013 (5): 51 – 58, 96.

［39］陆玉梅，王春梅.R&D 投入对上市公司经营绩效的影响研究——以制造业、信息技术业为例［J］.科技管理研究，2011（5）：122-127.

［40］聂辉华，谭松涛，王宇锋.创新、企业规模和市场竞争：基于中国企业层面的面板数据分析［J］.世界经济，2008（7）：57-66.

［41］邱柳.金融发展、知识产权保护与技术创新产业化［J］.科技管理研究，2021（21）：156-166.

［42］沈飞，周延，刘峻峰.专利执行保险、技术创新与企业绩效［J］.工业技术经济，2021（4）：119-128.

［43］沈国兵，刘佳.TRIPS 协定下中国知识产权保护水平和实际保护强度［J］.财贸经济，2009（11）：66-71.

［44］沈国兵，张学建.行业知识产权保护对中国出口竞争力的影响——基于行业增加值市场渗透率的分析［J］.浙江学刊，2018（2）：151-161.

［45］石大千，李格，刘建江.信息化冲击、交易成本与企业 TFP——基于国家智慧城市建设的自然实验［J］.财贸经济，2020（3）：117-130.

［46］史宇鹏，顾全林.知识产权保护、异质性企业与创新：来自中国制造业的证据［J］.金融研究，2013（8）：136-149.

［47］世界知识产权组织（WIPO）.世界知识产权发展报告［R］.2011.

［48］舒欣，安同良.知识产权保护行为、创新产出与企业绩效——基于江苏省制造业企业微观创新调查［J］.宏观质量研究，2020（5）：70-82.

［49］宋弘，孙雅洁，陈登科.政府空气污染治理效应评估——来自中国"低碳城市"建设的经验研究［J］.管理世界，2019（6）：95-108，195.

［50］覃波，高安刚.知识产权示范城市建设对产业结构优化升级的影响——基于双重差分法的经验证据［J］.产业经济研究，2020（5）：45-57.

［51］唐清泉，徐欣，曹媛.股权激励、研发投入与企业可持续发展——来自中国上市公司的证据［J］.山西财经大学学报，2009（8）：77-84.

［52］唐跃军，左晶晶.所有权性质、大股东治理与公司创新［J］.金融研究，2014（6）：177-192.

[53] 王帆，陶媛婷，倪娟. 精准扶贫背景下上市公司的投资效率与绩效研究——基于民营企业的样本 [J]. 中国软科学，2020 (6)：122-135.

[54] 王海成，吕铁. 知识产权司法保护与企业创新——基于广东省知识产权案件"三审合一"的准自然试验 [J]. 管理世界，2016 (10)：118-133.

[55] 王华. 更严厉的知识产权保护制度有利于技术创新吗？[J]. 经济研究，2011，46 (S2)：124-135.

[56] 王颖，杨梦遥，喻炜婷. 制造业企业的创新导向及其对企业绩效的影响研究 [J]. 工业技术经济，2021 (6)：9-18.

[57] 王永进，盛丹，李坤望. 中国企业成长中的规模分布——基于大企业的研究 [J]. 中国社会科学，2017 (3)：26-47.

[58] 魏志华，曾爱民，李博. 金融生态环境与企业融资约束——基于中国上市公司的实证研究 [J]. 会计研究，2014 (5)：73-80.

[59] 吴超鹏，唐菂. 知识产权保护执法力度、技术创新与企业绩效——来自中国上市公司的证据 [J]. 经济研究，2016 (11)：125-139.

[60] 胥朝阳，赵晓阳，王晨晨. 研发投入、融资约束与企业绩效——基于战略性新兴产业 A 股上市公司的经验证据 [J]. 哈尔滨商业大学学报（社会科学版），2018 (6)：89-100.

[61] 许志端，阮舟一龙. 营商环境、技术创新和企业绩效——基于我国省级层面的经验证据 [J]. 厦门大学学报（哲学社会科学版），2019 (5)：123-134.

[62] 杨惠贤，张炜晗. 能源企业技术创新能力对财务绩效的影响——基于企业规模的门槛效应研究 [J]. 技术经济，2020 (8)：1-9，34.

[63] 杨柳，潘镇. 财务柔性与企业绩效的动态关系——基于融资约束与代理成本的调节效应分析 [J]. 经济与管理研究，2019 (4)：125-144.

[64] 杨仁发，李胜胜. 创新试点政策能够引领企业创新吗？——来自国家创新型试点城市的微观证据 [J]. 统计研究，2020 (12)：32-45.

[65] 杨蓉，彭安祺. 环境规制、技术创新与重污染企业绩效 [J]. 华东师范大学学报（哲学社会科学版），2021 (1)：129-141.

[66] 易先忠，张亚斌，刘智勇. 自主创新、国外模仿与后发国知识

产权保护 [J]. 世界经济, 2007 (3): 31-40.

[67] 尹志锋, 叶静怡, 黄阳华, 秦雪征. 知识产权保护与企业创新: 传导机制及其检验 [J]. 世界经济, 2013 (12): 111-129.

[68] 余长林, 池菊香. 知识产权保护、融资约束与中国企业研发投入 [J]. 吉林大学社会科学学报, 2021 (3): 142-153, 237.

[69] 余长林. 知识产权保护与中国出口比较优势 [J]. 管理世界, 2016 (6): 51-66.

[70] 余明桂, 潘红波. 政治关系、制度环境与民营企业银行贷款 [J]. 管理世界, 2008 (8): 9-21.

[71] 余明桂, 钟慧洁, 范蕊. 民营化、融资约束与企业创新——来自中国工业企业的证据 [J]. 金融研究, 2019 (4): 75-91.

[72] 袁晓东, 李晓桃. 专利资产证券化解析 [J]. 科学学与科学技术管理, 2008 (6): 56-60.

[73] 张爱美, 郭静思, 吴卫红. 融资约束、对外直接投资与企业绩效 [J]. 工业技术经济, 2019 (1): 151-160.

[74] 张栋, 胡文龙, 毛新述. 研发背景高管权力与公司创新 [J]. 中国工业经济, 2021 (4): 156-174.

[75] 张华, 冯烽. 绿色高铁: 高铁开通能降低雾霾污染吗? [J]. 经济学报, 2019, 6 (3): 114-147.

[76] 张建刚, 沈蓉, 邢苗. 知识产权战略与城市创新——基于国家知识产权示范城市政策的准自然实验 [J]. 城市问题, 2020 (9): 13-24.

[77] 张杰, 芦哲, 郑文平, 陈志远. 融资约束、融资渠道与企业 R&D 投入 [J]. 世界经济, 2012 (10): 66-90.

[78] 张杰, 郑文平, 翟福昕. 竞争如何影响创新: 中国情景的新检验 [J]. 中国工业经济, 2014 (11): 56-68.

[79] 张魁伟, 许可. 中小企业专利质押融资的风险规避研究 [J]. 财政研究, 2014 (11): 27-30.

[80] 张力派, 莫一帆, 夏西强, 卜令通. 财务投资均衡视角下融资约束、投资效率与企业绩效互动关系——来自 2012—2018 年沪深 A 股面板数据 [J]. 技术经济, 2020, 39 (12): 51-60.

[81] 张完定，崔承杰，王珍．基于治理机制调节效应的技术创新与企业绩效关系研究——来自上市高新技术企业的经验数据 [J]．统计与信息论坛，2021，36（3）：107 – 118．

[82] 张璇，刘贝贝，汪婷，李春涛．信贷寻租、融资约束与企业创新 [J]．经济研究，2017（5）：161 – 174．

[83] 张羽瑶，张冬洋．商业信用能够提高企业全要素生产率吗？——基于中国企业的融资约束视角 [J]．财政研究，2019（2）：116 – 128．

[84] 赵娜，王博．知识产权保护对企业技术创新：促进还是抑制？——2008—2014 年我国高技术产业的经验证据 [J]．中央财经大学学报，2016（5）：113 – 122．

[85] 郑玉．知识产权保护、R&D 投入与企业绩效——基于中国制造业企业的实证 [J]．社会科学研究，2017（4）：56 – 62．

[86] 周煊，程立茹，王皓．技术创新水平越高企业财务绩效越好吗？——基于 16 年中国制药上市公司专利申请数据的实证研究 [J]．金融研究，2012（8）：166 – 179．

[87] 朱国军，许长新．完全市场模式下银行专利质押融资质押率决策模型研究 [J]．科研管理，2012，33（12）：117 – 125．

[88] 庄佳强，王浩，张文涛．强化知识产权司法保护有助于企业创新吗——来自知识产权法院设立的证据 [J]．当代财经，2020（9）：16 – 27．

[89] 宗庆庆，黄娅娜，钟鸿钧．行业异质性、知识产权保护与企业研发投入 [J]．产业经济研究，2015（2）：47 – 57．

[90] Acemoglu D., Akcigit U. Intellectual Property Rights Policy, Competition and Innovation [J]. Journal of the European Economic Association, 2012, 10 (1): 1 – 42.

[91] Adriano A., Rampini S. V. Collateral and Capital Structure [J]. Journal of Financial Economics, 2013, 109 (2): 466 – 492.

[92] Aghion, P., Akcigit, U., Howitt, P. What do We Learn from Schumpeterian Growth Theory? [C]//P. Aghion, S. Durlauf. Handbook of Economic Growth. Oxford: Elsevier (North Holland), 2014.

[93] Aghion P., Howitt P. A Model of Growth through Creative Destruc-

tion [J]. Econometrica, 1992, 60 (2): 323-351.

[94] Aghion P., Howitt P., Prantl S. Patent Rights, Product Market Reforms, and Innovation [J]. Journal of Economic Growth, 2015, 20 (3): 223-262.

[95] Aghion P., M. Dewatripont, L. Du, A. Harrison, P. Legros. Industrial Policy and Competition [R]. NBER Working Paper, 2012.

[96] Alexander C. K. Kirsch., Securitization of Intellectual Property as a Funding Alternative [R]. HFB Business School of Finance and Management Frankfurt/main, 2005, 11.

[97] Allen, Qian, Qian. Law, Finance, and Economic Growth in China [J]. Journal of Financial Economics, 2005, 77: 57-116.

[98] Allred B. B., Park W. G. The Influence of Patent Protection on Firm Innovation Investment in Manufacturing Industries [J]. Journal of International Management, 2007, 13 (2): 91-109.

[99] Ang J. S., Wu C., Cheng Y. Does Enforcement of Intellectual Property Rights Matter in China? Evidence from Financing and Investment Choices in the High Tech Industry [M]. Social Science Electronic Publishing, 2010.

[100] Ang, Steven. Agenda for Change: Intellectual Property Rights and Access Management-A Framework for Discussion on the Relationship Between Copyright and the Role of Libraries in the Digital Age [J]. Library Review, 2001, 50 (7/8): 382-394.

[101] Anton J. J., H. Greene, D. A. Yan. Policy Implications of Weak Patent Right [J]. Innovation Policy and the Economy, 2006, 6: 1-26.

[102] Anton J., Yao, D. The Sale of Ideas: Strategic Disclosure, Property Rights, and Contracting [J]. Review of Economic Studies, 2002 (69): 513-531.

[103] Arrow K. J. Economic Welfare and the Allocation of Resources for Invention [C] //Richard Nelson. The Rate and Direction of Inventive Activity. Princeton: Princeton University Press, 1962.

[104] Arundel, A. The Relative Effectiveness of Patents and Secrecy for

Appropriation [J]. Research Policy, 2001, 30: 611 - 624.

[105] Beck T, LevineR, Levkov A. Big Bad Banks? The Winners and Losers from Bank Deregulation in the United States [J]. The Journal of Finance, 2010, 65 (5): 1637 - 1667.

[106] Berman B. Hidden Value: Profiting from the Intellectual Property Economy [M]. London: Euromoney Institutional Investor, 1999.

[107] Bertrand M. , Duflo E. , Mullainathan S. How Much Should We Trust Differences-in-Differences Estimates?[J]. The Quarterly Journal of Economics, 2004, 119 (1): 249 - 275.

[108] Blaxill M. , Eckardt R. The Invisible Edge: Taking Your Strategy to the Next Level Using Intellectual Property [M]. England: Portfolio, 2009.

[109] Brandt L. , Li H. Bank Discrimination in Transition Economies: Ideology, Information, or Incentives? [J]. Journal of Comparative Economics, 2003 (31): 387 - 413.

[110] Burkart, Mike, Gromb. Legal Investor Protection and Takeovers [R]. Insead Working Papers Collection, 2013.

[111] Carpenter R. E. , Fazzari S. M. , Petersen B C . Financing Constraints and Inventory Investment: A Comparative Study with High-Frequency Panel Data [J]. The Review of Economics and Statistics, 1998, 80 (4): 513 - 519.

[112] Cassandra, Mehlig, Sweet et al. Do Stronger Intellectual Property Rights Increase Innovation?[J]. World Development, 2015, 66 (2): 665 - 677.

[113] Cho K. , Kim C. , Shin J . Differential Effects of Intellectual Property Rights on Innovation and Economic Performance: A Cross-industry Investigation [J]. Science and Public Policy, 2015 (42 - 6).

[114] Claessens S. , Tzioumis K. Measuring Firms' Access to Finance [R]. World Bank, 2006.

[115] Cockburn I. , M. Mac Garvie. Patents, Thickets and the Financing of Early-Stage Firms: Evidence from the Software Industry [R]. NBER Discussion Paper, 2007.

［116］ Cockburn I. M. , Wagner S. Patents and the Survival of Internet-Related IPOs ［R］. NBER Working Paper Series, 2007.

［117］ Conti, Raffaele. Do Non-competition Agreements Lead Firms to Pursue Risky R&D Projects? ［J］. Strategic Management Journal, 2014, 35 (8): 1230 – 1248.

［118］ Czarnitzki D. , Hall B. H. , Hottenrott H. Patents as Quality Signals? The Implications for Financing Constraints on R&D ［R］. Cambridge: National Bureau of Economic Research, Working Paper, 2014.

［119］ David P. O'. , Brien J. P. , Yoshikawa T. The Implications of Debt Heterogeneity for R&D Investment and Firm Performance ［J］. Academy of Management Journal, 2008, 51 (1): 165 – 181.

［120］ Delannay A. F. , L. Weill. The Determinants of Trade Credit in Transition Countries ［J］. Economics of Planning, 37 (3 – 4): 173 – 193.

［121］ Denicolo V. Patent Races and Optimal Patent Breadth and Length ［J］. Journal of Industrial Economics, 1996 (44): 249 – 265.

［122］ Di G. , Yan G. , Jiang K. Government-Subsidized R&D and Firm Innovation: Evidence from China ［J］. Research Policy, 2016, 45 (6): 1129 – 1144.

［123］ Falvey R. , Foster N. , Greenaway D. Imports, Exports, Knowledge Spillovers and Growth ［J］. Economics Letters, 2004, 85 (2): 209 – 213.

［124］ Fang L. H. , Lerner J. , Chaopeng W. Intellectual Property Rights Protection, Ownership, and Innovation: Evidence from China ［M］. Social Science Electronic Publishing, 2016.

［125］ Fazzari S. , Petersen B. , Hubbard R. Financing Constraints and Corporate Investment ［R］. NBER Working Paper, 1988.

［126］ Furukawa Y. Intellectual Property Protection and Innovation: An Inverted-U Relationship ［J］. Economics Letters, 2010, 109 (2): 99 – 101.

［127］ Gangopadhyay K. , Mondal D. Does Stronger Protection of Intellectual Property Stimulate Innovation? ［J］. Economics Letters, 2012, 116 (1): 80 – 82.

［128］Gayle P. G. Market Concentration and Innovation: New Empirical Evidence on the Schumpeterian Hypothesis ［R］. Kansas State University, Department of Economics, Working Paper, 2003.

［129］Geroski P. Market Structure, Corporate Performance and Innovative Activity ［M］. Oxford: Oxford University Press, 1995.

［130］Gilbert R. , D. Newbery. Preemptive Patenting and the Persistence of Monopoly ［J］. American Economic Review, 1982, 72: 514 – 526.

［131］Ginarte J. C. , Park, W. G. Determinants of Patent Rights: A Cross-national Study ［J］. Research Policy, 1997, 26 (3): 283 – 301.

［132］Gorodnichenko Y. , M, Schnitzer. Financial Constraints and Innovation: Why Poor Countries Don't Catch Up ［J］. Journal of the European Economic Association, 2013, 11 (5): 1115 – 1152.

［133］Greenberg G. Small Firms, Big Patents? Estimating Patent Value Using Data on Israeli Start-ups' Financing Rounds ［J］. European Management Review, 2013, 10 (4): 183 – 196.

［134］Griliches Z. R&D and Productivity Growth: Comparing Japanese and U. S. Manufacturing Firms ［R］. NBER Chapters, 1998.

［135］Grossman G. M. , Helpman E. Innovation and Growth in the Global Economy ［J］. MIT Press Books, 1991, 1 (2): 323 – 324.

［136］Hadlock C. , J. Pierce, New Evidence on Measuring Financial Constraints: Moving Beyond the KZ Index ［J］. Review of Financial Studies, 2010, 23 (5): 1909 – 1940.

［137］Haeussler C. , Dietmar Harhoff, Elisabeth Mueller. How Patenting Informs VC Investors-The Case of Biotechnology ［J］. Research Policy, 2014 (43): 1286 – 1298.

［138］Haeussler C. Harhoff D. , Mueller E. To Be Financed or Not-The Role of Patents for Venture Capital Financing ［R］. ZEW Discussion Paper, 2009.

［139］Hall B. Exploring the Patent Explosion ［J］. Journal of Technology Transfer, 2004, 30: 195 – 208.

［140］Hall, B. H. , Lerner, J. The Financing of Research and Innovation
［R］. NBER Working Paper, No. 15325, 2009.

［141］Hall B. H. The Financing of Research and Development ［J］. Oxford Review of Economic Policy, 2002 (18): 35 – 51.

［142］Hao K. Y. , Jaffe A. B. Effect of Liquidity on Firms' R&D Spending
［J］. Economics of Innovation and New Technology, 1993 (2): 72 – 282.

［143］Heger, Diana, Hussinger et al. Implications of Uncertain Patent Rights for German Start-ups' Commercialisation Activities and Access to External Capital ［J］. Industry and innovation, 2017, 24 (7): 753 – 773.

［144］Hejazi W. , Safarian A. Trade, Foreign Direct Investment and R&D Spillovers ［J］. Journal of International Business Studies, 1999, 30: 491 – 511.

［145］Helmers C. , M. Rogers . Does Patenting Help High-Tech Start-Ups
［J］. Research Policy, 2011 (40): 1016 – 1027.

［146］Himmelberg C. P. , Petersen B. C. R&D and Internal Finance: A Panel Study of Small Firms in High-Tech Industries ［J］. The Review of Economics and Statistics, 1994 (76): 38 – 51.

［147］Hoenig D. , J. Henkel. Quality Signals? The Role of Patents, Alliances, and Team Experience in Venture Capital Financing ［J］. Research Policy, 2015, 44 (5): 1049 – 1064.

［148］Hsu D. H. , R. H. Ziedonis. Patents as Quality Signals for Entrepreneurial Ventures ［R］. Academy of Management Best Paper Proceedings, 2008.

［149］Hu A. , Png I. Patent Rights and Economic Growth: Evidence from Cross-Country Panels of Manufacturing Industries ［J］. Oxford Economic Papers, 2013, 65 (3): 675 – 698.

［150］Kanwar S. , R. E. Evenson. Does Intellectual Property Protection Spur Technological Change? ［J］. Oxford Economic Papers, 2003, 55: 235 – 264.

［151］Kanwar S. , Evenson R. Does Intellectual Property Protection Spur Technological Change ［J］. Working Papers, 2001, 55 (2): 235 – 264.

[152] Kaplan S. N. , L. Zingales. Do Investment-cash Flow Sensitivities Provide Useful Measures of Financing Constraints [J]. The Quarterly Journal of Economics, 1997, 112 (1): 169 – 215.

[153] Katz M. L. , Shapiro, C. R&D Rivalry with Licensing or Imitation [J]. American Economic Review, 1987, 77: 402 – 420.

[154] Keith E. Maskus. Intellectual Property Rights in the Global Economy [J]. Economic Development and Cultural Change, 2002, 51 (1): 257 – 262.

[155] Keller, Wolfgang. International Technology Diffusion [J]. Journal of Economic Literature, 2004, 42 (3): 752 – 782.

[156] Khurana I. , Martin X. , Pereira R. Financial Development and the Cash Flow Sensitivity of Cash [J]. Journal of Financial and Quantitative Analysis, 2006, 41 (4): 787 – 807.

[157] Kim Y. K. , Lee K. , Park W. G. et al. Appropriate Intellectual Property Protection and Economic Growth in Countries at Different Levels of Development [J]. Research Policy, 2012, 41 (2): 358 – 375.

[158] Kraft K. Market Structure, Firm Characteristics and Innovation Activity [J]. The Journal of Industrial Economics, 1989, 37 (3): 323 – 336.

[159] Krammer Sorin M. S. Drivers of National Innovation in Transition: Evidence from a Panel of Eastern European Countries [J]. Research Policy, 2009, 38: 845 – 860.

[160] Lee J. Y. , Mansfield E. Intellectual Property Protection and U. S. Foreign Direct Investment [J]. Review of Economics and Statistics, 1996, 78: 181 – 186.

[161] Lee T. , Wilde L. L. Market Structure and Innovation: A Reformulation [J]. Quarterly Journal of Economics, 1980, 94 (2): 429 – 436.

[162] Lemer J. The Importance of Patent Scope: An Empirical Analysis [J]. Rand Journal of Economics, 1994, 25: 33 – 319.

[163] Love I. Financial Development and Financing Constraints: International Evidence from the Structural Investment Model [J]. Review of Financial Studies, 2003, 16 (3): 353 – 370.

[164] Mann R. J. , Sager T. W. Patents, Venture Capital, and Software Start-ups [J]. Research Policy, 2007, 36 (2): 193 – 208.

[165] Mansfield E. Industrial Research and Technological Innovation: An Econometrics Analysis [M]. New York: Norton, 1968.

[166] Mansfield E. Patent and Innovation: An Empirical Study [J]. Management Science, 1986, 32 (2): 173 – 181.

[167] McKinnon, R. I. Money and Capital in Economic Development [M]. Washington: Brookings Institution Press, 1973.

[168] Meghana Ayyagari, Asli Demirgüç-Kunt, Vojislav Maksimovic. Firm Innovation in Emerging Markets: The Role of Finance, Governance, and Competition [J]. The Journal of Financial and Quantitative Analysis, 2011 (6): 1545 – 1580.

[169] Mei-Chih Hu, John A. Mathews. China's National Innovative Capacity [J]. Research Policy, 2008, 37 (9): 1465 – 1479

[170] Nagesh Kumar. Determinants of Location of Overseas R&D Activity of Multinational Enterprises: The Case of US and Japanese Corporations Research Policy [J]. Research Policy, 2001 (1): 159 – 174.

[171] Naghavi A. , Strozzi C. Intellectual Property Rights, Diasporas, and Domestic Innovation [J]. Journal of International Economics, 2015, 96 (1): 150 – 161.

[172] Nelson R. R. The Simple Economics of Basic Scientific Research [J]. Journal of Political Economy, 1959 (49): 297 – 306.

[173] Nickell S. , D. Nicolitsas, N. Dryden. What Makes Firms Perform Well [J]. European Economic Review, 1996 (41): 783 – 796.

[174] Park W. G. International Patent Protection: 1960 – 2005 [J]. Research Policy, 2008, 37 (4): 761 – 766.

[175] Rajan R. G. , Zingales L. What Do We Know about Capital Structure? Some Evidence from International Data [J]. The Journal of Finance, 1995 (50): 1421 – 1460.

[176] Romer M. , Romer P. M. Endogenous Technological Change [J].

Journal of Political Economy, 1990, 98 (5): 71 – 102.

[177] Rozek R. P. Protection of Intellectual Property Rights: Research and Development Decisions and Economic Growth [J]. Contemporary Economic Policy, 1987, 5 (3): 54 – 65.

[178] Sakakibara M. , Branstetter L. Do Stronger Patents Induce More Innovation? Evidence from the 1988 Japanese Patent Law Reforms [J]. Rand Journal of Economics, 2001, 32 (1): 77 – 100.

[179] Sakakibara M. U. S. -Japan Patent Systems [J]. Research on Technological Innovation, 2001, 7: 207 – 225.

[180] Scherer F. M. Market Structure and the Employment of Scientists and Engineers [J]. American Economic Review, 1967, 57 (3): 524 – 531.

[181] Spence M. Job Market Signaling [J]. Quarterly Journal of Economics, 1973 (87): 355 – 374.

[182] Stryszowski, Piotr K. Intellectual Property Rights, Globalization and Growth [R]. Discussion Paper 2006 – 76, Tilburg University, Center for Economic Research.

[183] Suh D. , Hwang J. An Analysis of the Effect of Software Intellectual Property Rights on the Performance of Software Firms in South Korea [J]. Technovation, 2010, 30 (5 – 6): 376 – 385.

[184] Suzuki K. Competition, Patent Protection, and Innovation in an Endogenous Market Structure [R]. MPRA Working Paper 77133, University Library of Munich, Germany, 2017.

[185] Tishler A. , Milstein. R&D Wars and the Effects of Innovation on the Success and Survivability of Firms in Oligopoly Markets [J]. International Journal of Industrial Organization, 2009, 27 (4): 519 – 531.

[186] Ueda M. Banks versus Venture Capital: Project Evaluation [J]. Screening, and Expropriation Journal of Finance, 2004, 59: 601 – 621.

[187] Ughetto E. Does Internal Finance Matter for R&D? New Evidence from a Panel of Italian Firms [J]. Cambridge Journal of Economics, 2008, 32 (6): 907 – 925.

［188］Vanino E. , Roper S. , Becker B. Knowledge to Money: Assessing the Business Performance Effects of Publicly-funded R&D Grants ［J］. Research Policy, 2019, 48: 217 – 226.

［189］Whited T. , G. Wu. Financial Constraints Risk ［J］. Review of Financial Studies, 2006, 19 (2): 531 – 559.

［190］William M. Creditor Rights and Innovation: Evidence from Patent Collateral ［J］. Journal of Financial Economics, 2018, 130 (1): 25 – 47.

［191］Xu B. , Chiang E. P. Trade, Patents and International Technology Diffusion ［J］. Journal of International Trade and Economic Development, 2005 (14): 115 – 135.

［192］Yael V. h. , Carlos J. S. , Rosemarie H. Z. Patent Callateral, Investor Commitment, and the Market for Venture Lending ［J］. Journal of Financial Economics, 2018, 130 (1): 74 – 94.

［193］Yang G. , Maskus K. E. Intellectual Property Rights and Licensing: An Econometric Investigation ［J］. Weltwirtschaftliches Archiv, 2001, 137: 58 – 79.

［194］Zhang Q. , Chen L. , Feng T. Mediation or Moderation? The Role of R&D Investment in the Relationship between Corporate Governance and Firm Performance: Empirical Evidence from the Chinese IT Industry ［J］. Corporate Governance: An International Review, 2014, 22 (6): 501 – 517.

后　记

　　本书是在我主持的国家社会科学基金一般项目《知识产权保护对中国企业创新和企业绩效的影响机理及政策选择研究》（项目批准号：17BJY086）的基础上修改而成。值此本书出版之际，10 余年的学术研究生涯历历在目，不禁感慨万千。

　　从 2009 年厦门大学博士毕业后留校任教，至今已有 13 年有余。蓦然回首，从厦门大学攻读博士至今，已然整整 16 年。在厦门大学学习和工作期间，我有幸结识了许多著名的专家学者、可敬的师长和同事，他们给了我不少指导和帮助，使我在学术研究生涯的道路上迈出了坚实的步伐。本书作为我在知识产权领域的第三部学术专著，虽已完成，却并未沾沾自喜，因为我深知，本书的完成仅仅是对我 10 余年知识产权研究领域的又一个总结与汇报，今后的学术道路依然漫长。

　　我对知识产权研究的兴趣始于本人攻读博士学位期间。在本人攻读博士学位期间，我的博士生导师王瑞芳教授不断鼓励我从事知识产权和创新经济学方面的研究，在他的耐心指导和不断鼓励下，我的博士论文《知识产权保护与发展中国家的经济增长》得以顺利完成，并于 2010 年出版了我在知识产权领域的第一部学术专著《发展中国家知识产权保护与经济增长》，使得我在知识产权领域的研究兴趣得到了进一步的提升。从研究领域来看，知识产权经济学与增长经济学、创新经济学、国际贸易学和技术经济学等息息相关。应该说，知识产权经济学领域的研究空间十分广阔。2017 年，以国家社会科学基金项目《知识产权保护对我国对外贸易的影响及政策研究》（项目批准号：11CJY073）为依托，出版了我在知识产权领域的第二部学术专著《知识产权保护对中国对外贸易的影响研究》，该著作荣获 2019 年度福建省第十三届社会科学优秀成果奖二等奖。

本书则是我在知识产权领域前两部学术专著的基础上，以国家社会科学基金项目《知识产权保护对中国企业创新和企业绩效的影响机理及政策选择研究》为依托，重点选择知识产权保护与企业创新和企业绩效之间的联系为研究对象，从理论和实证两个层面综合考察了知识产权保护对中国企业创新和企业绩效的影响。具体而言，本书重点考察了知识产权保护对中国企业创新的作用机制和影响路径，不仅深刻揭示了知识产权保护对企业创新的微观作用机理和影响路径，而且还考察了知识产权保护通过企业创新和融资约束提升企业绩效的作用机理。相较于前两部学术专著，本人认为，本书的研究内容则相对更加细化和深入，可读性更强，研究问题也更具现实意义。

在本书即将付梓之际，首先，我要特别感谢国家社会科学基金项目组的主要参与成员。他们是厦门大学知识产权研究院的乔永忠教授、厦门大学金融系的蔡伟毅副教授、厦门大学经济研究所的莫长炜副教授、厦门大学宏观经济研究中心的李静副教授、厦门大学宏观经济研究中心的孟祥旭和马青山博士生以及厦门大学宏观经济研究中心的叶珍、赵梦、池菊香和段闻捷四位硕士生，在项目研究过程中，他们为本项目的最终研究成果的撰写贡献了不少思路方法、数据统计和计量分析等方面的工作，提出了许多宝贵的意见和建议，正是与他们长期的合作和交流，才使本项目得以顺利结题。

其次，我要特别感谢国家社会科学基金项目和教育部人文社会科学重点研究基地——厦门大学宏观经济研究中心所给予的基金资助。此外，也要特别感谢经济科学出版社的赵芳老师为本书的出版所付出的辛勤工作，正是他们的支持和帮助才使本书得以顺利出版。

最后，我要特别感谢我的妻子和女儿。我的妻子一直支持着我，为我10 余年来的学术研究生涯付出了很多。作为一名高校教师，她利用工作之余，帮忙照顾孩子，料理诸多家务琐事，正是她的无私奉献，才使我静下心来潜心研究。感谢我活泼可爱的女儿，在陪伴她健康快乐成长的同时也带给了我潜心研究的动力。

路漫漫其修远兮，吾将上下而求索。愿我在未来的学术研究生涯中，以更多的优秀成果来答谢曾经关心、帮助和支持过我的所有老师、亲人和朋友们。

由于作者研究水平和能力等原因，本书还存在着一些有待改进之处，恳请各位同仁批评指正，以便我在未来的研究中不断加以完善。

余长林

2022 年 11 月于厦门大学经济学院